高职高专示范专业课程改革规划教材

汽车性能与检测技术

主　编　仇雅莉
副主编　毛　丽　张芳玲
参　编　周定武

机械工业出版社

本教材以汽车整车性能检测为主线，包括9个学习情境，介绍了汽车主要使用性能的相关知识。教材以汽车不解体检测诊断技术为主线，配套介绍了包括发动机无负荷功率检测、汽车动力性能检测、汽车经济性能检测、汽车制动性能检测、汽车操纵稳定性能检测、汽车行驶平顺性能检测、汽车通过性能检测、汽车外观检查、汽车车速表检测、汽车前照灯检测、汽车尾气检测、汽车噪声检测等14个工作任务，阐述了上述工作任务所用仪器设备的结构、原理和检测方法。并对汽车检测站作了简单描述。

本书理论联系实际，通俗易懂，可作为汽车运用与维修专业及相近专业的教材，也可作为从事汽车检测和维修工作的技术人员的参考用书。

图书在版编目(CIP)数据

汽车性能与检测技术/仇雅莉主编. —北京：机械工业出版社，2014.4（2021.8重印）
高职高专示范专业课程改革规划教材
ISBN 978-7-111-45885-2

Ⅰ.①汽… Ⅱ.①仇… Ⅲ.①汽车—性能检测—高等职业教育—教材 Ⅳ.①U472.9

中国版本图书馆 CIP 数据核字(2014)第 030300 号

机械工业出版社（北京市百万庄大街22号 邮政编码100037）
策划编辑：徐 巍　　责任编辑：徐 巍
版式设计：霍永明　　责任校对：潘 蕊
封面设计：路恩中　　责任印制：张 博
涿州市般润文化传播有限公司印刷
2021年8月第1版第5次印刷
184mm×260mm・11印张・270千字
7001—7500册
标准书号：ISBN 978-7-111-45885-2
定价：25.00元

电话服务	网络服务
客服电话：010-88361066	机 工 官 网：www.cmpbook.com
010-88379833	机 工 官 博：weibo.com/cmp1952
010-68326294	金　书　网：www.golden-book.com
封底无防伪标均为盗版	机工教育服务网：www.cmpedu.com

前　　言

近年来，我国汽车工业发展迅速，汽车技术不断更新，对汽车维修行业从业人员的素质要求也随之提高。职业院校为适应我国汽车维修行业技能型紧缺人才培养的需要，不断进行课程改革。《高职汽车专业课程类型化重构研究》（课题编号：XJK012CZJ017）获湖南省教育科学"十二五"规划课题立项。在进行课题研究过程中，为配合高等职业院校进行课程教学改革，我们编写了这本学习情境化、任务驱动型的理实一体化教材。

本教材以汽车整车性能检测为主线，包括9个学习情境，介绍了发动机无负荷功率检测、汽车主要使用性能的相关知识。贯穿汽车不解体检测诊断技术，配套介绍了包括汽车动力性能检测、汽车经济性能检测、汽车制动性能检测、汽车操纵稳定性能检测、汽车平顺性能检测、汽车通过性能检测、汽车车速表检测、汽车前照灯检测、汽车尾气检测、汽车噪声检测等14个工作任务，阐述了上述工作任务所用仪器设备的结构、原理和检测方法。

本书注重理论联系实际，理论知识力求通俗易懂，深入浅出；实践知识注重实用，力求反映生产实际中的新知识、新技术、新设备、新工艺、新方法。

本书由湖南交通职业技术学院仇雅莉担任主编（学习情境1、8），湖南交通职业技术学院毛丽（学习情境5、6、7）、张芳玲（学习情境2、3、4）担任副主编，湖南汽车工程职业学院周定武参加编写（学习情境9）。

本书在编写过程中得到了相关单位领导和技术人员的大力支持，并参考了汽车界同仁的著作，在此一并表示感谢。

限于编者经历及水平有限，书中难免有不妥之处，恳请读者批评、指正。

编　者

目 录

前言
学习情境1 汽车发动机功率检测 ········ 1
  1.1 发动机性能指标 ················· 1
    1.1.1 发动机动力性能指标 ········ 1
    1.1.2 发动机经济性能指标 ········ 3
  1.2 发动机特性 ······················· 3
    1.2.1 发动机速度特性 ············· 3
    1.2.2 发动机负荷特性 ············· 5
  1.3 发动机功率标定 ················· 6
  1.4 发动机功率检测 ················· 6
    1.4.1 稳态测功 ······················ 7
    1.4.2 动态测功 ······················ 7
  1.5 发动机无负荷测功 ·············· 9
    1.5.1 发动机无负荷测功设备 ···· 9
    1.5.2 发动机无负荷测功方法 ···· 11
    1.5.3 检测标准 ······················ 13
  工作任务1 发动机无负荷
          功率检测 ············· 13
  综合测试 ······························ 14
学习情境2 汽车动力性能检测 ·········· 16
  2.1 汽车动力性能评价指标 ········ 16
  2.2 汽车的驱动力与行驶阻力 ···· 17
    2.2.1 汽车的驱动力 ················ 17
    2.2.2 汽车的行驶阻力 ············· 18
  2.3 汽车行驶的驱动—附着条件 ···· 21
    2.3.1 驱动—附着条件 ············· 21
    2.3.2 附着力与附着系数 ·········· 22
  2.4 汽车的驱动力—
       行驶阻力平衡图 ··············· 23
  2.5 影响汽车动力性的主要因素 ···· 24
    2.5.1 发动机参数 ··················· 24
    2.5.2 传动系参数 ··················· 25
    2.5.3 汽车的外形及质量 ·········· 26
    2.5.4 轮胎结构 ······················ 26

    2.5.5 汽车的使用因素 ············· 26
  2.6 汽车底盘输出功率检测 ········ 27
    2.6.1 底盘测功机的结构与使用方法 ··· 27
    2.6.2 底盘测功方法 ················ 30
    2.6.3 结果判定 ······················ 31
  2.7 汽车动力性能路试检测 ········ 33
  工作任务2 汽车底盘输出
          功率检测 ············· 33
  综合测试 ······························ 35
学习情境3 汽车燃油经济性检测 ······ 37
  3.1 汽车燃油经济性评价指标与
      试验分类 ······················ 37
    3.1.1 汽车燃油经济性评价指标 ··· 37
    3.1.2 汽车燃油经济性试验分类 ··· 38
  3.2 汽车燃油经济性的影响因素 ··· 39
    3.2.1 汽车使用方面 ················ 39
    3.2.2 汽车结构方面 ················ 40
  3.3 汽车燃油经济性台试检测 ···· 41
    3.3.1 检测设备 ······················ 41
    3.3.2 汽车燃油经济性台试检测方法 ··· 43
    3.3.3 检测结果评价 ················ 44
  3.4 汽车燃油经济性路试检测 ···· 45
  工作任务3 汽车燃油经济性
          台试检测 ············· 45
  综合测试 ······························ 46
学习情境4 汽车制动性能检测 ·········· 48
  4.1 制动力学 ························· 48
    4.1.1 制动力的产生 ················ 48
    4.1.2 地面制动力、制动器制动力与
         附着力的关系 ·············· 49
  4.2 汽车制动性能的评价指标 ···· 49
    4.2.1 制动效能 ······················ 49
    4.2.2 制动效能的恒定性 ·········· 51
    4.2.3 制动时的方向稳定性 ······· 51

4.3 提高汽车制动性能的措施 ………… 53
    4.3.1 结构措施 ………………………… 53
    4.3.2 使用措施 ………………………… 54
4.4 汽车制动性能台试检测 ……………… 55
    4.4.1 检测设备 ………………………… 55
    4.4.2 汽车制动性能台试检测方法 …… 58
    4.4.3 检测标准 ………………………… 59
4.5 汽车制动性能路试检测 ……………… 60
工作任务4 汽车制动性能
            台试检测 …………………… 60
综合测试 …………………………………… 62

学习情境5 汽车操纵稳定性能检测

5.1 汽车稳定性能分析 …………………… 64
    5.1.1 概述 ……………………………… 64
    5.1.2 轮胎的侧偏特性 ………………… 68
    5.1.3 汽车的转向特性 ………………… 70
    5.1.4 汽车的纵向、横向稳定性 ……… 73
    5.1.5 提高操纵稳定性的
           电子控制系统 …………………… 74
5.2 汽车四轮定位检测 …………………… 75
    5.2.1 汽车四轮定位主要参数 ………… 75
    5.2.2 汽车四轮定位检测方法 ………… 76
工作任务5 汽车四轮定位检测 ………… 81
5.3 汽车侧滑量检测 ……………………… 83
    5.3.1 汽车侧滑量的检测原理 ………… 83
    5.3.2 汽车双板联动式侧滑试验台 …… 83
    5.3.3 汽车侧滑量的检测 ……………… 84
工作任务6 汽车侧滑量检测 …………… 84
综合测试 …………………………………… 86

学习情境6 汽车行驶平顺性能检测

6.1 汽车行驶平顺性能的
    评价方法 …………………………… 87
    6.1.1 汽车行驶平顺性能分析 ………… 87
    6.1.2 影响汽车行驶平顺性能的
           主要因素 ………………………… 89
6.2 汽车悬架装置检测 …………………… 92
    6.2.1 汽车悬架装置试验台 …………… 92
    6.2.2 汽车悬架装置检测方法 ………… 94
工作任务7 汽车悬架装置检测 ………… 95
综合测试 …………………………………… 96

学习情境7 汽车通过性能检测

7.1 汽车通过性能的评价 ………………… 97
    7.1.1 汽车通过性能的参数 …………… 97
    7.1.2 影响汽车通过性能的
           主要因素 ………………………… 100
7.2 汽车通过性能几何
    参数的测定 ………………………… 104
    7.2.1 测量尺寸参数的场地及仪器 … 104
    7.2.2 案例 ……………………………… 104
工作任务8 汽车通过性能几何
            参数测量 …………………… 105
综合测试 …………………………………… 106

学习情境8 汽车整车其他性能检测

8.1 汽车外观检测 ………………………… 108
    汽车外观检测主要内容 ……………… 108
8.2 汽车车速表检测 ……………………… 113
    8.2.1 汽车车速表误差分析 …………… 113
    8.2.2 汽车车速表检测方法 …………… 114
    8.2.3 检测标准 ………………………… 116
工作任务9 汽车车速表检测 …………… 116
8.3 汽车前照灯检测 ……………………… 118
    8.3.1 汽车前照灯分析 ………………… 118
    8.3.2 汽车前照灯检测 ………………… 119
    8.3.3 检测标准 ………………………… 123
工作任务10 汽车前照灯检测 ………… 124
8.4 汽车尾气检测 ………………………… 125
    8.4.1 发动机燃烧过程 ………………… 125
    8.4.2 汽车尾气分析 …………………… 127
    8.4.3 汽油车尾气检测方法 …………… 129
工作任务11 汽油车尾气检测 ………… 135
    8.4.4 柴油车尾气检测 ………………… 136
工作任务12 柴油车烟度检测 ………… 138
8.5 汽车噪声检测 ………………………… 139
    8.5.1 汽车噪声的形成与分类 ………… 140
    8.5.2 汽车噪声的评价指标 …………… 141

V

8.5.3 汽车噪声检测方法 …………… 142
工作任务13 汽车噪声检测 …………… 149
综合测试 …………………………… 150

学习情境9 汽车检测站认识 …………… 151
9.1 汽车检测制度和标准 ……………… 151
9.1.1 检测制度 …………………… 151
9.1.2 检测标准 …………………… 152
9.2 汽车检测站认识 …………………… 153
9.2.1 检测站的类型和职能 ……… 153
9.2.2 检测站的布局 ……………… 154
9.3 汽车安全环保性能检测 …………… 156
9.3.1 安全环保检测线 …………… 156
9.3.2 安全环保检测流程 ………… 159

9.4 汽车综合性能检测 ………………… 161
9.4.1 综合性能检测线 …………… 161
9.4.2 综合性能检测流程 ………… 164
工作任务14 汽车检测站见习 ………… 165
综合测试 …………………………… 165

附录 …………………………………………… 166
　附录A 机动车安全技术检验项目
　　　　和方法GB21861—2008
　　　　（附录A：规范性附录）…… 166
　附录B 机动车安全技术检验项目
　　　　和方法GB21861—2008
　　　　（附录B：检验项目）……… 167

参考文献 ……………………………………… 170

学习情境1 汽车发动机功率检测

学习目标：

1. 能够描述汽车发动机性能指标。
2. 能够理解发动机特性曲线图。
3. 能够运用发动机特性曲线图合理匹配发动机。
4. 能够运用检测设备完成汽车发动机功率检测。
5. 能够了解国家相关的检测标准。
6. 能够对检测结果进行分析判定。

情境描述：

对某客户的车辆进行发动机无负荷功率的检测。

> **内容介绍：**
> 发动机功率是表明汽车发动机动力的特征之一。通过本情境的学习，对发动机性能指标和发动机特性曲线有一个基本认识。对发动机功率检测的方法和标准有一定的运用能力。

 相关知识：

1.1 发动机性能指标

发动机性能指标有两种：一种是以工质在气缸内对活塞做功为基础而建立的指标，称为指示性能指标，它只能用来评定工作循环进行的质量好坏。另一种是以发动机功率输出轴上得到的净功率为基础而建立的指标，称为有效性能指标，它可用来评定整个发动机性能的好坏，它比指示指标更有实用价值。

以下主要介绍发动机有效性能指标。

> **想一想**
> 指示功率和有效功率有何不同？

1.1.1 发动机动力性能指标

1. 有效功率

发动机曲轴上输出的功率称为有效功率 P_e(kW)。

气缸完成一个工作循环工质对活塞所做的有用功，称为指示功 W_i，发动机单位时间所做的指示功，称为指示功率 P_i。

发动机的指示功率并不能完全对外输出。功在发动机内部的传递过程中，不可避免地会有损失，这些损失包括：

1）发动机内部运动件的摩擦损失。如活塞和活塞环与气缸壁之间的摩擦，各轴承与轴颈之间的摩擦等。

2）驱动附属机构的损耗。如用来驱动配气机构、机油泵、冷却水泵等。

3）泵气损失。进、排气行程中所消耗的功。

以上损失总和所消耗的功率称为机械损失功率 P_m。发动机指示功率减去机械损失功率所得到的是功率输出轴上能够对外输出的净功率，称之为有效功率 P_e。

$$P_e = P_i - P_m$$

式中　P_i——发动机指示功率(kW)；
　　　P_m——机械损失功率(kW)。

2. 有效转矩

发动机曲轴输出的转矩称为有效转矩 $M_e(\text{N}\cdot\text{m})$。发动机的有效转矩、有效功率和对应转速之间的关系式为

$$P_e = M_e \times \frac{2\pi n}{60} \times 10^{-3} = \frac{M_e n}{9550} \quad (\text{kW})$$

式中　M_e——有效转矩(N·m)；
　　　n——转速(r/min)。

3. 平均有效压力

发动机在单位气缸工作容积中所作的有效功，称为平均有效压力 $p_e(\text{kPa})$。它与有效转矩之间的关系式为

$$p_e = 3.14 \frac{M_e \tau}{V_h i} \quad (\text{kPa})$$

式中　M_e——有效转矩(N·m)；
　　　τ——行程数；
　　　i——气缸数；
　　　V_h——气缸工作容积(L)。

对总气缸工作容积一定的发动机来说，p_e 正比于 M_e，也反映发动机单位气缸工作容积输出转矩的大小，是发动机重要的动力性能指标。

4. 升功率

在标定工况下，发动机每升气缸工作容积发出的有效功率，称为升功率 $P_L(\text{kW/L})$。P_L 是从发动机有效功率出发，对其气缸工作容积利用率作的总评价。公式为

$$P_L = \frac{P_e}{iV_h} = \frac{P_e}{V_L} \quad (\text{kW/L})$$

式中　P_e——发动机的有效功率(kW)；
　　　i——气缸数；
　　　V_h——气缸工作容积(L)；
　　　V_L——发动机工作容积或排量(L)。

升功率越大，说明发动机单位容积的功率越大，强化程度越高。

1.1.2 发动机经济性能指标

1. 有效热效率

发动机的有效功 W_e 与所消耗燃料的热量 Q 之比，称为有效热效率 η_e。公式为

$$\eta_e = \frac{W_e}{Q}$$

式中　W_e——有效功(J)；
　　　Q——所消耗燃油的热量(J)。

有效热效率用以评价发动机的经济性，表示燃料的热量可以有多少转变为有效功。

2. 有效燃油消耗率

单位有效功的耗油量，称为有效燃油消耗率 g_e(g/kW·h)，也叫比油耗，公式为

$$g_e = \frac{G_T}{P_e} \times 10^3 \quad (\text{g/kW·h})$$

式中　G_T——发动机每小时耗油量(kg/h)；
　　　P_e——发动机的有效功率(kW)。

η_e、g_e 是评定整个发动机经济性能的重要指标，G_T 表示每小时耗油量，其中 g_e 更具有实用意义。g_e 值越小，说明发动机曲轴端每输出 1kW·h 的功所需消耗的燃料越少。

1.2 发动机特性

查一查

参阅相关资料查找所测车辆的发动机外特性曲线。

发动机性能指标随调整情况和使用工况而变化的关系，称为发动机特性。这种变化关系通常用曲线表示，称为发动机特性曲线。

通过分析特性曲线，可以评价发动机在不同工况下的动力性、经济性及其他运转性能，为合理选用发动机并有效利用发动机提供依据。同时还可根据特性曲线分析影响特性的因素，寻求改进发动机特性的途径，使发动机性能进一步提高。

提示：

发动机工况是指发动机的实际工作状况，通常用发动机功率和转速或发动机负荷与转速来表示。

1.2.1 发动机速度特性

当发动机负荷不变时，其性能指标随转速而变化的关系，称为发动机速度特性。

1. 汽油机速度特性

当汽油机的燃油供给系和点火系均调整在最佳状态，汽油机节气门开度固定不动，其有效功率 P_e、有效转矩 M_e、有效燃油消耗率 g_e 随转速变化的关系，称为汽油机的速度特性。表示上述关系的曲线称为速度特性曲线。

不同的节气门开度，就会有不同的速度特性曲线，所以发动机的速度特性曲线有无限多条。节气门全开时的速度特性称为汽油机的外特性。节气门部分开启时的速度特性称为汽油

机部分负荷速度特性。某汽油机外特性曲线如图1-1所示。

外特性表明发动机所能达到的最高性能。一般汽油机标明的最大功率、最大转矩及其相应的转速，都是以外特性为依据的。从外特性曲线可以看出 n_M 时转矩 M_e 最大；n_g 时，燃料消耗率(g_e)最低，发动机经济性好；n_P 时，发动机能发出最大功率(P_e)。

一般汽油机的工作范围应在 n_M 到 n_P 之间。在此范围，发动机具有良好的动力性和经济性。如果转速大于 n_P 时，动力性、经济性变坏；转速小于 n_M 时，发动机则不能稳定地工作。

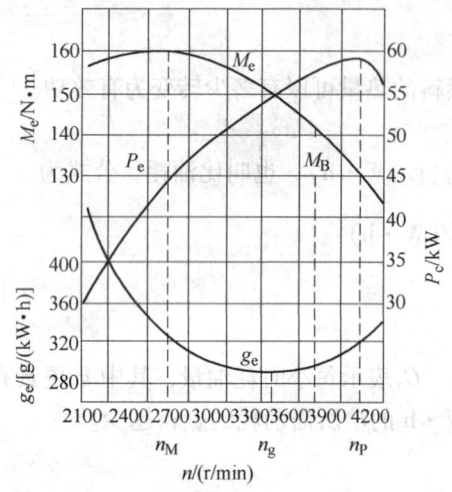

图1-1　汽油机外特性曲线

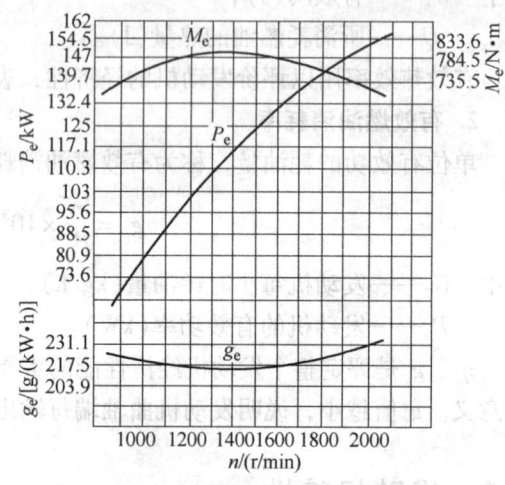

图1-2　柴油机外特性曲线

2. 柴油机速度特性

当柴油机喷油泵的供油位置固定不变时，发动机的性能指标(P_e、M_e、g_e)随转速的变化关系，称为柴油机的速度特性。最大供油位置时的速度特性，称为柴油机的外特性。柴油机外特性曲线如图1-2所示。

3. 速度特性曲线分析

1) 转矩曲线弯曲度越大，适应外界阻力变化的能力越强。从图1-1和图1-2可看出，汽油机转矩曲线 M_e 随转速增加而较快向下倾斜，弯曲度较大，适应性好，能满足汽车的使用要求。当汽车行驶阻力增加（如上坡）而迫使车速降低时，发动机能自动提高转矩，汽车能在不换档的情况下克服较大的行驶阻力。

柴油机转矩曲线变化较平坦，不能满足工作需要。例如，当汽车上坡时，加速踏板已踩到最大位置，当外界阻力矩突然增大而使转速下降时，柴油机发出的转矩增加不多，有可能使柴油机因克服不了阻力而停止运行，出现危险。因此，必须装调速器来改造柴油机的转矩曲线。

2) 最大转矩 M_{emax} 对应的转速 n_M 越低，在汽车不换档的情况下，发动机克服阻力的潜力越强。

在实际使用中，当汽车突然遇到比较大的阻力时，发动机转速将由于外界阻力的增加而降低。若 n_M 较小，则发动机能以较低的转速稳定地工作，并能充分运用内部运动件的动能来克服短期超载。因此，在汽车不换档的情况下，发动机克服阻力的潜力增强。

3) 发动机的合理匹配能充分发挥其性能。不同用途的汽车，对转矩特性的要求是不同的。例如长期行驶在山区的载重汽车,由于它对最高车速要求较低,经常使用高功率运行,后备功率较少,且要求具有在不良路面上的行驶能力。因此,应选用转矩曲线弯曲度大和 n_M 较低的转矩特性。

对于市内公共汽车,其加速性能对提高平均车速有很大影响,也应选用弯曲度较大的转矩特性。

中、高级小轿车对最高车速要求较高,需增大高转速时的转矩以提高它的超车能力。且因这种发动机的功率一般较大,后备功率较大,低速时已具备良好动力,宜选用 M_{emax} 出现在高转速下的转矩特性。

1.2.2 发动机负荷特性

负荷特性是指发动机转速不变,其经济性指标随负荷而变化的关系。

1. 汽油机负荷特性

当汽油机的燃油供给系和点火系调整为最佳状态,发动机固定在某一转速时,每小时耗油量 G_T 和有效燃料消耗率 g_e 随负荷(以有效功率 P_e 表示)变化的关系,称为汽油机的负荷特性。

如图 1-3 所示为某汽油机在某一转速下的负荷特性。如果使转速保持在不同情况时,就可获得一系列相似的负荷特性曲线,并以此来全面评定不同转速及不同负荷下汽油机的经济性。

由图 1-3 可知,随着负荷的增大,有效燃油消耗率 g_e 逐渐减小,在小负荷区域减小得快(曲线陡),在大负荷区域减小得缓慢(曲线平缓),在接近全负荷时,有效燃油消耗率 g_e 又有所增大。当汽油机在较大负荷(最大功率 2/3 处)工作时,有效燃料消耗率 g_e 最低,经济性最好。

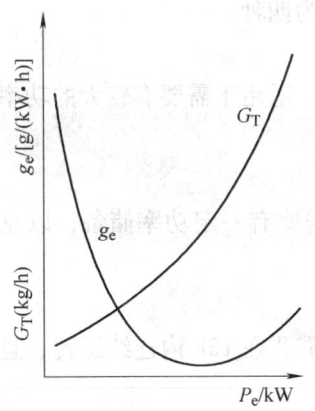

图 1-3 汽油机负荷特性

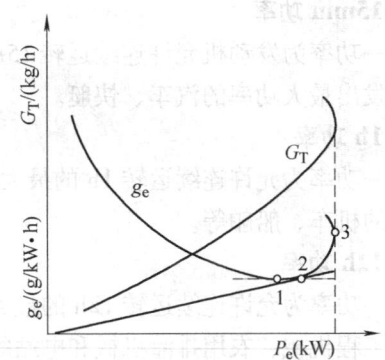

图 1-4 柴油机负荷特性

2. 柴油机负荷特性

柴油发动机在转速保持一定的情况下,改变喷油泵的供油位置,此时,每小时耗油量 G_T 和有效燃油消耗率 g_e 随负荷变化的关系,被称为柴油机的负荷特性。

柴油机负荷特性如图 1-4 所示。从负荷特性曲线可以看出,g_e 随负荷增加而减小,当喷油量到点 1 时 g_e 最小。从点 1 至点 2 几乎是一条水平线,说明柴油机在较大的负荷变化范围内，具有最好的经济性。当喷油量超过点 2 时，曲线开始上升，此时排气管冒黑烟，直到点 3 负荷达到最大。到点 3 再继续加大喷油量，动力性、经济性都急剧恶化，无使用价值。

3. 负荷特性曲线分析

1) 发动机负荷特性中的 g_e 曲线越平坦，数值越小，说明经济性越好。

2) 为了提高汽车的燃油经济性，希望发动机经常处于或接近耗油率低、负荷较大的经济负荷区运行，故选配发动机时，应注意在满足动力性要求的前提下，不宜装置功率过大的发动机，以提高功率利用率，提高燃油经济性。

1.3 发动机功率标定

> **想一想**
> 汽车发动机产品标牌上的功率和转速有何意义？

在发动机产品标牌上规定的有效功率及其相应的转速分别称作标定功率和标定转速。发动机在标定功率和标定转速下的工作状况称作标定工况。标定功率不是发动机所能发出的最大功率，它是根据发动机用途而制定的有效功率最大使用限度，即使用中允许的最大功率。同一种型号的发动机，当其用途不同时，其标定功率值并不相同。如果发动机只在最大功率情况下短期工作，则标定功率可定得高一些；如果发动机要在最大功率情况下长期运转，则标定功率应定得低一些，以保证发动机使用寿命要求。例如，车用发动机经常是在较小的功率下工作，仅在上坡和加速等情况下，才短期使用最大功率，故标定功率可定得高一些，以获得较高的动力性能。而农用排灌和发电用的固定式发动机，因经常在接近于最大功率的情况下工作，同时还要保证发动机有足够的可靠性和使用寿命，故标定功率定得低一些。

我国国家标准规定，在发动机铭牌上标定的功率分为四种。

1. 15min 功率

这一功率为发动机允许连续运转 15min 的最大功率，适用于需要有较大的功率储备或瞬时需要发出最大功率的汽车、快艇。

2. 1h 功率

这一功率为允许连续运转 1h 的最大功率。适用于需要有一定功率储备，以克服突然增加负荷的机车、船舶等。

3. 12h 功率

这一功率为允许连续运转 12h 的最大功率。适用于需要在 12h 内连续运转、且负荷大的机车、工程机械、农用排灌机械和电站等。

4. 持续功率

这一功率为允许长期连续运转的最大功率。适用于需要长期连续运转的农用排灌、电站、船舶等。

1.4 发动机功率检测

发动机输出的有效功率是发动机的动力性指标，而发动机的动力性与诸多因素相关。通

> **想一想**
> 发动机功率检测的目的何在？有哪些检测方法？

过功率检测，可掌握发动机的技术状况，确定发动机是否需要进行维修或鉴定发动机的维修质量。

检测发动机有效功率的方法有两种：稳态测功和动态测功。

1.4.1 稳态测功

稳态测功是指发动机在节气门开度（或油量调节机构位置）一定，转速一定和其他参数都保持不变的稳定状态下，在测功器上测定发动机功率的一种方法。

稳态测功原理

稳态测功时，由测功器测出发动机的转速和转矩，然后通过以下公式计算，即可得出发动机有效功率

$$P_e = \frac{M_e n}{9550}$$

式中　P_e——发动机有效功率(kW)；

　　　M_e——发动机有效转矩(N·m)；

　　　n——发动机转速(r/min)。

如测定发动机的额定功率时，将节气门全开（或油量调节机构位置限定在标定功率的循环供油量位置），由测功器向发动机的曲轴施加额定负荷，使其在额定转速下稳定运转，测出其对应的转矩，再由上式计算出额定功率。

常见的测功器有水力测功器、电力测功器和电涡流测功器三种。由于稳态测功时，需要对发动机施加外部负荷，所以也称为有负荷测功或有外载测功。

稳态测功精度高，发动机设计、制造、院校和科研单位做性能试验大多采用此方法。其缺点是使用设备价格高，操作复杂，需要将发动机从汽车上拆下来，不适于不解体检测。因而，在一般的汽车运输企业、汽车维修企业和汽车检测站中采用不多。

1.4.2 动态测功

动态测功是指发动机在节气门开度和转速等均为变化的状态下，测定发动机功率的一种方法。

1. 动态测功基本原理

动态测功是基于动力学的原理。当发动机在怠速或某一空载低转速运转时，突然全开节气门，加速运转，此时发动机产生的动力，除克服各种内部运动阻力矩外，将使曲轴加速运转，即发动机以自身运动机件为载荷加速运转。被测发动机的有效功率越大，曲轴的瞬时角加速度也越大，则加速时间越短。所以，只要测得角加速度和加速时间，就可以间接获得发动机功率。

由于动态测功时无须对发动机施加外部载荷，所以又称为无负荷测功或无外载测功。这种方法不需要大型设备，可用小巧的无负荷测功仪就车检测，特别适用于在用车发动机的检测，省时、省力、方便。故一般运输企业、维修企业和检测站采用较多。

2. 用测角加速度的方法获取发动机有效功率

转矩与角加速度的关系为

$$M_e = I\frac{d\omega}{dt} = I\frac{\pi}{30}\frac{dn}{dt}$$

式中 M_e——发动机有效转矩（N·m）；

  I——发动机运动机件对曲轴中心线的当量转动惯量（kg·m²）；

  n——发动机转速（r/min）；

  $d\omega/dt$——曲轴的角加速度（rad/s²）；

  dn/dt——曲轴的加速度（1/s²）。

把 M_e 代入式 $P_e = M_e n/9550$，整理得

$$P_e = Cn\frac{dn}{dt}$$

$$C = K\frac{\pi I}{9550 \times 30}$$

式中 K——修正系数（由于发动机加速过程是一个非稳定工况，所以实际测得功率值是小于同一转速下的稳态测功值的，因而需进行修正）。

上式表明，发动机加速过程中，在某一转速下的有效功率与该转速下的瞬时加速度成正比。因此，只要测出加速过程中的这一转速和对应的瞬时加速度，即可求出该转速下的有效功率。对于一定型号的发动机，其转动惯量 I 为一常数。修正系数 K 的数值可通过台架对比试验得出。

3. 用测加速时间的方法获取发动机有效功率

根据动能原理，发动机在某一转速范围的加速过程中，发动机驱动曲轴转动所做的功等于曲轴旋转动能的增量，即

$$A = \frac{1}{2}I\omega_2^2 - \frac{1}{2}I\omega_1^2$$

式中 A——发动机所做的功（J）；

  ω_1、ω_2——测定区间起始角速度和终止角速度（rad/s）；

  I——发动机运动机件对曲轴中心线的当量转动惯量（kg·m²）。

若发动机从 ω_1 上升到 ω_2 的时间为 $\Delta T(s)$，则发动机在这段时间内的平均功率 P_{em} 为

$$P_{em} = \frac{A}{\Delta T} = \frac{1}{2}I\frac{\omega_2^2 - \omega_1^2}{\Delta T}(W)$$

注意到 $\omega = \frac{\pi}{30}n$，并以千瓦（kW）作为平均功率的单位，则有

$$P_{em} = \frac{C_1}{\Delta T}$$

$$C_1 = \frac{1}{2}I\left(\frac{\pi}{30}\right)^2\frac{n_2^2 - n_1^2}{1000}$$

若已知转动惯量 I，并确定测量时的起始转速和终止转速 n_1、n_2，则 C_1 为常数，称为平均功率测功系数。

由上式可知，发动机在起止转速范围内的平均有效加速功率与其加速时间成反比。即当发动机的节气门突然全开时，发动机由起始转速加速到终止转速的时间越长，则其有效加速功率越小；反之，则越大。因此，只要测得发动机在设定转速范围内的加速时间，便可得出

平均有效加速功率。

另外，还需要通过台架试验，找出稳态特性平均功率与外特性最大功率 P_{emax} 之间的关系。其中，加速时间 ΔT 与最大功率 P_{emax} 之间的关系可对无负荷测功检验仪进行标定，并输入微机，以便通过测量加速时间而直接读出功率数，也有的把它们之间的关系绘制成曲线图或排成表格，以便测出加速时间后能在图中或表中查出对应的功率值。

任务实施：

1.5 发动机无负荷测功

做一做
请列出发动机无负荷测功的步骤。

1.5.1 发动机无负荷测功设备

常用的发动机无负荷测功仪很多，下面以 EA3000 便携式发动机综合性能分析仪为例，介绍其功能、结构和使用方法。

1. EA3000 便携式发动机综合性能分析仪功能

元征 EA3000 便携式发动机综合性能分析仪是元征科技股份有限公司推出的能够对汽车发动机及其电控系统进行检测及诊断的全新设备，可检测发动机各系统的工作状态、运行参数及排放性能，可实时采集初级和次级点火信号、喷油信号、电控传感器信号、进排气系统等的动态波形，同时可进行性能分析、波形存储与回放、测试结果查询等。与 smart-box 连接还能对汽车电控系统进行诊断，如读取故障码和数据流等。同时，还具有强大的在线帮助系统，为发动机的技术状态判断和故障诊断提供科学依据。

2. EA3000 便携式发动机综合性能分析仪结构

EA3000 便携式发动机综合性能分析仪外形结构如图 1-5 所示，它由以下几部分组成。

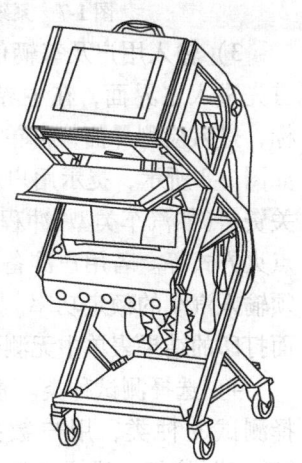

图 1-5 EA3000 外形结构图

1）信号提取系统。信号提取系统由各类夹持器、探针和传感器组成，与发动机的被测部位直接或间接连接以拾取被测信号。

2）带液晶触摸屏的主机（内置高速采集卡、通信卡）。主机背面有 12 个信号输入接口，每个接口都标志号码（1280401～1280412），在连接信号提取系统的适配器时，注意要插入相应的接口，否则检测不到输入信号，如图 1-6 所示。

3）喷墨打印机。

4）废气分析仪（选配）。

5）机架。

6）诊断 SMART-BOX 等（选配）。

3. EA3000 便携式发动机综合性能分析仪使用方法

仪器操作步骤及说明如下：

1）开机。在测试前先开机预热 20min。

2）系统启动、自检。打开主机电源开关，Windows 98 系统运行完毕后，

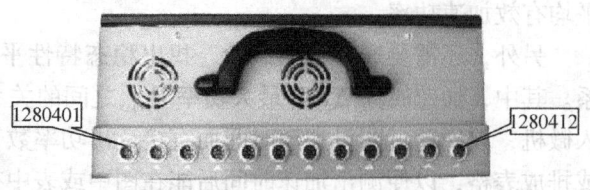

图 1-6 主机背面信号输入接口视图

系统启动并自动执行 EA3000 便携式发动机综合性能分析仪程序，主机将对预处理器通信、1280401～1280412 适配器逐一进行自检，自检通过后，相应适配器图标显示为绿色。如图标显示红色，表示适配器未连接或连接不可靠，如图 1-7 所示。

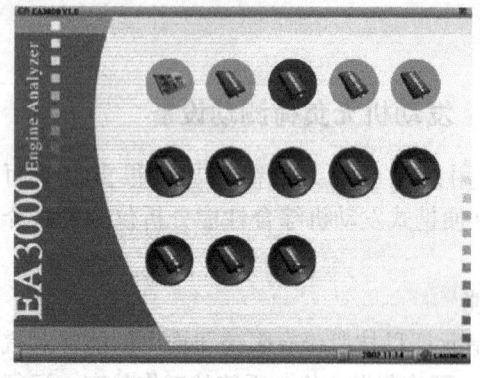

图 1-7 系统自检

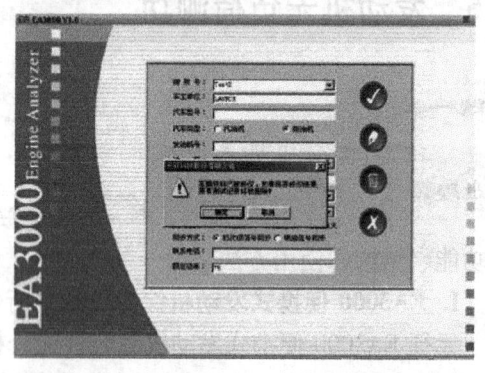

图 1-8 用户资料

3）输入用户及车辆信息。系统通过自检后首先进入主界面，在主界面中单击"检测"图标，进入检测界面，再单击"用户资料"图标，如图 1-8 所示，提示用户首先输入所测车型的相关资料（如汽车类型、冲程数、气缸数、点火次序、点火方式等。若用户准备测试无负荷测功，则必须输入汽车的额定功率。否则，在无负荷测功界面打印的结果表单中无测试数据）。

4）选择测试种类。根据实际检测的需要选择测试的种类，用户数据输入完毕后，单击"确定"按钮，进入检测界面，如图 1-9 所示。这时可以在检测菜单中选择所要测试的项目，检测菜单结构层次如图 1-10 所示。

图 1-9 检测界面

5）连接。根据检测的项目，参照信号提取系统的说明把相关的信号提取传感器、信号夹等连到相应的部位。

6）测试。

7）打印测试结果。在测试过程中单击"打印"图标，可对当前测试界面进行打印。

8）技术指导。技术指导提供了仪器操作过程的技术指导及相关的技术资料，如标准波

形和故障波形等。在主界面单击"帮助"图标，即进入帮助界面，随后单击"技术指导"图标，进入"技术指导"界面，获得帮助。

9) 汽车数据库。该部分提供了美洲、欧洲和亚洲 2000 多种车型的有关技术数据，可随时查阅。在测试过程中，用户也可在帮助系统主界面单击"帮助"图标，随后进入汽车数据库获取部分车型的保养数据。

1.5.2 发动机无负荷测功方法

在检测前要求输入怠速转速、额定转速和当量转动惯量。当量转动惯量是测试过程中所有旋转元件换算到发动机曲轴处的转动惯量。本功能可用于车辆维修前后的动力性对比、汽车综合性能检测站的车辆等级评定，以及教学科研中作为发动机功率和转矩分析的一种方法。

由于当量转动惯量计算复杂，EA3000 系统提供了转动惯量测试功能，输入怠速转速、额定转速和被测车辆的实际功率，可以方便地测出其当量转动惯量。

1. 发动机整机功率检测

1) 将一缸信号适配器夹在一缸高压线上。在"汽油机测试菜单"下单击"无外载测功"图标，系统即进入无负荷测功测试界面，或单击"方式选择"图标选择"P"进入无负荷测功界面。

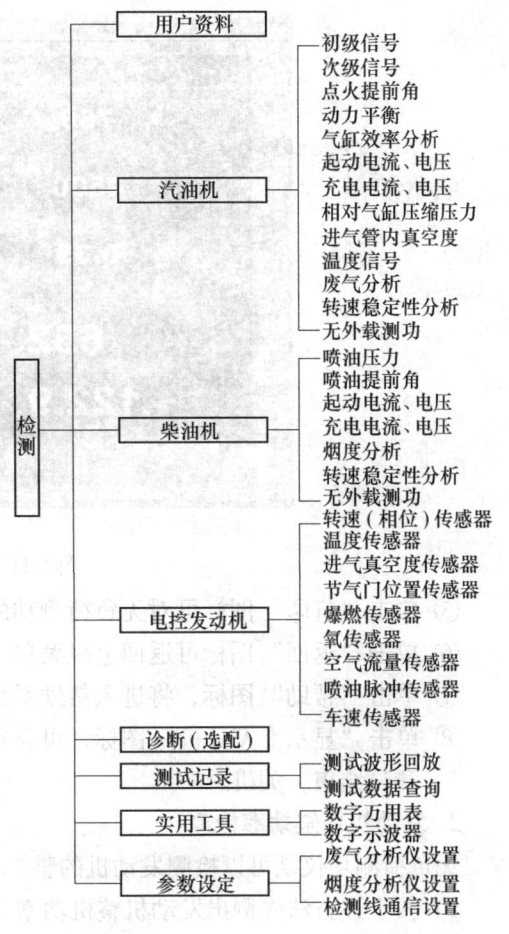

图 1-10 检测菜单框架结构表

2) 设定怠速转速 n_1（发动机怠速转速）、额定转速 n_2（发动机额定转速）和当量转动惯量（当量转动惯量可在同型号的车上通过测试得到，但此车必须保证处于良好的工作状态，一般小型车的当量转动惯量在 0.1~0.5 之间，大货车的当量转动惯量在 1.0~5.0 之间）。

3) 单击"测试"按钮，系统开始倒记数。

4) 记数为零时，请迅速踩下汽车加速踏板，使发动机尽可能快地将转速迅速提高。当发动机转速超过设定的额定转速 n_2 时，迅速松开加速踏板，使发动机回到怠速工况。系统将自动检测发动机的输出功率并显示，如图 1-11 所示。其中加速时间为发动机从怠速加速到额定转速的时间，额定功率为发动机在额定转速时的瞬时功率。

① 测试过程功率变化曲线。其中 P_{emax} 为发动机在测试过程中的最大功率；P_{mmax} 为发动机在最大转矩时的功率；P_{emin} 为发动机最小稳定转速功率，即怠速功率。

② 测试过程转速变化曲线。

③ 测试过程转矩变化曲线。其中 M_{emax} 为发动机在测试过程中的最大转矩；M_{pmax} 为发动机在最大功率时的转矩；M_{emin} 为发动机最小稳定转速转矩，即怠速转矩。

④ 单击"保存数据"图标可将检测有效结果进行保存。

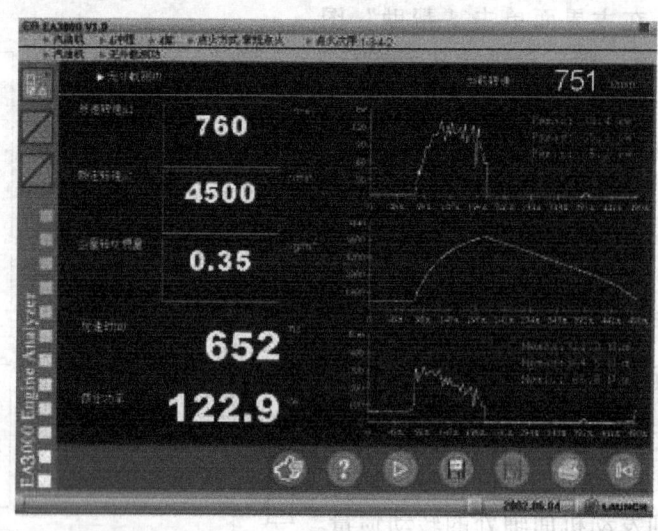

图 1-11　无负荷测功

⑤ 单击"打印"图标可对无负荷测功的结果当前界面进行打印。
⑥ 单击"返回"图标可返回上级菜单。
⑦ 单击"帮助"图标,将进入帮助系统相关部分查看操作指导。
⑧ 单击"显示专家分析"图标,可显示本项目测试的智能提示内容。

5) 测试结束,关机。

2. 发动机单缸功率检测

无负荷测功仪既可以检测发动机的整机功率,也可以检测某气缸的单缸功率。方法是:
1) 按上述方法先测出发动机整机功率。
2) 再测出某单缸断火情况下的发动机功率。
3) 两功率之差即为断火之缸的单缸功率。

技术状况良好的发动机,各单缸功率应是一致的,亦即各缸功率差应是相等的。否则,造成发动机运转不平稳。比较各单缸功率,可判断各缸工作状况。

也可利用在单缸断火情况下测得的发动机转速下降值,来评价各缸的工作状况。工作正常的发动机,在某一转速下稳定运转时,若停止任一气缸的工作,发动机转速都应有相同下降值。当发动机在 800r/min 下稳定工作时,停止一个气缸工作致使转速正常的平均下降值见表 1-1,要求最高与最低下降值之差不大于平均下降值的 30%。如果下降值低于表中所列数值,说明断火之缸工作不良。转速下降值越小,则单缸功率越小,当下降值等于 0 时,单缸功率也等于 0,即该缸完全不工作。

表 1-1　单缸断火转速正常的平均下降值

发动机缸数	单缸断火转速正常的平均下降值/(r/min)	发动机缸数	单缸断火转速正常的平均下降值/(r/min)
4	150	8	50
6	100		

发动机单缸功率偏低,一般是由于该缸高压分线、分线插座或火花塞技术状况不佳,气

缸密封性不佳，气缸窜润滑油等原因造成，应调整、维修或更换。

1.5.3 检测标准

根据国家标准 GB 7258—2012《机动车运行安全技术条件》和 GB/T 15746.2—2011《汽车修理质量检查评定标准·发动机大修》附录 B 的规定：在用车发动机功率不得低于原设计标定功率的 75%，大修后发动机最大功率不得低于原设计标定值的 90%。

如果发动机功率偏低，系燃料供给系调整状况不佳，点火系技术状况不佳，应对油路、电路进行调整。若调整后功率仍低，应结合气缸压力和进气歧管真空度的检查，判断是否是机械部分故障。

工作任务 1　发动机无负荷功率检测

1. 目的

1) 正确操作无负荷测功仪完成发动机功率的测量。
2) 根据发动机无负荷测功结果分析发动机故障原因。

2. 设备及器材

1) 常用工具 1 套。
2) 发动机无负荷测功仪一台。
3) 技术状况良好的发动机总成一台。

3. 操作基本方法　仪器操作前请阅读仪器使用说明书。并按照 1.5.2 中的方法进行发动机无负荷功率测试。

注意事项

1) 起动发动机时，一旦起动了，应立即松开点火开关，以免起动机损坏。
2) 发动机运转时，注意转动的风扇，以免打伤人。
3) 连接尾气通风设备。
4) 使用无负荷测功仪严格执行操作规程。

4. 完成工作任务单

发动机无负荷功率检测工作任务单

任务名称	发动机无负荷功率检测	学时	2	班级	
学生姓名		学生学号		任务成绩	
实训设备(型号)		实训场地		日期	

1. 检测前的准备
(1) 设备准备

① 检查无负荷测功仪电路连接部分是否良好。
   □是   □否
② 打开控制电脑，检验电脑是否能正常开机。
   □是   □否
③ 启动检测程序，检验程序是否能正常启动。
   □是   □否
（2）被检车辆的准备
① 检查车辆油、水、电是否符合规定。
   □是   □否
② 检查轮胎是否粘有泥、水、油污等杂物。
   □是   □否
③ 检查轮胎气压，是否符合出厂规定值。
   □是   □否

2. 检测过程
① 对程序进行设定启动检测程序进行检测。
② 将一缸信号适配器夹在一缸高压线上。
③ 设定发动机怠速转速 n_1、额定转速 n_2 和当量转动惯量。
④ 测试并记录：整机功率为_____；各单缸功率分别为 1_____；2_____；3_____；4_____；5_____；6_____。

3. 检测结果分析　　检测完毕后，将汽车开出试验台，保存并打印检测结果，对检测结果进行分析。

综合测试

一、填空题

1. 评价发动机动力性能的指标主要有：_____、_____、_____。
2. 评价发动机经济性能的指标有_____和_____。
3. 在保持汽油发动机_____不变的条件下，_____随_____变化的关系称为速度特性，其中_____时称为外特性。
4. 我国标准规定，发动机铭牌上的标定功率分为_____、_____、_____、_____四种。
5. 发动机功率检测分为_____和_____两种。
6. 发动机的平均功率与加速时间成_____，即节气门突然全开时，发动机由转速 n_1 加速到 n_2 的时间越长，表明发动机的功率越_____。

二、选择题

1. 在用车发动机的功率不得低于原设计标定功率的(　　)。
   A. 99%　　　　B. 90%　　　　C. 75%　　　　D. 50%
2. 汽车用发动机铭牌上的标定功率一般为(　　)。
   A. 15min功率　　B. 1h功率　　C. 12h功率　　D. 持续功率
3. 为保证柴油机的寿命及工作可靠性，非增压高速柴油机标定功率确定受(　　)限制。
   A. 最大功率　　　B. 法定烟度值　　C. 最大功率对应的转速
4. 发动机平均有效压力反映了单位气缸工作容积(　　)的大小。
   A. 输出转矩　　　B. 输出功　　　C. 输出功率　　　D. 每循环工质对活塞所做的功
5. 汽油发动机某缸损坏不工作，对该缸单缸断火后发动机转速(　　)。
   A. 增加　　　　B. 不变　　　　C. 下降

三、判断题

1. 发动机有效燃油消耗率和有效热效率都是发动机经济性评价指标，二者数值越低，说明发动机经济性越好。(　　)
2. 发动机节气门开度、转速均不改变，其功率就不会改变。(　　)
3. 在发动机说明书上标明的发动机最高转速，并不一定是外特性曲线上的最高转速，也不一定是最大功率所对应的转速。(　　)
4. 发动机最大转矩所对应的转速越低，表明发动机克服外界阻力的潜力越大。(　　)
5. 单缸断火后，发动机转速越平稳，说明该缸工作越好。(　　)

四、问答题

1. 平均有效压力和升功率有何区别？
2. 如何根据发动机特性曲线合理选用发动机？
3. 说明汽油机外特性图中有哪些特殊点？
4. 稳态测功和动态测功有何区别？
5. 影响发动机输出功率的因素有哪些？

学习情境2　汽车动力性能检测

学习目标：

1. 能够描述汽车动力性的评价指标。
2. 能够理解汽车的驱动力—行驶阻力平衡图。
3. 能够理解汽车行驶的驱动—附着条件。
4. 能够分析影响汽车动力性的主要因素。
5. 能够运用检测设备完成汽车动力性检测。
6. 能够了解国家相关的检测标准。
7. 能够对检测结果进行分析判定。

情境描述：

对某客户的车辆进行底盘输出功率的检测。

内容介绍：

汽车的动力性是汽车最基本、最重要的性能之一，它直接影响汽车的运输效率。本情境主要介绍汽车动力性的评价指标、从分析汽车行驶时的受力出发建立行驶方程、分析动力性的影响因素，并介绍汽车动力性的一般测试方法。

 **相关知识：**

2.1　汽车动力性能评价指标

汽车的动力性是指汽车在良好路面上直线行驶时由汽车受到的纵向外力决定的、所能达到的平均行驶速度。汽车的动力性好，平均行驶速度就高，汽车的运输效率也就高。

想一想

轿车、货车等不同类型的车分别用什么指标来评价其动力性？

平均行驶速度是评价汽车动力性的总指标，具体的评价指标包括最高车速、加速能力和爬坡能力。

1. 最高车速

最高车速 v_{amax}（km/h）是指汽车在水平良好的路面（沥青或混凝土）上所能达到的最高行驶速度。

我国相关标准规定试验测定汽车最高车速时，要求达到以下条件：车辆装载质量应为厂定最大装载质量，轮胎冷充气压应符合试验车辆技术条件规定，风速不大于3m/s，试验道路应为清洁、干燥、平坦的沥青或混凝土铺装的直线道路等。

2. 加速能力

汽车的加速能力是指汽车在各种使用条件下迅速提高行驶速度的能力，通常用加速过程中的加速时间 t（单位 s）来评定。

汽车加速时间包括原地起步加速时间和超车加速时间两种。

原地起步加速时间指汽车由低档起步，并以最大的加速强度逐步换至最高档，达到某一车速或距离所需的时间。一般常用原地起步行驶，从 0→100km/h 车速所需的时间来表明汽车原地起步加速能力。也有用原地起步从以 0→400m 距离所需的时间来表明汽车原地起步的加速能力。

超车加速时间指用高档由某一较低车速全力加速至某一高速所需的时间。因为超车时与被超车辆并行，容易发生交通事故，所以超车时间短可以缩短并行行程，以提高行驶安全性。超车加速时间一般采用以最高档或次高档由 30km/h 或 40km/h 全力加速至某一高速（一般为 80% v_{amax}）所需的时间。还有用加速过程曲线即车速—时间关系曲线全面反映加速能力。

3. 爬坡能力

汽车的爬坡能力是用汽车满载时在良好路面上的最大爬坡度 i_{max} 来表示。最大爬坡度 i_{max} 是汽车爬过的最大坡道角度 α_{max} 的正切值，即：

$$i_{max} = \tan\alpha_{max}$$

显然，汽车的最大爬坡度是指一档时的最大爬坡度。轿车最高车速大，加速时间短，一般不强调它的爬坡能力，但由于一档加速能力好，故爬坡能力也强。货车的常用行驶道路条件要求其必须具有足够的爬坡能力，一般在 30% 即 16.7°左右。越野汽车要在路况差或无路条件下行驶，故爬坡能力是一个很重要的指标，它的最大爬坡度要求达到 60% 即 31°左右。

2.2 汽车的驱动力与行驶阻力

分析汽车的动力性，就是分析汽车沿行驶方向的运动状况，为此需要掌握沿汽车行驶方向作用于汽车的各种外力，即驱动力和行驶阻力。

> **想一想**
> 汽车在上坡、加速等不同行驶条件下分别受到哪些阻力？

2.2.1 汽车的驱动力

汽车发动机产生的转矩，经传动系传给驱动车轮，使车轮对地面产生一圆周力 F_0，地面则对驱动轮产生反作用力 F_t 驱动汽车，如图 2-1 所示。F_t 即称为汽车的驱动力，其与 F_0 大小相等，方向相反，其数值为

$$F_t = \frac{M_t}{r} \quad (2-1)$$

式中 M_t——作用在驱动轮上的转矩（N·m）；
　　　r——车轮半径（m）。

作用在驱动轮上的转矩 M_t 是由发动机产生的转矩 M_e 经传动系传到驱动轮上的，两者的关系为

$$M_t = M_e i_g i_0 \eta_T \quad (2-2)$$

式中 M_e——发动机转矩（N·m）；

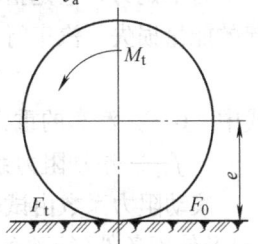

图 2-1 汽车的驱动力

i_g——变速器传动比；

i_0——主减速器传动比；

η_T——传动系的机械效率。

对于装有分动器、轮边减速器、液力传动等装置的汽车，还应考虑相应的传动比和机械效率。

将式(2-2)代入式(2-1)可得

$$F_t = \frac{M_e i_g i_0 \eta_T}{r}$$

由此可知，汽车的驱动力与发动机的转矩、传动系的传动比和传动效率成正比，与驱动轮半径成反比。

2.2.2 汽车的行驶阻力

汽车行驶时需要克服所遇到的各种阻力。在水平道路上等速行驶时必须克服来自地面的滚动阻力 F_f 和来自周围空气的空气阻力 F_w。上坡行驶时还必须克服汽车重力沿坡道方向的分力，称为坡度阻力 F_i。加速行驶时必须克服其惯性力，称为加速阻力 F_j。故汽车行驶的总阻力为

$$\sum F = F_f + F_w + F_i + F_j$$

上述各种阻力中，滚动阻力和空气阻力是在任何行驶条件下都存在的，但坡度阻力只在汽车上坡行驶时存在，加速阻力只在汽车加速行驶时存在。

1. 滚动阻力 F_f

车轮滚动时，轮胎与路面的接触区域产生法向、切向的相互作用力，从而产生相应的轮胎和支承路面的变形。轮胎和支承面相对刚度的不同决定了它们的变形特点也不同。当汽车在硬路面上行驶时，弹性轮胎的变形是主要的。这时，由于轮胎有内部摩擦，产生弹性迟滞损失，使轮胎变形，损耗了一部分能量。

如图2-2所示，在加载过程中，载荷 W 与轮胎变形量 δ 的关系为 OCA 曲线，面积 $OCABO$ 则为加载过程对轮胎所做的功。减载过程为 ADE 曲线，面积 $ODABO$ 则为减载过程轮胎所释放的能量。两面积之差 $OCADEO$ 即表示轮胎变形引起的能量损失，称为轮胎的弹性迟滞损失。

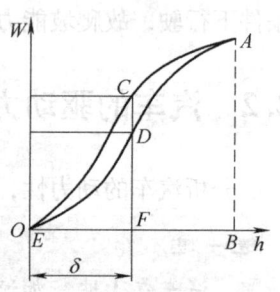

图2-2 弹性轮胎的径向变形曲线

轮胎的弹性迟滞损失表现为阻碍车轮滚动的一种阻力偶矩。按力学上定义力的概念，滚动阻力不是力，它是指车轮在路面上滚动时，由于轮胎与路面之间相互作用和相应变形所引起的能量损失。汽车行驶时，滚动阻力可用下式计算

$$F_f = Gf$$

式中　G——汽车的重力(N)；

　　　f——滚动阻力系数。

滚动阻力系数由试验确定，其数值与道路(路面的种类与状况)、轮胎(结构、材料和气压)及使用条件(行驶车速、径向载荷等)有关。表2-1给出了汽车在不同路面以中低速行驶时的大致滚动阻力系数值。

表 2-1 滚动阻力系数的数值

路面类型	滚动阻力系数	路面类型	滚动阻力系数
良好的沥青或混凝土路面	0.010 ~ 0.018	雨后压紧土面	0.050 ~ 0.150
一般的沥青或混凝土路面	0.018 ~ 0.020	泥泞土路	0.100 ~ 0.250
碎石路面	0.020 ~ 0.025	干砂路面	0.100 ~ 0.300
良好的卵石路面	0.025 ~ 0.030	湿砂路面	0.060 ~ 0.150
坑洼的卵石路面	0.030 ~ 0.050	结冰路面	0.015 ~ 0.030
干燥的压紧土面	0.025 ~ 0.035	压紧雪道	0.030 ~ 0.050

轮胎的结构、帘线及橡胶品种对滚动阻力系数都有影响。在保证轮胎具有足够的强度和使用寿命的前提下，采用较少的帘布层数、较薄的胎体以及采用较好的轮胎材料均可减少轮胎滚动时的迟滞损失，减小滚动阻力系数。子午线轮胎的滚动阻力系数比一般轮胎的低，且随车速变化小。轮胎的充气压力对滚动阻力系数数值影响很大。在硬路面上行驶的汽车，轮胎气压降低，轮胎在滚动过程中的变形加大，迟滞损失增加，因而滚动阻力系数增大；在软路面上行驶的汽车，降低轮胎气压可增大轮胎与地面的接触面积，减小土壤变形，因而滚动阻力系数减小。但过多的降低轮胎气压，致使轮胎变形过大，由于轮胎变形而引起的滚动阻力急速增长，亦可导致滚动阻力系数增加。故在软路面上行驶的轮胎，对于一定的使用条件有一最佳轮胎气压值。

行车速度对滚动阻力系数影响很大。车速在 100 km/h 以下时，滚动阻力系数随车速增加而略有增大，在 100 km/h 以上时增长较快，车速达某一高速(如 200 km/h)时，滚动阻力系数迅速增大，轮胎发生驻波现象。此时，不但滚动阻力显著增加，轮胎温度也快速上升，容易出现爆破现象，严重威胁行车安全。

2. 空气阻力 F_w

汽车在空气介质中运动，空气介质本身也有运动，这均将对汽车的运动产生阻力。汽车行驶时受到的空气作用力在行驶方向上的分力称为空气阻力。

空气阻力由摩擦阻力和压力阻力两部分组成。摩擦阻力是由于具有粘性的空气对车身表面的摩擦作用产生的，压力阻力是作用在汽车外形表面上的法向压力在行驶方向上的分力。

压力阻力又可分为形状阻力、干扰阻力、内循环阻力和诱导阻力四部分。形状阻力是由汽车形状引起的阻力，与车身主体形状有关；干扰阻力是车身表面突起物(一些如门把手、后视镜、引水槽、驱动轴等)引起的阻力；内循环阻力为发动机冷却系统以及车身通风等所需要的空气在车体内部流动时形成的阻力；诱导阻力是汽车行驶时的空气升力在行驶方向上的分力。

一般在轿车中，形状阻力占58%，干扰阻力占14%，内循环阻力占12%，诱导阻力占7%，摩擦阻力占9%。

空气阻力是真实存在的力，汽车在无风条件下匀速行驶时，空气阻力计算公式如下

$$F_w = \frac{C_D A V_a^2}{21.15}$$

式中　C_D——空气阻力系数；
　　　A——汽车的迎风面积（m^2）；
　　　V_a——汽车与空气的相对速度（km/h）。

由上式可知，空气阻力的大小取决于汽车与空气的相对速度 V_a、汽车的迎风面积 A 以及空气阻力系数 C_D。A 值受汽车运输效率和乘坐空间等的限制，不易进一步减少，所以减少空气阻力的主要方法是降低 C_D 值。

C_D 值可由道路试验、风洞试验等方法求得。迎风面积 A 是汽车在其纵轴的垂直平面上投影的面积，此面积可直接在投影面上测得，亦常用汽车的轮距与汽车的高度之乘积近似地表示。一般汽车的空气阻力系数和迎风面积见表2-2。

表2-2　汽车的空气阻力系数和迎风面积

车　型	迎风面积	空气阻力系数
典型轿车	1.7~2.1	0.30~0.41
货车	3~7	0.6~1.0
客车	4~7	0.5~0.8

3. 坡度阻力 F_i

汽车上坡行驶时，如图2-3所示，汽车重力沿坡道的分力称为汽车的坡度阻力，即

$$F_i = G\sin\alpha$$

当坡度角不大（$\alpha < 15°$）时，$\sin\alpha \approx \tan\alpha = i$，故坡度阻力可近似用 $F_i = Gi$ 计算。

由于坡度阻力与滚动阻力都与道路有关，而且都和汽车重力成正比，所以把这两种阻力合在一起称为道路阻力。

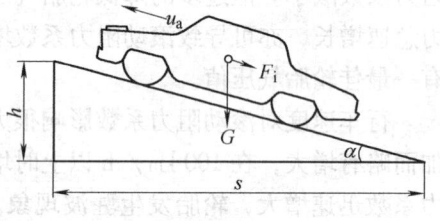

图2-3　汽车的坡度阻力

4. 加速阻力 F_j

汽车加速行驶时，需要克服其质量加速运动的惯性力，就是加速阻力 F_j。汽车的质量包括平移质量和旋转质量两部分，加速时平移质量产生惯性力，旋转质量产生惯性力偶矩。为了计算方便，通常把旋转质量的惯性力偶矩转化为平移质量的惯性力，计算时，用系数 δ 作为旋转质量惯性力偶矩的汽车质量换算系数。因此，F_j 的计算公式为

$$F_j = \delta \frac{G}{g} \frac{dv}{dt}$$

式中　δ——汽车旋转质量换算系数；
　　　G——汽车重力（N）；
　　　g——重力加速度（m/s^2）；
　　　dv/dt——汽车行驶加速度（m/s^2）。

δ 值主要与飞轮的转动惯量、车轮的转动惯量和传动系的传动比有关。

2.3 汽车行驶的驱动—附着条件

> **查一查**
> 附着力是什么，对汽车的行驶有何影响？

2.3.1 驱动—附着条件

汽车在行驶过程中遇到各种阻力，为保证汽车能够正常行驶，就必须有足够的驱动力以克服这些阻力。驱动力与各阻力之间的关系应符合驱动力平衡方程，即

$$F_t = F_f + F_w + F_i + F_j$$

由此可知：

若 $F_j = 0$，即 $F_t = F_f + F_w + F_i$ 时，汽车将匀速行驶。
若 $F_j > 0$，即 $F_t > F_f + F_w + F_i$ 时，汽车将加速行驶。
若 $F_j < 0$，即 $F_t < F_f + F_w + F_i$ 时，汽车将减速行驶或无法起步。

所以，汽车行驶的驱动条件是

$$F_t \geqslant F_f + F_w + F_i。$$

汽车行驶的驱动条件是汽车行驶的必要条件，但还不是充分条件，它反映了汽车本身的行驶能力。为了满足这一必要条件，可以采用增加发动机转矩、加大传动系传动比等方法来增大汽车的驱动力。

汽车驱动力大，加速能力好，爬坡能力也强。但这个结论必须有一个前提条件：轮胎与路面之间必须有足够大的附着力。如果路面附着性能差，如冰雪路面，大的驱动力并不能有效地使车轮滚动向前，而可能引起车轮急剧加速滑转。由此可见，汽车正常行驶除受驱动条件制约外，还受轮胎与地面间附着条件的限制。

地面对轮胎切向反作用力的极限值称为附着力 F_φ。在硬路面上，它与驱动轮法向反作用力 F_z 成正比，即

$$F_\varphi = F_z \varPhi$$

式中，$\varPhi$ 称为附着系数，它表示轮胎与路面的接触强度。驱动轮上的地面切向反作用力不能大于附着力，否则会发生驱动轮滑转，汽车无法正常行驶。因此，汽车的驱动力与附着力必须满足下列关系

$$F_t \leqslant F_\varphi$$

该式即为汽车行驶的附着条件。

综上所述，汽车行驶的驱动—附着条件是

$$F_f + F_w + F_i \leqslant F_t \leqslant F_\varphi$$

此为汽车正常行驶的充分与必要条件。汽车行驶首先要满足驱动条件，即驱动力足够大，足以克服各种行驶阻力。但是推动汽车行驶的驱动力是地面对驱动轮的切向反作用力，是地面作用于汽车的外力。当驱动轮被架空而离开地面时，无论发动机产生多大转矩，汽车都是不能行驶的。为了保证汽车正常行驶，轮胎与地面必须有良好的附着性能，即附着力足够大，地面才能在附着力的限制下对驱动轮作用足够的切向反作用力。换言之，附着力并不是地面对车轮作用的一个力，而是限制驱动力大小的一个界限。在附着力的限制之内，驱动力才能真正发挥出来。

2.3.2 附着力与附着系数

汽车的附着力取决于附着系数以及地面作用于驱动轮的法向反作用力。提高附着系数以提高附着力，是保证汽车驱动力充分利用的重要措施。提高附着系数，不仅有利于汽车动力性的发挥，也可提高汽车的制动性。

附着系数主要取决于路面的种类与状况、轮胎的结构以及其他一些使用影响因素。

1. 路面种类与状况

坚硬路面的附着系数较大，因为在硬路面上，轮胎的变形远较路面的变形大，路面的坚硬微凸起部分嵌入轮胎的接触表面，使接触强度增大。路面被污物（细沙、尘土、油污、泥）覆盖时，路面的凹凸不平被填充，或路面潮湿时有水起润滑作用，都使附着系数下降20% ~ 60%，甚至更多。路面的结构对排水能力也有很大影响。路面的宏观结构应有一定的不平度而具有自动排水的能力。路面的微观结构应是粗糙而且有一定的尖锐棱角，以穿透水膜直接与胎面接触。因长期使用已经磨损和风化的路面附着系数也会降低。例如，使用15年的路面，由于压实和磨光的结果，附着系数比新建时下降20% ~ 30%。

不同类型的轮胎在各种路面上实际测得的附着系数值见表2-3。

表2-3 附着系数值

路 面		轮 胎		
类 型	状 态	高压轮胎	低压轮胎	越野轮胎
沥青、混凝土路面	干燥	0.50 ~ 0.70	0.70 ~ 0.80	0.70 ~ 0.80
	潮湿	0.35 ~ 0.45	0.45 ~ 0.55	0.50 ~ 0.60
	污染	0.25 ~ 0.45	0.25 ~ 0.40	0.25 ~ 0.45
碎石路面	干燥	0.50 ~ 0.60	0.60 ~ 0.70	0.60 ~ 0.70
	潮湿	0.30 ~ 0.40	0.40 ~ 0.50	0.40 ~ 0.55
土路	干燥	0.40 ~ 0.50	0.50 ~ 0.60	0.50 ~ 0.60
	潮湿	0.20 ~ 0.40	0.30 ~ 0.50	0.35 ~ 0.50
	泥泞	0.15 ~ 0.25	0.15 ~ 0.25	0.20 ~ 0.30
积雪路面	松软	0.20 ~ 0.30	0.20 ~ 0.40	0.20 ~ 0.40
	压实	0.15 ~ 0.20	0.20 ~ 0.25	0.30 ~ 0.50
结冰路面		0.08 ~ 0.15	0.10 ~ 0.20	0.05 ~ 0.10

2. 轮胎的结构与气压

轮胎花纹对附着系数 φ 值的影响也较大。具有细而浅花纹的轮胎，在硬路面上有较好的附着能力；具有宽而深花纹的轮胎，在软路面上使附着能力有所提高。增加胎面的纵向条纹，在干燥的硬路面上，由于接触面积减小，值有所下降。但在潮湿的路面上有利于挤出接触面中的水分，改善附着能力。

目前，为了提高轮胎的附着能力，胎面上有纵向曲折大沟槽，胎面边缘有横向沟槽，使轮胎在纵向、横向均有较好的附着能力，又提高了在潮湿路面上的排水能力。胎面上大量的细微花纹，由于胎面在接地过程中的微小滑动，进一步擦去接触面间的水膜，这样轮胎接地面积后部可以与路面直接接触，因而提供足够的附着力。轮胎的磨损也会影响附着能力，随着胎面花纹深度减小，φ 值将显著下降。

降低轮胎气压，可使硬路面上 φ 值略有增加，所以采用低压胎可获得较好的附着性能。

在松软路面上，降低轮胎气压，则轮胎与土壤的接触面积增加，胎面凸起部分嵌入土壤的数目也增多，因而 Φ 值显著提高。如果同时增加车轮轮辋的宽度，则效果更好。对于潮湿的路面，适当提高轮胎气压，使轮胎与路面的接触面积减小，有助于挤出接触面间的水分，使轮胎得以与路面较坚实的部分接触，因而可提高 Φ 值。

3. 汽车行驶速度

汽车行驶速度提高时，多数情况下附着系数是降低的。在潮湿的路面上提高行驶速度时，由于接触面间的水分来不及排出，所以附着系数显著降低。在软土壤上，由于高速车轮的动力作用容易破坏土壤的结构，所以提高行驶速度对附着系数产生极不利的影响。只有在结冰的路面上，车速高时，与轮胎接触的冰层受压时间短，因而在接触面间不容易形成水膜，故附着系数略有提高。但要特别注意，在冰路上提高行驶速度会使行驶稳定性变差。

2.4 汽车的驱动力—行驶阻力平衡图

想一想
如何绘制汽车的驱动力—行驶阻力平衡图？

根据前面分析可知，汽车的驱动力平衡方程为

$$F_t = F_f + F_w + F_i + F_j$$

这一方程表明了汽车行驶时驱动力与各行驶阻力之间的平衡关系。为了更清晰而形象地表明这一平衡关系，一般是将汽车的驱动力平衡方程用图解法来进行分析。即在汽车驱动力图上把汽车行驶中经常遇到的滚动阻力和空气阻力也算出并画在图上，作出汽车驱动力—行驶阻力平衡图，并以此来确定汽车的动力性。

装用五档变速器的某汽车驱动力—行驶阻力平衡图，如图 2-4 所示。

1. 确定最高车速

最高车速是指汽车在水平良好的路面上所能达到的最高行驶速度，此时汽车应该是以最高档行驶，且 $F_i = 0$，$F_j = 0$，所以最高档的驱动力曲线与行驶阻力 $(F_f + F_w)$ 曲线的交点所对应的车速便是汽车的最高车速 v_{amax}。

汽车以最高车速行驶时，驱动力全部用来克服滚动阻力和空气阻力，如遇坡道，汽车的行驶速度会下降，必要时还必须降低档位。

若汽车需要在水平良好路面以低于最高车速的速度稳定行驶，驾驶人可减小节气门开度，发动机以部分负荷特性工作，相应的驱动力曲线如图 2-4 中虚线所示，此时驱动力与行驶阻力达到新的平衡。

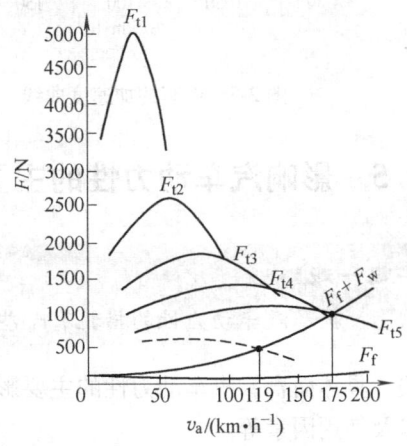

图 2-4 汽车的驱动力—行驶阻力平衡图

2. 确定加速能力

汽车的加速能力通常用其在水平良好路面上行驶时能产生的最大加速度或最短加速时间来表示。汽车达到最大加速度，则坡道阻力 $F_i = 0$，根据驱动力平衡方程可得

$$\frac{dv}{dt} = \frac{g}{\delta_G}[F_t - (F_f + F_w)]$$

根据上式和图 2-4 可计算出汽车在节气门全开时各档的加速度曲线,如图 2-5 所示。

3. 确定爬坡能力

汽车的爬坡能力用汽车满载时在良好路面上的最大爬坡度 i_{max} 来表示。此时汽车必然不会再有加速能力,即 $F_j = 0$,所以

$$F_i = F_t - (F_f + F_w)$$

坡道阻力 F_i 大小为 $G\sin\alpha$,代入上式得

$$\alpha = \arcsin\frac{F_t - (F_f + F_w)}{G}$$

利用图 2-4 即可求出汽车各档时的爬坡角度值,再相应地根据 $i = \tan\alpha$ 可绘制出汽车的爬坡度曲线,如图 2-6 所示,汽车的最大爬坡度 i_{max} 即为一档时的最大爬坡度。

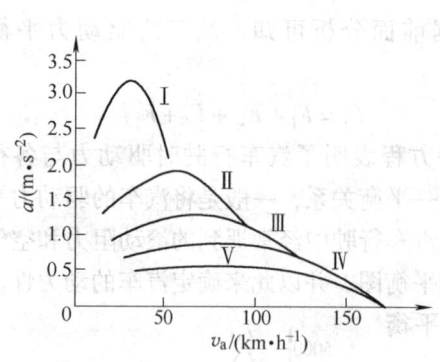

图 2-5　汽车的加速度曲线

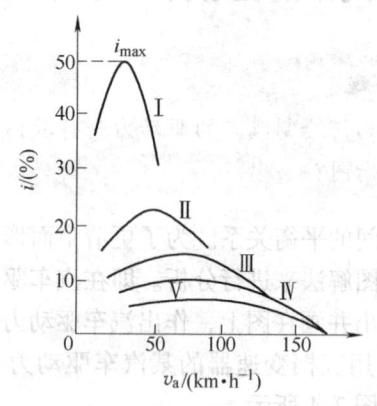

图 2-6　汽车的爬坡度曲线

2.5　影响汽车动力性的主要因素

想一想　提高汽车动力性的措施有哪些?

分析动力性的影响因素,有利于更好地找到提高汽车动力性的措施。根据前面的分析可知,汽车动力性与汽车的结构参数和使用条件密切相关。具体而言,汽车动力性的主要影响因素有发动机参数、传动系统参数、汽车质量与外形以及使用因素等。

2.5.1　发动机参数

1. 最大功率

汽车上配备的发动机功率越大,汽车的动力性越好。发动机最大功率的选择必须保证汽车预期的最高车速。最高车速越高,要求发动机功率越大,其后备功率也大,加速爬坡性能就好。但发动机功率过大,将导致汽车行驶时发动机经常处于小负荷下工作,燃油消耗增加,经济性下降。因此,发动机最大功率一般按汽车的比功率来选择。

2. 发动机外特性

由发动机的外特性曲线可知，最大功率及与其相对应的转速均相等的两台不同结构发动机，其外特性曲线形状也可能是不同的。后备功率较大者，能使汽车具有较大的加速能力和爬坡能力，因而动力性更好。同时，使汽车具有较低的临界车速，变速次数可以减少，有利于提高汽车的平均行驶速度。

在发动机转矩特性的选择上，为提高汽车的动力性和高档位的适应能力，应选择最大转矩、最大转矩转速、转矩储备系数均较高的发动机。

2.5.2 传动系参数

1. 主减速器传动比

变速器位于直接档时，不同主减速器传动比对汽车动力性的影响如图 2-7 所示，其中 $i_{01} < i_{02} < i_{03}$。

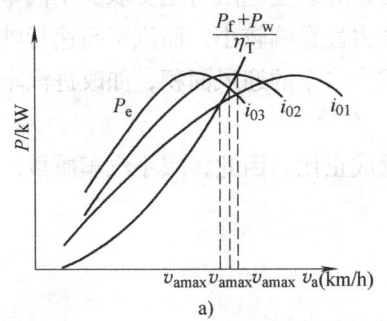
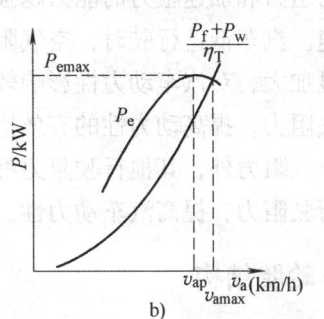

图 2-7 主减速器传动比对汽车动力性的影响
a) 主减速比的影响 b) 主减速比的选择

分析该功率平衡图可知，主减速器传动比为 i_{02} 时，汽车的最高车速 v_{amax} 最大。此时，汽车的阻力功率曲线与发动机功率曲线在最大功率处相交，汽车的最高车速等于发动机最大功率相对应的车速，即 $v_{amax} = v_p$，其他条件不变。无论主减速器的传动比增大还是减小，都使汽车的最高车速降低。

随着主减速器传动比 i_0 的增大，功率曲线向左移动，在一定行驶车速时的后备功率增大，汽车的爬坡能力和加速能力提高。但当传动比增大到使汽车的最高车速小于发动机最大功率相对应车速时，如 $i_0 = i_{03}$ 时，发动机会经常以较高转速工作，从而影响发动机的燃油经济性和使用寿命。并且传动比的增大会使主减速器尺寸加大，减小驱动桥的离地间隙，影响通过性。

因此，一般用途汽车选择的主减速器传动比应使汽车的最高车速略高于发动机最大功率时相应的车速，两速度比值 $v_{amax}/v_p = 1.0 \sim 1.2$。

2. 变速器参数

（1）变速器档数　变速器档数增加，可在不同条件下选择最佳档位，使发动机在接近最大功率工况下工作的机会增加，发动机的平均功率利用率高，后备功率大。但普通齿轮式有级变速器档数也不宜过多，因为档位的增加会使变速器结构变复杂，操纵也困难，无级变速器是解决这一矛盾的最佳选择。

（2）变速器传动比　变速器一档传动比对汽车动力性影响最大。一档传动比应满足汽车动力性对最大爬坡度的要求，并考虑一档发出最大驱动力时，不应产生驱动轮滑转现象。

变速器各档传动比的分配对汽车动力性也有影响。一般变速器各档传动比按等比级数合理分配，使发动机经常在接近最大功率或最大转矩的转速范围内工作，以提高汽车的加速能力和爬坡能力。传动比分配不当，不仅会影响动力性，还会导致换档困难。

3. 传动系统机械效率

传动系统机械效率越高，传动损失功率越小，发动机输出的有效功率能更多地转变为驱动功率，汽车动力性就越好。提高传动系统机械效率的主要措施有改善润滑环境、改进传动系结构、做好维护等。

2.5.3 汽车的外形及质量

由前述的汽车动力性分析可知，若汽车的总质量和驱动力相同，则空气阻力越小，汽车克服道路阻力和加速阻力的能力越强，汽车动力性越好。空气阻力主要取决于汽车的迎风面积和车速。汽车低速行驶时，空气阻力对汽车的动力性影响较小，而汽车高速行驶时，空气阻力明显加大，对汽车动力性影响较大。所以，减小汽车的迎风面积，如改进汽车外形，是减小空气阻力，提高动力性的有效措施。

除空气阻力外，其他行驶阻力都与汽车的质量成正比。因此，减小汽车质量，则可减小汽车的行驶阻力，提高汽车动力性。

2.5.4 轮胎结构

汽车的驱动力 F_t 与车轮半径 r 成反比，而车速 v_a 与车轮半径 r 成正比。因此，轮胎半径对与动力性有关的驱动力和车速的影响是矛盾的。

经常在良好路面行驶的汽车，由于路面附着系数高，附着力大，可减小汽车轮胎半径，从而获得较大的驱动力，车速的提高可以通过减小主减速器传动比来解决。轮胎半径和主减速器传动比的减小，有利于汽车重心的降低，提高汽车行驶的稳定性，有利于汽车高速行驶。所以，目前在良好路面上行驶的汽车，轮胎半径有减小的趋势。

轮胎结构、花纹等对汽车动力性也有较大影响。为提高汽车动力性，应尽量采用滚动阻力较小的轮胎，如子午线轮胎。应根据汽车常行驶的路面状况合理选择轮胎花纹。

2.5.5 汽车的使用因素

汽车的行驶条件，如道路环境、气候、海拔等都会影响汽车的动力性。无路或坏路地带的路面附着系数小，影响汽车动力性的发挥；环境温度太高将使发动机过热，功率下降，致使汽车动力性下降；高海拔地区空气稀薄，导致发动机进气不足，功率下降，也使汽车动力性下降。

汽车动力性还受汽车发动机和底盘技术状况的影响。发动机工作不良，将导致发动机输出功率减小；底盘传动元件工作不良，将导致传动系机械效率减小，这都将使汽车的动力性下降。

另外，熟练的驾驶技术，如适时和熟练地换档以及正确选择档位是提高汽车动力性的有效措施。

2.6 汽车底盘输出功率检测

想一想
为什么要对底盘输出功率进行检测？

底盘输出功率检测又称为底盘测功，是指汽车驱动轮输出功率的检测。底盘测功的目的是评价汽车的动力性，同时将驱动轮输出功率与发动机的输出功率进行对比，可求得传动效率，以评价底盘传动系统的技术状况。底盘输出功率检测在底盘测功机上进行。

2.6.1 底盘测功机的结构与使用方法

1. 底盘测功机的功能

汽车底盘测功机，又称转鼓试验台，是一种不解体检验汽车性能的检测设备。用以模拟汽车在实际行驶时的阻力，测定汽车的使用性能以及检测汽车的技术状况，诊断汽车故障，广泛用于汽车设计、制造、维修和检测部门。其主要功能有：

1) 测试汽车驱动轮输出功率或驱动力。
2) 测试汽车滑行性能和传动系统传动效率。
3) 测试汽车加速性能。
4) 校验车速表和里程表。
5) 辅以油耗计、废气分析仪等设备，还可以对汽车的燃油经济性和废气排放性进行检测。

2. 底盘测功机的结构

汽车底盘测功机由滚筒装置、加载装置、测量装置、举升装置、其他辅助装置及控制系统组成，其机械部分组成如图2-8所示。

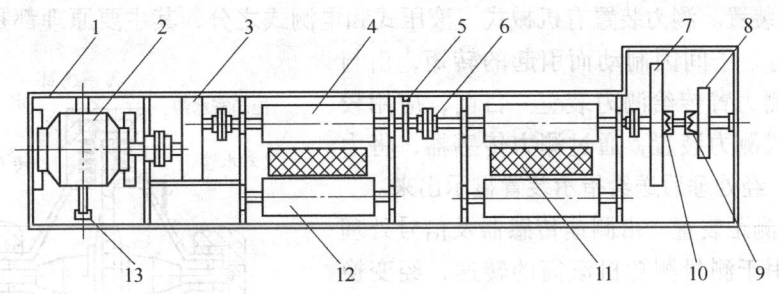

图2-8 底盘测功机机械部分结构示意图
1—框架 2—测功器 3—变速器 4—主滚筒 5—速度传感器 6—联轴器 7、8—飞轮
9、10—电磁离合器 11—举升装置 12—副滚筒 13—压力传感器

（1）滚筒装置 滚筒装置是测功机的基本组成件，其结构和性能将直接影响测功机的测试精度。滚筒一般为钢制空心结构，并经动平衡试验，通过滚动轴承安装在框架上。滚筒

数量、滚筒直径、表面状况、两滚筒的中心距是影响测功机性能的主要结构参数。

根据滚筒数量，底盘测功机有单滚筒和双滚筒两类，如图2-9所示。

单滚筒式测功机的滚筒直径较大，一般在1500～2500mm之间。滚筒直径越大，滚筒表面曲率越小，模拟路面的效果就越好，测试精度也就越高。但大直径滚筒使设备笨重，占地面积大，安装也不方便。

常用的底盘测功机为双滚筒式，滚筒直径较小，一般在185～400mm之间。滚筒直径不宜太小，否则将会增大滑转率、滚动阻力和滚动损失功率，降低测试精度，还会提高轮胎的温度。双滚筒有主、副滚筒之分，与测功器相连的滚筒为主滚筒，左右两个主滚筒之间装有联轴器，左、右两个副滚筒处于自由状态。

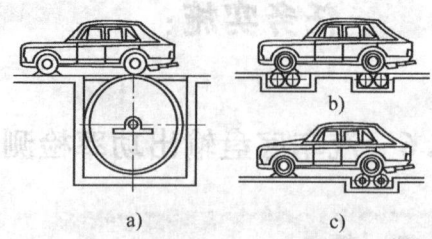

图2-9 滚筒式底盘测功机
a) 大直径单滚筒 b) 双轮双滚筒
c) 单轮双滚筒

（2）加载装置　用底盘测功机测试汽车性能和检测汽车的技术状况，就必须能模拟汽车在道路上行驶时所受的各种阻力。而汽车在测功机上运转时只有驱动轮转动，所引起的外部阻力较在道路上行驶时小，且不存在汽车在道路上行驶时所受的空气阻力、爬坡阻力及从动轮的滚动阻力。这些外部阻力必须利用测功机的加载装置来模拟，以便使汽车受力状况和汽车在道路上行驶一样。

常用的加载装置有水力测功机、电力测功机和电涡流测功机，双滚筒测功机加载装置普遍采用电涡流机。

电涡流测功机，简称电涡流机是利用电涡流效应产生制动力矩来起制动作用，如图2-10所示。制动力矩的大小可以通过控制励磁电流来调节，很容易实现自动控制。它的功率范围和转速范围都比较广，转速可达1000～2500r/min甚至更高，功率可达5000kW，而且还具备低速时其制动功率大等优点。

（3）测量装置　测量装置包括测力装置、测速装置、测距装置和控制与指示装置，该装置应工作可靠，测量误差小，并能迅速地适应被测量值的变化。

1）测力装置。测力装置有机械式、液压式和电测式之分，其主要原理都是：电涡流测功器的转子与定子间因制动而引起的转矩，由与定子相连的测力臂传给测力装置。目前，应用较多的是电测式测力装置，通过测力传感器，将力变成电信号，经处理后送给指示装置显示出来。

2）测速测距装置。由测速传感器及信号处理电路组成，用于测量测功机滚筒的转速，经变换后可得到相应的汽车行驶速度。测速装置有磁电式、光电式和测速发电机。现多采用光电式脉冲传感器，其安装在副滚筒一端，随滚筒一起转动，能将滚筒的转动变为脉冲信号，其测量误差可小于0.5%。

3）测距装置。在底盘测功机上测量加速距

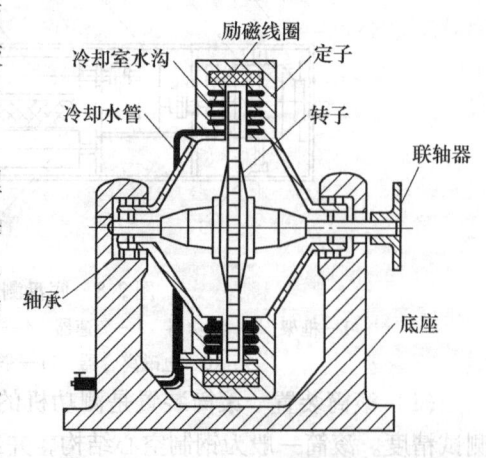

图2-10 电涡流测功机

离、滑行距离及油耗时，除测量车速外，还需用测距装置测量汽车的行驶距离。一般采用光电盘脉冲计数式测距装置。

4）控制与指示装置。底盘测功机的控制与指示装置常常制成柜式一体结构。控制系统的核心是一台计算机，它承担底盘测功机的数据采集、数据处理、显示打印和操作控制等多项任务。由微机控制的底盘测功机的测力装置和测速装置均为电测式，指示装置可直接显示驱动车轮的输出功率。

如图2-11所示，底盘测功机的控制指示柜面板有多个按键、指示灯、警告灯等，用来控制测试过程，显示测试结果。

使用汽车底盘测功试验台测功时，将"速度给定"旋钮置于选定的速度刻线上，"功能选择"旋钮置于"恒速"位，在逐渐增大节气门到所需位置的同时，控制装置能自动调控励磁电流，使汽车在选定的车速下恒速测功。

如果手动调控励磁电流，须将"功能选择"旋钮置于"恒流"位，然后手动旋转"电流给定"旋钮即可增大或减小励磁电流，并在旋钮给定位置上供给恒定的励磁电流。

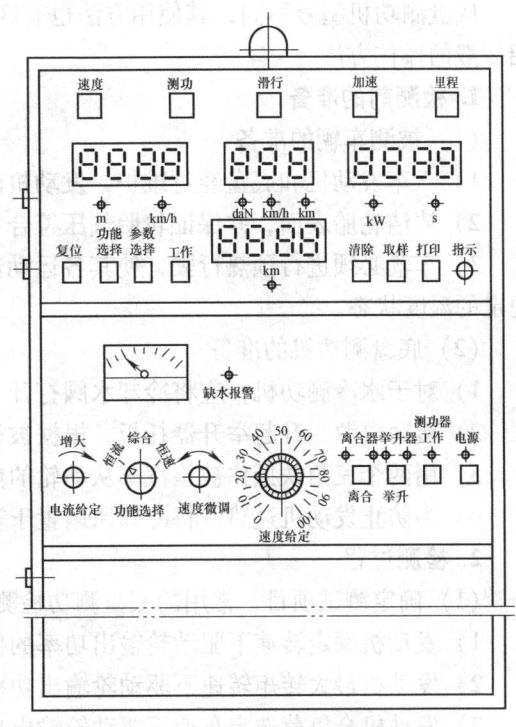

图2-11 底盘测功机的控制指示柜面板

（4）举升器 为使被检车辆方便地进出底盘测功机，在主、副滚筒之间安装有举升器及气动控制系统。举升器一般为气压式，与制动试验台的气动举升器一样，要注意对空气中的水分进行分离，以延长举升器的寿命。

（5）辅助设备 辅助装置主要包括纵向约束和冷风装置等。

1）纵向约束装置。汽车在底盘测功机上试验时，为了使驱动轮稳定地运转在滚筒上，防止汽车可能出现的前后左右移动或者冲出试验台，必须加以一定的约束。对于单滚筒试验台，必须用钢索拉紧，使汽车能够在纵向和侧向固定；对于双滚筒试验台，可用钢索或三角木块顶住从动轮前后。

2）风冷装置。试验时汽车与空气没有相对运动，发动机发热、轮胎发热的冷却，需要用可移动的风机实施冷却，以保证试验的正常进行。

3. 底盘测功试验台测试原理

滚筒相当于连续移动的路面，被测汽车的车轮在其上滚动。加载装置是用以模拟汽车在道路上行驶时所受到的各种阻力。飞轮组是以其转动惯量模拟汽车加速、滑行等各种阻力。试验时，汽车驱动轮置于滚筒上，带动测功机滚筒及电涡流制动器转子旋转，与滚筒串接的加载装置用定子对其转子施加制动作用，进行加载。定子则受到大小相等、方向相反的力矩作用，此反力矩使定子绕其轴摆动并经一定长度的杆臂传给测力传感器。测量装置便将测定的力矩及车轮相应的转速换算为驱动轮的转矩或输出功率。

2.6.2 底盘测功方法

底盘测功机型号不同,其使用方法也有区别,应按不同机型的说明书进行操作,下面介绍一般的操作方法。

1. 检测前的准备

(1) 被测车辆的准备

1) 汽车发动机和底盘经过维护,发动机的供油系和点火系调整至最佳工作状态。

2) 清洁轮胎表面,并保证轮胎气压符合规定。

3) 车辆必须进行预热行驶,使其各运动部件、润滑油、冷却液等达到制造厂技术条件规定的温度状态。

(2) 底盘测功机的准备

1) 对于水冷测功机,应将冷却水阀打开。

2) 接通电源,升起举升器托板,根据被检车的功率,选择测试功率的档位。

3) 用两个三角铁抵住被检汽车从动轮的前方,进行必要的纵向约束。

4) 为防止发动机过热,将冷却风扇置于被检汽车前方约0.5m处,对发动机吹风。

2. 检测过程

(1) 确定测试项目 常用的底盘测功检测项目有下列四项:

1) 发动机额定转速下驱动轮输出功率的检测。

2) 发动机最大转矩转速下驱动轮输出功率的检测。

3) 发动机全负荷选定车速下驱动轮输出功率的检测。

4) 发动机部分负荷选定车速下驱动轮输出功率的检测。

在进行汽车技术等级评定、在用汽车动力性评价时,只需测定发动机全负荷与额定功率转速下和额定转矩转速下对应的直接档的驱动轮输出功率即可。

(2) 检测步骤

1) 起动发动机,松开驻车制动,变速器由低档逐渐换入直接档位。

2) 逐渐踩下加速踏板,同时调节测功器制动力矩对滚筒加载,使发动机在全负荷工况下以额定功率相应的转速运转。

3) 待发动机转速稳定后,读取并打印驱动车轮的输出功率值或驱动力值以及试验车速值。重复检测三次,取平均值。

4) 保持发动机全负荷运转,调节功率吸收装置的负荷,测出额定转矩相应转速时驱动轮输出功率值或驱动力值以及试验车速值。重复检测三次,取平均值。

如需测出驱动车轮在不同档位下的输出功率或驱动力,则要依次挂入每一档按上述方法进行检测。发动机部分负荷选定车速下驱动轮输出功率或驱动力的检测与此大致相同。

5) 全部检测结束,待驱动轮停止转动后,移开风扇,去掉车轮前的三角架,举起举升器的托板,将被检汽车驶离试验台。

6) 切断测功机电源,收检仪器、工具、量具等,并清洁工作现场。

3. 注意事项

1) 走合期的新车或大修车不宜进行驱动轮输出功率的检测。

2) 检测时应密切注意汽车的各种异响、发动机冷却液温度,以免发生意外。

3) 车前方严禁站人,防止汽车驶出测功机,撞伤人员。

2.6.3 结果判定

1. 检测标准

根据国家标准 GB/T 18276—2000《汽车动力性台架试验方法和评价指标》附录 E 的规定:采用汽车额定转矩和额定功率的工况,即发动机全负荷与额定转矩转速和额定功率转速所对应的直接档(无直接档时指传动比最接近1的档)车速构成的工况下,采用校正驱动轮输出功率与相应的发动机输出总功率的百分比作为驱动轮输出功率的限值。

$$\eta_{v_M} = \frac{P_{v_{mo}}}{P_m}$$

$$\eta_{v_P} = \frac{P_{v_{po}}}{P_e}$$

式中 η_{v_M}——汽车在额定转矩工况下的校正驱动轮输出功率与额定转矩功率的百分比(%);

η_{v_P}——汽车在额定功率工况下的校正驱动轮输出功率与额定功率的百分比(%);

$P_{v_{mo}}$——汽车在额定转矩工况下的校正驱动轮输出功率(kW);

$P_{v_{po}}$——汽车在额定功率工况下的校正驱动轮输出功率(kW);

P_m——额定转矩功率(kW);

P_e——额定功率(kW)。

汽车的校正驱动轮输出功率的限值见表 2-4。

表 2-4 汽车驱动轮输出功率的限值

汽车类别	汽车型号		直接档检测速度 v_M /(km/h)	校正驱动轮输出功率/额定转矩功率 η_{v_M} (%)		直接档检测速度 V_p /(km/h)	校正驱动轮输出功率/额定功率 η_{v_P} (%)	
				额定值 η_{Mr}	允许值 η_{Ma}		额定值 η_{Pr}	允许值 η_{Pa}
载货汽车	1010 系列 1020 系列	汽油车	60	75	50	90	65	40
	1030 系列 1040 系列	汽油车	60	75	50	90	65	40
		柴油车	55	75	50	90	70	45
	1050 系列 1060 系列	汽油车	60	75	50	90	65	40
		柴油车	50	75	50	80	70	45
	1070 系列、1080 系列	柴油车	50	75	50	80	70	45
	1090 系列	汽油车	40	75	50	80	65	40
		柴油车	55	75	50	80	70	45
	1100、1110、1120、1130 系列	柴油车	50	70	45	80	65	40
	1140、1150、1160 系列	柴油车	50	75	50	80	65	40
	1170、1190 系列	柴油车	55	75	50	80	65	40

(续)

汽车类别	汽车型号		额定转矩工况			额定功率工况		
			直接档检测速度 v_M /(km/h)	校正驱动轮输出功率/额定转矩功率 η_{v_M}（%）		直接档检测速度 V_P /(km/h)	校正驱动轮输出功率/额定功率 η_{v_P}（%）	
				额定值 η_{Mr}	允许值 η_{Ma}		额定值 η_{Pr}	允许值 η_{Pa}
半挂列车①	10t 半挂列车系列	汽油车	40	75	50	80	70	45
		柴油车	50	75	50	80	70	45
	15t、20t 半挂列车系列	柴油车	45	70	45	70	65	40
	25t 半挂列车系列	柴油车	45	75	50	75	65	40
客车	6600 系列	汽油车	60	70	45	85	60	35
		柴油车	45	75	50	75	65	40
	6700 系列	汽油车	50	65	40	80	60	35
		柴油车	55	70	45	75	60	35
	6800 系列	汽油车	40	65	40	85	60	35
		柴油车	45	70	45	75	60	35
	6900 系列	汽油车	40	65	40	85	60	35
		柴油车	60	70	45	85	60	35
	6100 系列	汽油车	40	65	40	85	60	35
		柴油车	40	70	45	85	60	35
	6110 系列	汽油车	40	65	40	85	60	35
		柴油车	55	70	45	80	60	35
	6120 系列	柴油车	60	65	40	90	60	35
轿车	夏利、富康		95/65②	65/60②	40/35②	—	—	—
	桑塔纳		95/65②	70/65②	45/40②	—	—	—

注：5010 系列~5040 系列厢式货车和罐式货车驱动轮输出功率的允许值按同系列普通货车的允许值下调2%，其他系列厢式货车和罐式货车驱动轮输出功率的允许值按同系列普通货车的允许值下调4%。

① 半挂列车是按载质量分类。

② 为汽车变速器使用三档时的参数值。

2. 汽车动力性合格的条件

判定汽车动力性合格必须符合下列条件

$$\eta_{v_M} \geqslant \eta_{Ma}$$

$$\eta_{v_P} \geqslant \eta_{Pa}$$

式中 η_{Ma}——汽车在额定转矩工况下校正驱动轮输出功率与额定转矩功率的百分比的允许值(%)；

η_{Pa}——汽车在额定功率工况下校正驱动轮输出功率与额定功率的百分比的允许值(%)。

2.7 汽车动力性能路试检测

做一做

查找资料，写出路试试验测定最高车速的方法。

汽车的动力性能还可以通过室外试验，即道路试验来评定。道路试验是使汽车在不同环境条件的道路上进行的，是最符合实际、最基本的评定方法。但由于道路试验受到道路条件、风向、风速、驾驶技术等因素的影响，而且这些因素可控性较差，故应用较少。

汽车动力性能在道路试验中的检测项目一般有高档加速时间、起步加速时间、最高车速、陡坡爬坡车速、长坡爬坡车速等，有时为了评价汽车的拖挂能力，进行汽车牵引力检测。另外，有时为了分析汽车动力的平衡问题，采用高速滑行试验测定滚动阻力系数 f 及空气阻力系数 C_D。

为了使试验数据具有通用性、可比性、准确性，国内外均用法规规定了标准统一的汽车道路试验方法。我国道路试验标准如下：汽车动力性路试基本规范可按照 GB/T 12534—1990《汽车道路试验方法通则》进行；汽车最高车速试验按照 GB/T 12544—2012《汽车最高车速试验方法》的有关规定进行；汽车加速性能试验按照 GB/T 12543—2009《汽车加速性能试验方法》的有关规定进行；汽车爬陡坡试验按照 GB/T 12539—1990《汽车爬陡坡试验方法》的有关规定进行；汽车牵引力性能试验按照 GB/T 12537—1990《汽车牵引力性能试验方法》的有关规定进行。

我们可以根据这些试验方法，在一般道路上测试出汽车的动力性能指标，也可在专业试车场地上进行检测。当今世界上各大汽车公司为了展开专业化研究，投入巨额资金修建大型的汽车综合试验场，例如通用汽车公司的密尔福德试验场、日本汽车研究所试验场、英国汽车工业研究协会(MIRA)试验场、我国海南汽车试验场、上海一汽汽车试验场等。在这些专业场地上，可检测我们所需的各种汽车技术数据，并且更准确、可靠。

工作任务2　汽车底盘输出功率检测

1. 目的

1）正确操作底盘测功机完成底盘输出功率的测量。
2）根据底盘输出功率的测量结果分析底盘技术状况。

2. 设备及器材

1）常用工具1套。
2）底盘测功机一台。
3）在用汽车一辆。

3. 操作基本方法

仪器操作前请阅读仪器使用说明书。并按照2.6.2中的方法进行底盘输出功率测试。

注意事项

1）超过试验台允许轴重或轮重的车辆一律不准上试验台进行检测。
2）检测过程中，切勿拨弄举升器托板操纵手柄，车前方严禁站人，以确保检测安全。
3）检测额定功率和最大转矩相应转速工况下的驱动轮输出功率时，一定要开启冷却风扇并密切注意各种异响和发动机的冷却液温度。
4）走合期间的新车和大修车不宜进行底盘测功。
5）试验台不检测期间，不准在上面停放车辆。

4. 完成工作任务单

汽车底盘输出功率检测工作任务单

任 务 名 称	汽车底盘输出功率检测	学　　时	2	班级	
学生姓名		学生学号		任务成绩	
实训设备（型号）		实训场地		日　期	

1. 检测前的准备

（1）底盘测功机的准备情况

① 检查底盘测功试验台表面是否清洁、滚筒是否运转正常？
　　□是　　□否
② 检查底盘测功试验台电源电路是否正常？
　　□是　　□否
③ 打开检测电脑，观察电脑能否正常启动？
　　□是　　□否
④ 启动检测程序，观察程序是否运转正常？
　　□是　　□否

（2）被检车辆的检查情况

① 检查轮胎是否粘有泥、水、油污等杂物。
　　□是　　□否
② 检查轮胎气压，是否符合出厂规定值。
　　□是　　□否

2. 检测过程

按检测步骤完成检测工作，并将数据填入下表：

汽车型号＿＿＿＿＿＿＿＿　　　　　　　汽车牌号＿＿＿＿＿＿＿＿
总质量＿＿＿＿＿＿＿＿kg　　　　　　　整备质量＿＿＿＿＿＿＿＿kg
总行驶里程＿＿＿＿＿＿＿＿km　　　　　前次检测后行程＿＿＿＿＿＿＿＿km
发动机型号＿＿＿＿＿＿＿＿　　　　　　底盘测功机型号＿＿＿＿＿＿＿＿
轮胎规格＿＿＿＿＿＿＿＿　　　　　　　轮胎气压＿＿＿＿＿＿＿＿kPa
额定转矩（M_e）＿＿＿＿＿＿＿＿N·m/(r/min)　　额定转矩功率（P_M）＿＿＿＿＿＿＿＿kW/(r/min)

额定功率(P_e)_____ kW/(r/min)　　环境温度_____ ℃
环境湿度_____%　　大气压力_____ kPa
饱和蒸气压_____ kPa　　功率校正系数α_____

设定检测速度/km·h^{-1}	$v_M =$	$v_P =$
实际检测速度/km·h^{-1}	$v_M' =$	$v_P' =$
实测驱动轮输出功率/kW	$P_{v_M} =$	$P_{v_P} =$
校正驱动轮输出功率/kW	$P_{v_{MO}} =$	$P_{v_{po}} =$
计算比值/%	$\eta_{v_M} =$	$\eta_{v_P} =$
允许值/%	$\eta_{Ma} =$	$\eta_{Pa} =$
判定		

3. 检测结果分析

1)若检测结果为合格,对比同类型车辆,对试验车辆的动力性能进行评价。
_____

2)若判定结果为不合格,试分析其原因。

综合测试

一、填空题

1. 评价汽车动力性能的指标主要有:_____、_____、_____。
2. 良好沥青路面上的滚动阻力系数要比碎石路面上的滚动阻力系数_____(填"大"或"小")。
3. 空气阻力由_____和压力阻力两部分组成,压力阻力又可分为_____、干扰阻力、内循环阻力和_____四部分。
4. 汽车的驱动力与_____、传动系的传动比和传动效率成正比,与_____成反比。
5. 汽车行驶的驱动力平衡方程是_____。
6. 汽车底盘测功机由滚筒装置、_____、_____、举升装置、其他辅助装置及控制系统组成。

二、选择题

1. 汽车行驶的驱动附着条件是(　　)。
A. $F_f + F_t + F_i \leq F_t \leq F_\Phi$
B. $F_f + F_t + F_i + F_j \leq F_t \leq F_\Phi$
C. $F_f + F_t + F_i \geq F_\Phi$
D. $F_f + F_t + F_i \leq F_\Phi \leq F_t$

2. 汽车在平直公路上加速行驶时受(　　)阻力。
A. 滚动阻力、空气阻力
B. 滚动阻力、空气阻力、上坡阻力
C. 滚动阻力、加速阻力、空气阻力
D. 上坡阻力、加速阻力、空气阻力

3. 空气阻力的计算公式是(　　)。
A. $F_w = C_D A v_a^2 / 21.15$
B. $F_W = C_D v_a^2 / 21.15$
C. $F_W = A v_a^2 / 21.15$
D. $F_W = C_D v_a^2$

4. 以下哪个不属于低 C_D 值轿车的特点(　　)。

A. 尽量减少突出物 B. 流线型
C. 底部导流平整化，向后应逐步升高 D. 行李箱低而大空间

5. 变速器档位数增多，则( )。

A. 动力性提高，经济性提高 B. 动力性下降，经济性下降
C. 动力性提高，经济性下降 D. 动力性下降，经济性提高

三、判断题

1. 附着力是地面作用给轮胎的一个力。( )
2. 动力特性曲线与f曲线间的距离就表示汽车的上坡能力。( )
3. 轮胎发生驻波现象是有益的。( )
4. 变速器一档传动比对汽车动力性影响最大，设置一档传动比应满足汽车动力性对最大爬坡度的要求，并应考虑一档发出最大驱动力时，不应产生驱动轮滑转现象。( )
5. 底盘测功机的滚筒直径越大，滚筒表面曲率越小，模拟路面的效果就越好，测试精度也就越高。( )

四、问答题

1. 什么是附着力？对汽车的行驶有何影响？
2. 如何通过汽车的驱动力—行驶阻力平衡图分析汽车的最高车速？
3. 什么是动力因数，为什么要引入动力因数？
4. 路面附着系数的影响因素有哪些？
5. 试分析提高汽车动力性的措施有哪些？

学习情境3　汽车燃油经济性检测

学习目标：
1. 能够描述汽车燃油经济性的评价指标。
2. 能够理解汽车燃油经济性的影响因素。
3. 能够运用检测设备完成汽车燃油经济性的检测。
4. 了解国家相关的检测标准。
5. 能够对检测结果进行分析判定。

情境描述：
对某客户的车辆进行发动机油耗的检测。

> **内容介绍：**
> 　　汽车的燃油经济性是汽车的主要使用性能之一，它直接影响汽车的运营成本。本情境主要介绍汽车燃油经济性的评价指标，分析其影响因素及改进措施，并介绍汽车燃油经济性的检测方法。

 **相关知识：**

3.1　汽车燃油经济性评价指标与试验分类

想一想
　　评价轿车的燃油经济性一般用哪个指标？

汽车的燃油经济性是指在保证动力性的条件下，汽车以最少的燃油消耗量经济行驶的能力。燃油经济性好，不仅可以节约燃料，降低运营成本，还有利于减少汽车尾气排放，保护环境。

3.1.1　汽车燃油经济性评价指标

汽车燃油经济性的评价指标通常有以下几种方式：

1. 单位行驶里程的燃油消耗量

在我国及欧洲，常用汽车行驶100 km所消耗的燃油升数来评价，单位为 L/100km。数值越小，表明燃油经济性越好。

2. 消耗单位量的燃油所行驶的里程

在美国，采用汽车每消耗 $1U_{sgal}$ 燃油所能行驶的英里数来评价，单位为 $mile/U_{sgal}$。而日本则采用每消耗1L燃油所能行驶的公里数来评价,单位为km/L。数值越大,表明燃油经济性越好。

以上两种评价方式都只考虑了汽车行驶里程与油耗的关系,适用于比较同类型汽车或同一汽车装载不同部件时的燃油经济性。

3. 单位运输工作量的燃油消耗量

对于比较不同类型、不同装载质量汽车的燃油经济性则要用单位运输工作量的燃油消耗量,单位为 L/100t·km。

3.1.2 汽车燃油经济性试验分类

1. 按试验工况分类

(1) 等速百公里油耗 实用燃油经济性常用等速行驶百公里燃油消耗量(简称等速油耗)来评价,即汽车在额定载荷下,以最高档在水平良好的路面上等速行驶100km的燃油消耗量。等速行驶工况是汽车在道路上运行的一种基本工况,这种油耗易于测定,所以得到广泛采用。

(2) 循环油耗 循环油耗是指在一段指定的典型路段内汽车以等速、加速和减速三种工况行驶时的耗油量。有些还要计入起动和怠速停车等工况的耗油量,然后折算成百公里耗油量。一些汽车的技术性能表将循环油耗标注为"城市油耗",而将等速百公里油耗标注为"等速油耗"。

一般来说,循环油耗与等速百公里油耗(指定车速)加权平均取得综合油耗值,能比较客观地反映汽车的耗油量。现代轿车给出的城市循环油耗和公路循环油耗,更确切地说应为城市综合油耗和公路综合油耗。

2. 按试验场地分

(1) 路试法 汽车燃料消耗量道路试验(简称路试法)是指在道路条件下进行的油耗试验。它包括不控制的道路试验、控制的道路试验和循环道路试验三种。

1) 不控制的道路试验。不控制的道路试验是指对行驶道路、交通情况、驾驶习惯和周围环境等各方面因素都不加控制的道路试验方法。由于各种使用因素的随机变化,要获得分散度小的数据是很困难的。为此,必须用相当数量的汽车进行长距离的试验,才能获得可以信赖的数据。所以,虽然这是一种非常接近实际情况的试验,但由于试验费用巨大,时间很长,却是一种很少采用的试验方法。

2) 控制的道路试验。测量燃料消耗时维持行驶道路、交通情况、驾驶习惯和周围环境等中的一个或几个因素不变的方法,称作"控制的路上试验"。例如我国海南试验场进行的、包含考察汽车各项使用性能指标在内的全国汽车质量检查试验中,规定了要测量在一般路面、恶劣路面和山区公路上的百公里油耗,试验规范中对试验路线作了较明确的规定,但对试验中的交通情况、驾驶人的习惯以及气温、风、雨等并无规定,这就是一种有控制的道路试验。国外汽车试验场地在自己的专用试验道路上也进行类似的燃料消耗试验。

3) 循环道路试验。循环道路试验指的是汽车完全按规定的车速及时间规范进行试验。何时换档、何时制动以及行车的速度、加速度、制动减速等都在规范中加以规定。

(2) 台试法。台试法是指用底盘测功机构成汽车行驶状态模拟系统,在室内模拟各种道路试验工况,即通过加载方式模拟汽车在道路上行驶时所受到的惯性阻力、滚动阻力、空气阻力及负荷特性等,然后用燃油消耗测量仪测定汽车的等速(或循环)燃油消耗量。

3.2 汽车燃油经济性的影响因素

> **查一查**
> 参阅相关资料查找所测车辆在提高燃油经济性能方面的结构措施。

在汽车的运输成本中,汽车燃油消耗的费用占 20%~30%,提高汽车的燃油经济性,节约燃油对降低汽车运输成本意义重大。

汽车燃油消耗除与行驶阻力(滚动阻力与空气阻力)、发动机燃油消耗率以及传动系统效率有关之外,还与停车怠速油耗、汽车附件(空调等)消耗及制动能量损耗有关。在城市循环工况中,后三个因素的影响相当大,它们消耗的能量总计达燃油化学能的 25.2%。但传统结构的汽车在这些方面尚未找到突破性的提高燃油经济性的措施。

发动机的燃油消耗率,一方面取决于发动机的种类、设计制造水平;另一方面又与汽车行驶时发动机的负荷率有关。下面分别从汽车使用和结构两个方面,讨论影响燃油经济性的因素,从而可以看出提高燃油经济性的一些途径。

3.2.1 汽车使用方面

1. 汽车行驶速度

汽车满载在良好路面上行驶时,存在一个使等速燃料消耗最小的车速,即技术经济车速。车速高于或低于经济车速,汽车等速油耗均上升。不同车型的经济车速可通过试验得到。

由发动机的外特性曲线可以看出,汽车在接近于低速的中等车速时燃油消耗量 g_e 最低,高速时随车速增加 g_e 迅速加大。这是因为在高速行驶时,虽然发动机的负荷率较高,但汽车的行驶阻力增加很多而导致百公里油耗增加。

2. 档位的选择

在一定道路上,汽车用不同档位行驶,燃油消耗量是不一样的。显然,在同一道路条件与车速下,虽然发动机发出的功率相同,但档位越低,后备功率越大,发动机的负荷率越低,燃油消耗率越高,百公里燃油消耗量就越大,而使用高档时的情况则相反。

汽车在良好路面上行驶,在一定的行驶状态下,既可使用次高档,也可用最高档,但用最高档时较节约燃料。为了节约燃料,在节气门开度不超过 90% 的条件下,应尽可能使用最高档。

汽车上坡行驶时,应及时减档。减档过早,不能充分利用汽车惯性爬坡;减档过晚,车速降低过多,常需要多换一次档,增加油耗。

3. 挂车的应用

使用挂车可提高运输生产率并降低成本。拖带挂车后,虽然汽车总的燃油消耗量增加了,但以 100t·km 计的油耗却下降了,即分摊到每吨货物上的油耗下降了。拖带挂车,节省燃油的原因有两个,一是带挂车后阻力增加,发动机的负荷率增加,使燃油消耗率 g_e 下降;另一个原因是汽车列车的质量利用系数(即装载质量与整车整备质量之比)较大。

4. 道路条件及气候

路面质量，交通混合情况，平原还是坡道，海拔和天气状况等都将影响汽车的行驶状态，继而影响其燃油经济性。

5. 保持汽车良好的技术状况

汽车的调整与保养影响发动机的性能与汽车行驶阻力，所以对百公里油耗有相当影响。试验表明，当汽车的前轮定位准确，制动器摩擦片与制动鼓有正常的间隙，轮胎气压正常，各相对运动零部件滑动摩擦表面光洁、间隙恰当并有充分的润滑油时，底盘的行驶阻力减小，汽车的滑行距离便大大增加。阻力较小的装载质量为2.5t的汽车，在良好水平道路上以30km/h的车速开始空档滑行，滑行距离应达200~250m。当滑行距离由200m增至250m时，油耗可降低7%。

3.2.2 汽车结构方面

设计并制造出性能良好的汽车对燃油消耗的影响很大，通过对汽车各个主要部件的改进，可以大大节约用油。

1. 汽车总尺寸和质量

减小汽车总尺寸有利于减小整车质量及汽车行驶过程中所受到的空气阻力，即汽车的行驶阻力减小，燃油消耗量则随之减小。

减小汽车质量是降低油耗最有效的措施之一。其措施主要有：采用高强度轻质材料，如低合金高强度钢、铝合金、塑料、树脂和各种纤维强化等材料制造汽车零件；改进汽车结构，如采用前轮驱动、承载式车身等，以及各种零件的薄壁化和小型化。

2. 发动机

改进发动机结构是提高经济性的主要途径：

（1）改善进、排气系统　改善进、排气系统的目的是为了减小进、排气阻力，使得进气充分、排气彻底，提高充气效率。另外，汽油机进气管断面形状和尺寸，对燃油的雾化、蒸发和分配影响很大。

（2）采用稀混合气　采用稀混合气有利于燃烧完全，提高燃油利用率。另外，稀混合气的燃烧温度相对较低，不易发生爆燃，可适当提高压缩比，因而可以提高燃油经济性能。

（3）提高压缩比　压缩比较高的发动机，一般热效率较高，发动机的动力性、经济性都比较好。

（4）广泛采用电子控制技术　采用电控燃油喷射技术，在各种工况下均可精确地控制混合气的浓度，保证各缸供应混合气的均匀性，使燃料燃烧完全，发动机经济性能较好。

（5）扩大柴油发动机的应用范围　柴油机的热效率较高，尤其是当发动机在部分负荷工作时的燃油消耗率较低，柴油机的燃油消耗（按容积计算）比汽油机要节省20%~40%。

3. 传动系

传动系的档位增多后，增加了选用合适档位使发动机处于经济工作状况的机会。因此，近年来轿车手动变速器已基本上采用5档，也有采用6档的。轿车自动变速器广泛采用4档或5档，采用6档的也日渐增多，甚至有采用7档的。大型货车有采用更多档位的趋势，如装载质量为4t的五十铃货车装用了7档变速器，由专职驾驶员驾驶的重型汽车和牵引车，为了改善动力性和燃油经济性，变速器的档位可多至10~16个。但不能为了提高性能而过多地增加有级式变速器的档数，因为这将使传动系过于复杂，而且也不便于操作选用。

档数无限的无级变速器,在任何条件下都提供了使发动机在最经济工况下工作的可能性。若无级变速器始终能维持较高的机械效率,则汽车的燃油经济性将显著提高。

4. 汽车外形与轮胎

降低空气阻力系数值是节约燃油的有效途径。改善汽车外形,使车身形状近于流线型,以减小空气阻力系数,可以减少行驶过程中特别是高速行驶中的空气阻力,有显著的节油效果。某轿车空气阻力系数由 0.5 下降到 0.3,可使油耗降低 22%。

汽车轮胎的选用,主要影响动力性和经济性。公认子午线轮胎综合性能好,尤其滚动阻力小,与一般斜交胎相比可节油 6% ~ 8%。

任务实施:

3.3 汽车燃油经济性台试检测

做一做
请列出汽车燃油经济性台试检测的步骤及注意事项。

汽车燃油经济性能的台试检测是指用底盘测功机构成汽车行驶状态模拟系统,在室内模拟各种道路试验工况,即通过加载方式模拟汽车在道路上行驶时所受到的惯性阻力、滚动阻力、空气阻力及负荷特性等,然后用油耗计测定汽车的等速(或循环)燃油消耗量。汽车的燃油消耗量与汽车发动机和底盘的技术状况密切相关。因此,汽车的燃油经济性可作为综合指标评价汽车的技术状况。

3.3.1 检测设备

汽车燃油经济性能的台试检测是将底盘测功机和油耗仪配合使用完成的,底盘测功机用于提供活动路面并模拟汽车在道路上行驶时的阻力,油耗仪则用于燃油消耗量的测量。

测量汽车燃油消耗量时,可以采用测定其容积、质量、流量、流速和压力等方法,其中容积法和质量法较为常用,尤其是容积法应用更为广泛。

1. 容积式油耗计的基本结构

容积式车用油耗计按传感器的结构分类,有膜片式、活塞式和量管式;按计量显示仪表分类,有电磁计数器式和数字显示式。

四活塞式车用油耗计的传感器由流量测量机构和信号转换机构组成。流量测量机构主要由十字形配置的四个活塞和旋转曲轴构成,用于将一定容积的燃油流量转变为曲轴的旋转。在泵油压力作用下,燃油推动活塞往复运动,四个活塞各往复运动一次,曲轴旋转一周,完成一个工作循环,如图 3-1 所示。

曲轴每旋转一圈,各缸分别泵油一次,曲轴每转一周的泵油量为

$$V = \frac{4\pi D^2}{4} \times 2h = 2\pi D^2 h$$

式中 V——四缸排油量(cm^3);

D——活塞直径(cm);

$2h$——两倍的曲轴偏心距即活塞行程。

经上述流量测量机构的转换后,将燃油消耗量转化为测定曲轴的旋转圈数。

信号转换机构能把曲轴的转动变成光电脉冲信号,脉冲信号送入计量显示仪表,经过计算、处理后,即可显示出流经的燃油量。

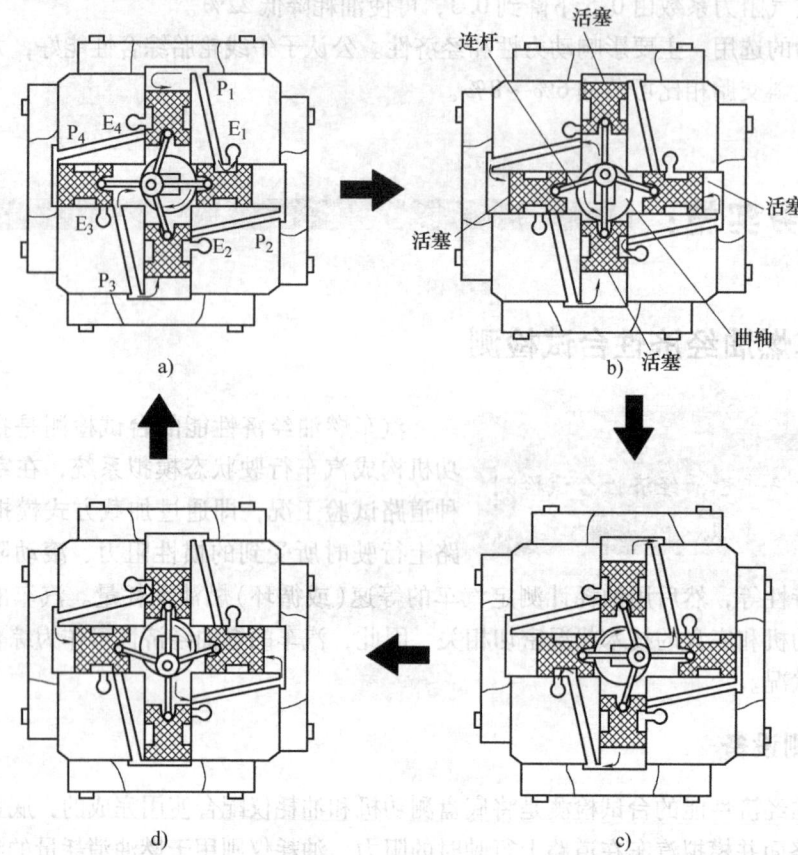

图3-1 四活塞式油耗传感器工作原理

P_1、P_2、P_3、P_4—油道 E_1、E_2、E_3、E_4—排油口

四活塞式车用油耗计的计量显示仪表多采用具有运算功能的数字显示仪表,现在已经发展成微机控制的智能化仪表。如国产SLJ-3型流量计,能够测定各种类型发动机油耗的多种参数。

国产ZHZ14型汽车综合参数测试仪,不仅有油耗计功能,还能测试车速、累计里程、燃油温度等参数,并能自动完成多种测试任务。

2. 车用油耗计使用方法

下面以ZHZ14型汽车综合参数测试仪为例,介绍车用油耗计的一般使用方法。

1)将油耗计与汽油燃油管连接好,传输信号的电缆插入传感器的插座上,另一端插入计量显示仪表输入插座上。

2)接通电源,开机并按下"自校"键,仪器自动进入自检状态。

3)按下"启动"键,仪器将自检数据清零,进入正常测量状态。

4)通过按键,仪器可显示累计行驶里程、累计油耗量、瞬时油耗量、累计时间、试验车速和燃油温度等参数。

5)按下"打印"键,可打印测量结果。

该仪器还设置了专用试验功能,可自动完成国家标准规定的等速行驶耗油量测量和多工况耗油量测量。手动完成百公里耗油量测量等,能省去标杆和指示人员。测量中可通过按键选择不同的测量方式。

3.3.2 汽车燃油经济性台试检测方法

1. 检测油路的连接与油路中气泡的排除

检测油路的布置与油路中出现气泡对检测结果影响很大,因此必须合理布置检测油路和排净油路中的气泡。

(1)油路的连接 油耗计在油路中的连接,对于一般无回油管路的汽油车,可将油耗仪传感器串接在燃油泵与化油器之间,使传感器的入口接燃油泵的出口,传感器出口则接化油器的入口。

电控燃油喷射发动机应串接在燃油滤清器与燃油分配管之间,从燃油压力调节器经回油管流回燃油箱的燃油应改接在油耗仪传感器与燃油分配管之间,避免重复计量,如图3-2所示。

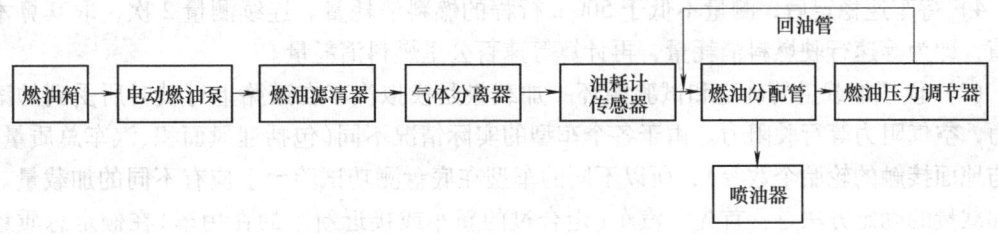

图 3-2 电喷汽油车检测油路的连接

柴油机应串接在柴油滤清器与喷油泵之间,从高压回油管和低压回油管流回的燃油应接在油耗仪传感器与喷油泵之间,以免重复计量,如图3-3所示。

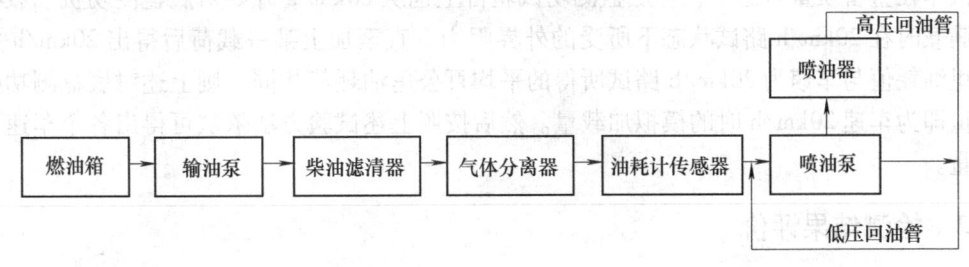

图 3-3 柴油车检测油路的连接

串接好的油耗计应放置平稳或吊挂牢固。

(2)油路中气泡的排除 油路中的气泡对油耗检测结果影响很大,油耗计将会把气泡所占的容积当做燃油消耗量计量,使得检测数据高于实际数,造成测量值的失真。因此,测量开始前应将管路中的气体排净。比较妥当的办法是在油耗计的进口处串接气体分离器,以保证测量精度，如图 3-2、图 3-3 所示。当混有气体的燃油进入分离器浮子室时，气体会迫使浮子室内的油平面下降，针阀打开，气体排出进入大气，从出油管进入传感器的燃油便没有气体了，使测量精度提高。

1）汽油机。把车上从燃油箱到燃油泵的管路"短路"，装上密封性好的无堵塞的新油管，用性能较稳定的电动燃油泵和燃油滤清器代替原车相应部件，减短燃油泵到传感器的油管长度，使燃油泵到油耗传感器的阻力大大减小，从而避免了空气气泡对检测结果的不良影响。

2）柴油机。在油路中装好油耗计后，用手动泵泵油，以泵油压力排除油路中的空气泡。此项工作须在发动机起动之前完成，且在测量完拆去油耗计恢复原油路后仍需排除油路中刚产生的空气泡。

2. 测试方法

（1）测试步骤

1）待测车辆应预热至正常工作温度，检查轮胎气压应符合原厂规定，底盘测功试验台应预热至正常工作温度。

2）正确安装油耗计和气体分离器，并排除供油系中的气体。

3）汽车开上底盘测功试验台，落下举升器，变速器置于直接档，同时给滚筒加载，使车辆模拟满载，等速行驶，直至达到规定试验车速。

4）待车速稳定后，测量不低于 500m 行程的燃料消耗量。连续测量 2 次，取其算术平均值，即为等速行驶燃料消耗量，再计算等速百公里燃料消耗量。

（2）模拟加载量的确定和试验循环　加载量是模拟汽车在道路上行驶时所受到的滚动阻力、空气阻力等行驶阻力。由于各个车型的实际情况不同（包括迎风面积、汽车总质量、汽车与地面接触的轮胎个数等），所以不同的车型在底盘测功试验台上应有不同的加载量。模拟加载量的确定方法是：首先，汽车（走合过的新车或接近新车的在用车）在额定总质量状态下，以直接档从 20km/h 开始做燃油消耗量试验。往返采样各三次，得出 20km/h 的该车平均等速油耗，然后每间隔 10km/h 一直到该车最高车速的 90%，做与上述同样的试验，至少测定 5 个试验车速。这样依次得出 20km/h 到最高车速 90% 的等速平均百公里油耗。其次，汽车在整备质量状态下，在底盘测功试验台上也从 20km/h 开始对底盘测功机加载模拟该车满载时在 20km/h 路试状态下所受的外界阻力，直至加上某一载荷后得出 20km/h 等速百公里油耗值与车速为 20km/h 路试所得的平均百公里油耗值相同，则上述对底盘测功机的加载量即为车速 20km/h 时的模拟加载量。然后按照上述试验方法依次可得出各个车速下的加载量。

3.3.3　检测结果评价

营运车辆燃油消耗量限值是以该车型原厂规定的等速百公里燃油消耗量限值为基础确定的。我国交通行业标准 JT/T 198—2004《营运车辆技术等级划分和评定要求》中规定：一级车相应车速等速百公里燃料消耗量不大于原厂规定值的 103%，二级车应符合国家标准 GB/T18566—2011《道路运输车辆燃料消耗量检测评价方法》中的相关规定。

3.4 汽车燃油经济性路试检测

做一做

查找资料，写出路试试验检测汽车燃油经济性的方法和检测标准。

汽车燃油经济性道路试验项目有：直接档全节气门加速燃料消耗量试验、等速燃料消耗量试验、多工况燃料消耗量试验和限定条件下的平均使用燃料消耗量试验。

燃油经济性路试前，应对试验的车辆进行磨合。试验时，试验车辆必须进行预热行驶，使发动机、传动系统及其他部分部件预热到规定的温度状态。轮胎充气压力应符合该车技术条件的规定，误差不超过10kPa。装载质量除有特殊规定外，轿车应为规定乘员数的一半（取整数），城市客车为总质量的65%。其他车辆为满载，装载物应均匀分布且固定牢靠，试验过程中不得晃动和颠簸，不应因潮湿、散失等条件变化而改变其质量，以保证装载质量的大小、分布不变。试验车辆必须清洁，关闭车窗和驾驶室通风口，由恒温器控制的空气流必须处于正常调整状态，做各项燃料消耗量试验时，汽车发动机不调整。试验道路应为清洁、干燥、平坦的，用沥青或混凝土铺成的直线道路，道路长2~3km，宽不小于8m，纵向坡度在0.1%以内。试验应在无雨无雾，相对湿度小于95%，气温在0~40℃之间，风速不大于3m/s的气候条件下进行。车速测定仪器和燃料流量计的精度为0.5%，计时器最小读数为0.1s。试验油耗仪常用容积式。

工作任务3　汽车燃油经济性台试检测

1. 目的

1) 能掌握油耗计的安装方法。
2) 能正确地检测汽车油耗。
3) 能正确记录、分析检验结果并做出故障判断。

2. 设备及器材

1) 常用工具1套。
2) 被检车辆一台。
3) 油耗计等检测设备一台。

3. 操作基本方法

操作仪器前请阅读仪器使用说明书。并按照1.5.2中的方法进行发动机无负荷功率测试。

注意事项

1) 被测车辆旁必须配备性能良好的灭火器。
2) 油耗传感器用油管应透明、耐油、耐压，油管接头必须用合格的环形卡箍，不得用铅丝缠绕，确保无渗漏。
3) 拆卸油管时必须用沙盘接油，不允许用棉纱或其他易燃物接油，不允许燃油流到发动机排气管上。
4) 测试时发动机盖须打开，以便观察是否有渗漏现象，测试完毕，安装好原管路后起动发动机，在确保无任何渗漏时方可盖上发动机盖。

4. 完成工作任务单

汽车油耗检测工作任务单

任务名称	汽车油耗检测	学时	2	班级	
学生姓名		学生学号		任务成绩	
实训设备(型号)		实训场地		日期	

1. 检测前的准备

1) 按照说明书检验油耗计的组成部件是否齐全？
　　□是　　□否

2) 检查管路连接部件是否良好？
　　□是　　□否

3) 检查连接管路是否有破损处？
　　□是　　□否

4) 检查油耗计的线路连接是否良好？
　　□是　　□否

2. 检测过程

采用等速百公里油耗台架测试

1) 安装油耗计。

2) 起动发动机预热至正常状态，将汽车驱动轮开到底盘测功机上，放下举升器，挂直接档将汽车加速至60km/h。

3) 当测功机显示的功率等于模拟加载量时，使之稳定运行，按下油耗测量按钮进行测试，为了消除偶然因素的影响，应重复测量3次，油耗分别为_____、_____和_____，三次测量平均值为_____。

4) 采用同样方法可分别测得各档位下的油耗为：1档为_____，2档为_____，三档为_____，4档为_____。

3. 检测结果分析

检测完毕后，将汽车开出试验台，保存并打印检测结果，对检测结果进行分析。

综合测试

一、填空题

1. 常用的汽车燃油经济性能指标是_____。
2. 汽车的燃油经济性是指汽车以_____的燃油消耗完成单位运输工作量的能力。
3. 在汽车使用方面，对汽车的燃油经济性影响最大的是_____和_____。
4. 汽车燃油消耗量测量时使用的油耗计种类很多，按测量方式可分为：_____、_____、

_____、_____四种。

5. 汽车经济性能的台式检测中，变速器应置于_____档。
6. 柴油车燃油经济性能的台式检测中，油耗计应串联在_____到_____的油路中。

二、选择题

1. 我国一般按行驶里程评价汽车的燃油经济性，评价指标的单位是(　　)。
   A. L／100 km　　　　B. kg/100km　　　　C. L/100t·km　　　　D. km/100L
2. 下列节油措施中属于非使用因素的是(　　)。
   A. 减少制动　　　　B. 燃烧稀薄混合气　　　　C. 安全滑行　　　　D. 中速行驶
3. 下列节油措施中属于非结构因素的是(　　)。
   A. 采用电控燃油喷射　　B. 采用流线型车身　　C. 多设变速档位　　D. 适时换档
4. 货运汽车在增加挂车后会使汽车的经济性能(　　)。
   A. 下降　　　　B. 提高　　　　C. 不变　　　　D. 都有可能
5. 汽车的百公里耗油量是在规定车速下，以(　　)工况行驶一定的行程试验出来的。
   A. 加速　　　　B. 减速　　　　C. 等速　　　　D. 不等速

三、判断题

1. 油耗仪接入供油管路后，柴油车必须做放气工作，汽油车则无须放气。(　　)
2. 汽车说明书标出的百公里油耗量等于汽车实际行驶100公里的油耗量。(　　)
3. 汽车上装配的发动机功率越大其经济性越好。(　　)
4. 柴油机的经济性比汽油机好。(　　)
5. 定期保养汽车有利于保持其应有的经济性能。(　　)

四、问答题

1. 我国是用哪种指标评价汽车的燃油经济性能？
2. 汽车在使用中有哪些提高燃油经济性的方法？
3. 常用的汽车燃油经济性能的检测设备有哪些？
4. 变速器设置超速档有何好处？

学习情境 4　汽车制动性能检测

学习目标：

1. 能够描述汽车制动性能的评价指标。
2. 能够理解汽车的制动过程。
3. 能够分析提高制动性能的措施。
4. 能够运用检测设备完成汽车制动性能的检测。
5. 了解国家相关的检测标准。
6. 能够对检测结果进行分析判定。

情境描述：

对某客户的车辆进行制动性能的检测。

> **内容介绍：**
>
> 　　汽车制动性能的好坏，直接影响行驶安全和行驶速度的充分发挥。本情境主要分析汽车的制动过程，介绍制动效能、制动效能的恒定性和制动时汽车的方向稳定性，以及提高制动性能的措施，并介绍汽车制动性能的一般测试方法。

 **相关知识：**

4.1　制动力学

汽车的制动性能是指汽车在行驶中强制降低车速以至停车且维持方向稳定的能力，以及在一定坡道上可靠停驻的能力。制动性能是汽车主动安全性的重要因素之一，直接影响行车安全。

> **想一想**
> 　　地面制动力和制动器制动力有何区别与联系？

4.1.1　制动力的产生

1. 地面制动力

汽车在良好路面上制动时，车轮受力如图 4-1 所示。图中，W 为垂直载荷，F_z 为地面对车轮的法向反作用力，F_p 为车轴对车轮的推力，它们的单位都为 N。M_μ 是车轮制动器中的摩擦力矩，单位为 N·m。由于制动器制动力矩对车轮的作用，使地面对车轮产生一个与汽车行驶方向相向的切向反作用力称为地面制动力 F_{xb}，单位为 N。

由力矩平衡分析显然可以得到

$$F_{xb} = M_\mu / r$$

地面制动力是使汽车制动而减速或停车的外力，它的产生源于制动力矩 M_μ。地面制动力的大小因而取决于制动器内制动摩擦片与制动鼓（盘）间的摩擦力及轮胎与地面间的摩擦力（附着力）。

2. 制动器制动力

制动器制动力是为克服制动器摩擦力矩而在轮胎周缘所需施加的切向力，用 F_μ 表示，单位是 N。它等于把汽车架离地面，踩住制动踏板后，在轮胎周缘切线方向推动车轮直至它能转动所需施加的力。其大小为

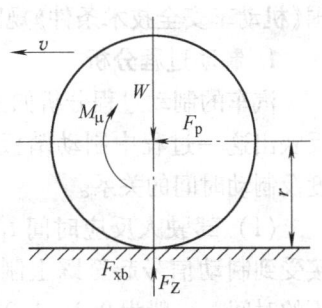

图 4-1 车轮制动时的受力状况

$$F_\mu = M_\mu / r$$

由上式可知，制动器制动力 F_μ 取决于制动器的摩擦力矩和车轮半径。对于结构形式、尺寸和摩擦副材料一定的车轮制动器，F_μ 与制动踏板力成正比。但制动器摩擦副的摩擦力的大小，在实际使用中会随摩擦因数的变化而变化很大。因此，必须保证制动器技术状况良好，以保证制动器的可靠工作。

4.1.2 地面制动力、制动器制动力与附着力的关系

汽车制动时，根据制动强度的不同，车轮的运动可简单地考虑为减速滚动和抱死拖滑两种状态。此时地面制动力、制动器制动力及地面附着力之间的关系如图 4-2 所示。

1. 车轮作减速滚动

车轮滚动时的地面制动力就等于制动器制动力，其值不能超过地面附着力：

$$F_{xb} = F_\mu \leq F_\Phi$$

2. 车轮抱死拖滑

当地面制动力达到附着力值，而制动踏板力或制动系压力仍上升时，车轮即抱死不转而出现拖滑现象。由于制动器摩擦力矩的增长使制动器制动力仍按线性关系继续增大，而由于附着力的限制，地面制动力不再增大。

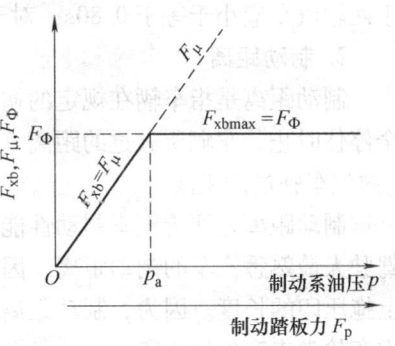

图 4-2 制动力与附着力的关系

由此可见，汽车的地面制动力首先取决于制动器制动力，同时又受地面附着条件的限制，所以只有汽车具有足够的制动器制动力，同时又能提供较高的地面附着力时，才能获得足够的地面制动力。

4.2 汽车制动性能的评价指标

汽车制动性主要从制动效能、制动抗热衰退性和制动时汽车的方向稳定性三个方面来评价。

查一查
参阅相关资料查找所测车辆制动性能相关参数。

4.2.1 制动效能

制动效能是指汽车迅速降低行驶速度直至停车的能力，是制动性能最基本的评价指标。按我

国《机动车安全技术条件》规定，制动效能可用制动距离、制动减速度或制动力来评定。

1. 制动过程分析

汽车的制动过程分析如图4-3所示，它反映出这一过程中制动踏板力与制动减速度及制动时间的关系。

（1）驾驶人反应时间 t_1 指从驾驶人接受到制动信号起至踩上制动踏板止所经历的时间，一般为 0.3~1.0s。其中包括驾驶人反应时间，即发现、识别故障并作出决定所需时间 t_1' 和驾驶人动作反应时间，即把脚从加速踏板换到制动踏板上所需要的时间 t_1''。

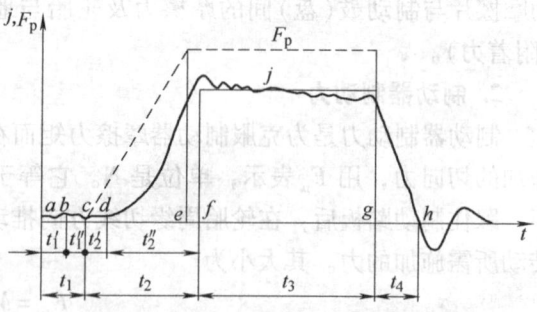

图 4-3　制动过程分析

（2）制动系协调时间 t_2 制动器开始起作用到制动力达到最大时所需要的时间，一般为 0.2~0.7s。其中包括消除制动踏板的间隙所需要的时间 t_2' 和踏板力上升到最大值所需要的时间 t_2''。其长短取决于驾驶人踩制动踏板的速度、制动系的结构形式及技术状况。

（3）持续制动时间 t_3 t_3 是指以稳定减速度制动的时间。

（4）制动释放时间 t_4 一般为 0.2~0.8s。根据国家标准 GB 7258—2012《机动车运行安全技术条件》的规定，汽车制动完全释放时间（从松开制动踏板到制动消除所需要的时间）对于两轴汽车应小于等于 0.80s，对于三轴及三轴以上汽车应小于等于 1.2s。

2. 制动距离

制动距离是指车辆在规定的初速度下急踩制动踏板时，从脚接触制动踏板时起至车辆完全停住时止，车辆所驶过的距离 S。它包括了制动协调时间 t_2 和以最大减速度持续制动时间 t_3 内汽车驶过的距离。

制动距离是评价汽车制动性能最直观的一个参数，与汽车实际运行的制动情况最接近。驾驶人最熟悉汽车的制动距离，因为它与安全行车有直接关系。制动距离不等于车轮在路面上拖压印的长度。因为，制动距离中包含有制动协调时间内汽车驶过的距离，在这一段时间内车轮尚未产生拖压印。

用制动距离来评价汽车的制动性能具有一定的准确度，而且重复性较好。但需要有较大的试车场地，而且对轮胎的磨损较大。此外，制动距离是一个整车性能参数，它不能单独定量地反映出各车轮的制动状况以及制动力分配情况（从地面印痕只能大致看到），当制动距离延长时，也反映不出具体是什么故障使制动性能变差。

制动距离必须和制动跑偏量一起才能作为检验制动性能的参数。对于一辆确定的汽车来说，它的质量是一定的，其制动器所能产生的制动力也是一定的，制动时汽车的初速度越大，制动距离越长。因此，检验时必须规定汽车的初速度。

3. 制动力

对于一定质量的汽车来说，制动力越大制动减速度越大，制动距离越短。所以，制动力是从本质上评价汽车制动性能的参数。

用制动力这个参数评价汽车的行车制动性能，可以对前后轴制动力的合理分配以及每轴两轮平衡制动力差提出要求，从而保证汽车制动的方向稳定性，并使各轮附着重量得到充分利用。

用制动力作为单独的检验指标时,在检验了制动力大小、制动力合理分配及平衡制动力差的同时,还要检验制动协调时间。若制动系调整不当,制动协调时间对应的制动距离要成倍增长。另外,各轮制动协调时间不等,还会引起跑偏。目前,在汽车检测站主要用检测制动力的方法来检验汽车的制动性能,但许多制动试验台不具备检验制动协调时间的能力,使检测结果不能准确地反映汽车的实际制动效果,这个问题应引起足够的重视。

4. 制动减速度

制动减速度反映了制动时汽车速度降低的速率。对于一辆确定的汽车来说,它的质量是一定的,能产生的制动力也是一定的。因此,制动减速度也是一个确定值。制动初速度对减速度的影响不是很大,可采用速度分析仪、制动减速度仪测出前述相关参数后再计算出充分发出的平均减速度。

用减速度仪来检验汽车的制动减速度,仪器本身结构简单,使用方便,但试验的重复性较差,且受路面附着系数的影响很大。制动减速度也是一个整车性能参数,它反映不出各轮的制动力及分配情况。单独用制动减速度来评价制动性能时,也必须同时检验制动协调时间和跑偏量。

4.2.2 制动效能的恒定性

1. 抗热衰退性能

汽车制动抗热衰退性能是指汽车高速制动、短时间重复制动或下长坡连续制动时制动效能的热稳定性。

汽车下长坡制动及汽车高速制动时,制动器的工作温度不断上升,可达到300℃以上,这使制动器的摩擦因数下降,摩擦力矩显著下降,汽车的制动效能显著降低,这种现象称为制动效能的热衰退现象。抵抗热衰退的能力,常用一系列连续制动后,制动效能较冷制动时下降的程度来表示。

制动器的热衰退和制动器摩擦副材料以及制动器结构有关。改善摩擦材料的热稳定性、采用散热性能较好和热容量较大的制动鼓(或制动盘)都是提高抗热衰退性能的有效方法。

随着高速公路的发展和车速的提高,汽车制动性能的恒定性要求也愈来愈高。但由于测试方法较复杂,在一般汽车综合检测中较难实施。对于在用汽车也无需检测制动抗热衰退性。

2. 抗水衰退性能

汽车涉水后,由于制动器被水浸湿,制动效能也会降低,这种现象称为制动效能的水衰退现象。为缓解这种现象,汽车涉水后,应踩几脚制动踏板,这样制动蹄与制动鼓会因摩擦而产生热量,此热量使制动器迅速干燥,制动效能恢复正常。

4.2.3 制动时的方向稳定性

汽车制动时的方向稳定性,通常用制动时汽车按给定轨迹行驶的能力来评价,即汽车制动时维持直线行驶或预定弯道行驶的能力。

1. 制动跑偏

制动跑偏是指制动时汽车自动向左或向右偏驶的现象。

制动时汽车跑偏的主要原因有两个：汽车左右车轮，特别是前轴左右车轮制动器的制动力不相等；制动时悬架导向杆系与转向杆系拉杆在运动学上的不协调（相互干涉）。

图 4-4 给出了由于前轴左右车轮制动力不相等而引起跑偏的受力分析。设左前轮的制动器制动力大于右前轮，故地面制动力 $F_{X1l} > F_{X1r}$ 时，前后轴分别受到的地面侧向反作用力为 F_{Y1} 和 F_{Y2}。显然，F_{X1l} 绕主销的力矩大于 F_{X1r} 绕主销的力矩。虽然转向盘不动，由于转向系各处的间隙及零部件的弹性变形，转向轮仍产生

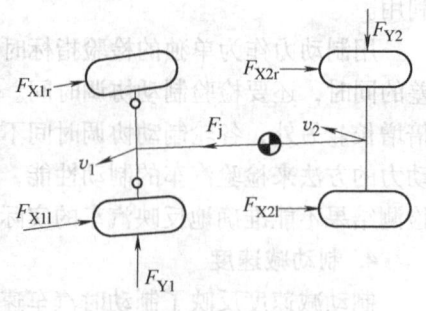

图 4-4 制动跑偏的受力分析

一向左转动的角度而使汽车有轻微的转弯行驶，即跑偏。同时，由于主销有后倾，也使 F_{Y1} 对转向轮产生一同方向的偏转力矩，这样也增大了向左转动的角度。

造成左右转向轮制动力不等的原因主要有：①两侧车轮的制动蹄片接触情况不同；②同轴两侧车轮制动蹄、制动鼓间隙不一致；③两侧车轮的胎压不一致或胎面磨损不均；④前轮定位参数失准；⑤左右轴距不等。

2. 制动侧滑

制动侧滑是指制动时汽车的某轴或多轴发生横向滑动的现象，它直接影响汽车的操纵稳定性。

产生制动侧滑的原因是制动时侧向力超过了侧向附着力。汽车制动时，由于车轮滑移率的增大，附着系数减小，侧滑的可能性就增大。特别是车轮抱死拖滑时，滑移率达 100%，附着系数几乎为零，稍有侧向力就会导致沿侧向力方向的滑动。

汽车直线行驶条件下产生制动侧滑的运动情况如图 4-5 所示。v_A、v_B 分别为前后轴中点速度矢量，F_j 为作用在汽车重心上的离心力。

图 a 是当前轮抱死、后轮自由滚动时，在侧向力作用下，发生前轮偏离角。若保持转向盘固定不动，因前轮侧偏转向产生的离心惯性力 F_j 与偏离角的方向相反，起到减小或阻止前轴侧滑的作用。

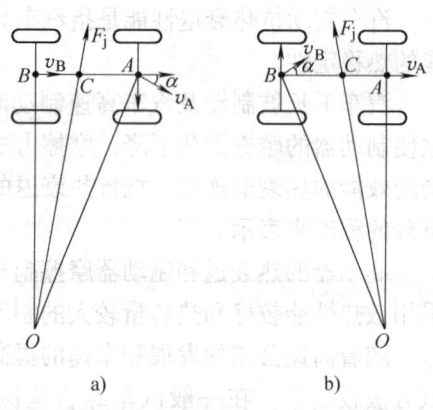

图 4-5 制动侧滑分析
a) 前轴侧滑 b) 后轴侧滑

图 b 是当后轮抱死、前轮自由滚动时，在侧向力作用下，发生后轴偏离角。若保持转向盘固定不动，因后轮侧偏产生的离心惯性力与偏离角的方向相同，起到加剧后轴侧滑的作用。后轴进一步侧滑又促使 F_j 加大，如此反复，汽车将产生严重甩尾，甚至掉头。

分析表明：汽车制动时，若后轴比前轴先抱死拖滑，就可能发生后轴侧滑。若前、后轴同时抱死，或者前轴先抱死而后轴抱死或不抱死，则能防止汽车后轴侧滑，但是汽车丧失转向能力。

严重的跑偏必然侧滑，对侧滑敏感的汽车也有跑偏的趋势。通常，汽车跑偏时车轮印迹重合，侧滑时前后轮印迹不重合。

3. 失去转向能力

失去转向能力是指制动时汽车不再按原来弯道行驶,而沿切线方向驶出或者直线行驶时,转动转向盘汽车仍按直线行驶的现象。产生的原因是转向轮抱死失去控制方向的能力。

4.3 提高汽车制动性能的措施

4.3.1 结构措施

想一想
还有什么方法可以改进汽车的制动性能?

1. 改进汽车制动系统

(1) 改进制动器 车轮制动器制动性能的好坏主要取决于制动器的摩擦力矩和制动效能的热衰退。

足够大的制动力矩是产生最大地面制动力的前提,否则有大的附着力也无法利用。增大制动器制动力矩的具体措施有:适当增大制动器尺寸,适当增大制动气压或液压,选用摩擦因数较高的摩擦副材料等。

保持汽车制动效能的恒定性主要就是改善制动器的抗热衰退性能,主要措施有:改进制动器结构从而改善散热效果,采用热稳定性好的制动器摩擦材料等。

(2) 采用制动压力调节装置 采用普通制动系统(不装 ABS)的汽车,在不同情况下制动时,不可能都达到理想状态。要使汽车既能得到尽可能大的制动力,又能保持行驶方向的操纵性和稳定性(不失控、不甩尾),即最佳制动状态,这就要求采用各种压力调节装置,根据需要调节前、后轮制动器制动力分配比值。常用的压力调节装置有限压阀、比例阀和感载比例阀。

(3) 采用防抱死制动系统 防抱死制动系统(ABS)是在制动时可防止车轮完全抱死且制动效果优于普通制动系统的制动装置。它主要由电子控制器即 ABS 电脑、车轮速度传感器和执行器(即压力调节器)以及各种信号指示灯组成,如图 4-6 所示。

车辆在制动时,制动液从制动主缸经过制动压力调节器流入制动轮缸,同时轮速传感器检测车轮转速,并将信号传送给 ABS 系统的电控单元,ECU 以 10 次/s 的速度来计算车轮滑移率的大小,根据滑移率的大小控制液压调节器的工作状态,进而通过保持、升高或降低制动轮缸的油压来调整制动器制动力,防止车轮被抱死。

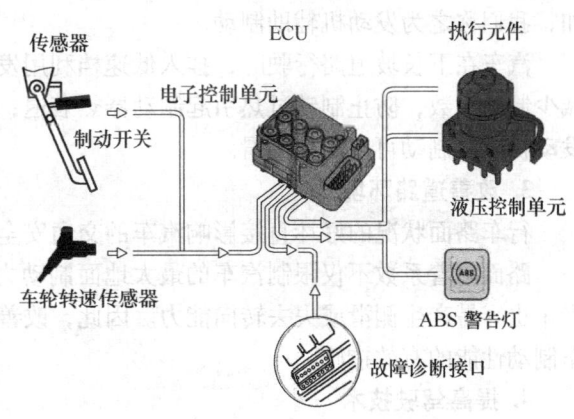

图 4-6 ABS 系统的组成

ABS 可以明显缩短制动距离、改善汽车制动时的方向稳定性能,以及改善汽车制动时的方向操控能力,并具有减少轮胎磨损、使用方便、工作可靠等优点。根据国家标准 GB 7258—2012《机动车运行安全技术条件》的规定,车长大于 9m 的公路客车、旅游客车和未设置乘客站立区的公共汽车,所有专用校车、危险货物运输车和半挂牵引车,总质量大于等于 12000kg 的货车和专项作业车及总质量大于 10000kg 的挂车应安装符合 GB/T 13594—2003 规定的防抱死制动装置。

2. 配备高性能轮胎

轮胎是与行车路面直接接触的，其工作效果直接影响汽车的制动效能。轮胎的滑动摩擦性能对汽车制动性能影响很大，而轮胎的滑动摩擦性能跟其侧偏刚度、胎体结构、胎面花纹等都有关系。花纹较深的轮胎制动效果好，所以轮胎花纹中都有个磨损标志，超过这个标志表示需要更换。宽胎面的轮胎附着效果和制动效果好，但是胎面的宽窄是由车辆配置轮毂决定的。

现今轿车广泛使用的是子午线轮胎。因为，子午线轮胎胎面耐磨性好，并且轮胎接地面积较大，附着性能好，在路面上的滑移量小。这种轮胎比普通斜交轮胎散热快，温升低，且胎面不易穿刺，不易爆胎。

4.3.2 使用措施

1. 控制车辆行驶速度

车辆行驶速度的快慢直接影响车辆的制动距离。由于车辆行驶速度的大小与车辆的惯性是成正比的，车辆行驶速度越大，制动距离就会随之显著增加，所以控制车速是减小制动距离的有效措施。

2. 利用发动机辅助制动

汽车在下长坡时，驾驶人放松加速踏板，但并不踩下离合器踏板，这时由于重力的作用，汽车依然维持在最高车速，汽车将带动发动机以较高转速旋转，此时发动机的作用将类似于压气机或泵，称为吸收能量的装置。在这种情况下，发动机使牵制汽车的车速进一步增加，我们称之为发动机辅助制动。

汽车在下长坡道路行驶时，挂入低速档利用发动机的牵阻作用可以减少制动器的负担和减少制动次数，防止制动过热引起制动器热衰退；汽车在冰雪、泥泞的路面上行驶时，应用发动机牵阻制动可以防止侧滑。

3. 改善道路环境

行车路面状况的好坏直接影响汽车的交通安全，路面的附着系数就是其中的重要因素之一。路面附着系数不仅限制汽车的最大地面制动力，而且在附着系数较小的路面上制动时，汽车也容易产生侧滑或失去转向能力。因此，改善道路条件，提高路面附着系数，是提高汽车制动性能的有效措施。

4. 提高驾驶技术

驾驶技术对汽车制动性也有很大影响，一般有经验的驾驶人在制动时能将制动踏板踩下合适的行程、或者快速交替踩下和松开制动踏板，保持车轮接近抱死而未抱死的状态，都可避免车轮抱死而获得良好的制动效果。带 ABS 的车辆在紧急制动时应一脚将踏板迅速踩到底，由 ABS 装置来自动调节车轮制动力，此时车轮处于边滚边滑的状态，避免了车轮抱死而造成车轮侧滑、甩尾、制动距离延长的现象发生。

此外，在紧急制动时，驾驶人反应的快慢直接影响车辆的制动距离，而驾驶人反应时间的长短，又取决于驾驶人的驾驶技术、身体素质、精神状态、注意力集中与否等因素。

4.4 汽车制动性能台试检测

做一做

查阅相关资料，写出平板式制动试验台检测汽车制动性能的方法和步骤。

制动性能检测分为台试法和路试法两种。用五轮仪和制动减速度仪检测汽车制动性能时，须在道路试验中进行，称路试法。台试法使用制动试验台进行检测，与路试法相比，台试法具有迅速、准确、经济、安全，不受自然条件的限制，以及试验重复性好和能定量地指示出各车轮的制动力等优点，因而在国内外被广泛应用。

制动检验台常见的分类方法有：按测试原理不同，可分为反力式和惯性式两类；按检验台支撑车轮形式不同，可分为滚筒式和平板式两类；按检测参数不同，可分为测制动力式、测制动距离式、测制动减速度式和综合式四种；按检验台的测量、指示装置、传递信号方式不同，可分为机械式、液力式和电气式三类。目前，国内汽车综合性能检测站所用制动检验设备多为反力式滚筒制动检验台和平板式制动检验台。现国内外已研制出惯性式防抱死制动检验台，但价格昂贵，短期内难以普及应用。

4.4.1 检测设备

1. 反力式滚筒制动检验台

常用的反力式滚筒制动检验台很多，下面以 FZ-100 反力式滚筒制动检验台（图 4-7）为例，介绍其结构、原理和使用方法。

图 4-7　FZ-100 反力式滚筒制动检验台实物图

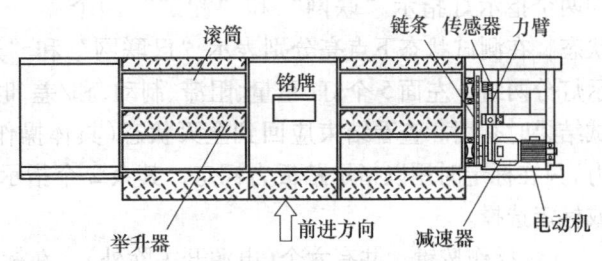

图 4-8　FZ-100 反力式滚筒制动检验台结构简图

（1）基本结构　FZ-100 反力式滚筒制动检验台的结构简图如图 4-8 所示。它由结构完全相同的左右两套对称的车轮制动力测试单元和一套指示、控制装置组成。每一套车轮制动力测试单元由框架、驱动装置、滚筒组、举升装置、测量装置等构成。

1）驱动装置。驱动装置由电动机、减速器和传动链条等组成。电动机通过减速器减速后驱动主滚筒，主滚筒又通过链传动把动力传递给从动滚筒。减速器与主滚筒共用一轴，减速器壳体处于浮动状态。车轮制动时，该壳体能绕轴摆动，把制动力矩传给测力杠杆。

2）滚筒装置。滚筒装置由四个滚筒组成，左右各一对独立设置，每个滚筒的两端分别用滚筒轴承与轴承座支承在框架上，且保持两滚筒轴线平行。滚筒相当于一个活动路面，被测车轮置于两滚筒之间，用来支承被检车轮并在制动时承受和传递制动力。汽车轮胎与滚筒间的附着系数将直接影响制动检验台所能测得的制动力大小。为了增大滚筒与轮胎间的附着系数，滚筒表面都进行了相应加工与处理，如在金属滚筒表面开纵向浅槽、粘熔烧铝矾土砂粒等。

3）测量装置。测量装置主要由测力杠杆和测力传感器组成。测力杠杆一端与传感器连接，另一端与减速器壳体连接，被测车轮制动时测力杠杆与减速器壳体将一起绕主动滚筒（或绕减速器输出轴、电动机枢轴）轴线摆动。传感器将测力杠杆传来的、与制动力成比例的力（或位移）转变成反映制动力大小的电信号输送到指示、控制装置。

4）举升装置。为了便于汽车出入试验台，在两滚筒之间设有举升装置。举升装置由举升器、举升平板和控制开关等组成。

5）指示与控制装置。指示装置有电子式与微机式之分，FZ-100采用微机式指示装置配以数字式显示器。控制指示面板分三部分：数据窗口、状态指示灯、操作按键，如图4-9所示。

① 数据显示窗口。分左右两个，在不同的状态下分别显示不同数值，所显示数值的意义要根据状态指示灯确定。左数据窗口一般显示车辆前进方向的左台面测试结果。

② 状态指示灯。左右数据窗口之间的两个指示灯，指示气缸举降状态。数据窗口右边的两个指示灯指示"联网"和"测试"两个

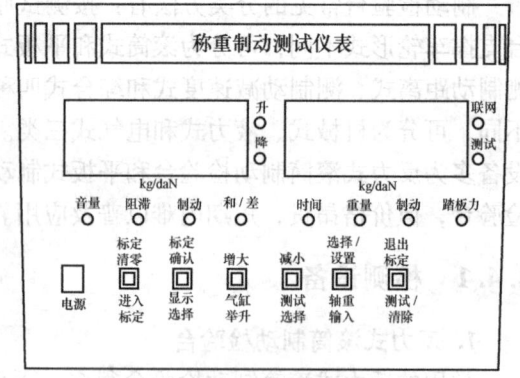

图4-9 单片机仪表面板布置

状态，在测试状态下点亮分别表示"已联网"和"进入测试"状态。数据窗口下面8个指示灯分两组，左面5个灯（重量、阻滞、制动、和/差、时间）在测试过程中不亮，只有在查看测试结果时有用。查看结束应回到全灭状态（具体操作见"显示选择"）。右面第一个灯（踏板力）只在标定时用以指示踏板力标定，其余2个指示灯（重量、制动）分别指示当前测试选择或标定选择。

③ 操作按键。共有六个（电源开关除外），在标定和测试状态分别有不同的作用，按键下面标注为标定功能，进入标定才有意义，上面标注除左一键（"进入标定"）外，为测试功能键，测试状态下才有意义。

（2）基本原理 将被检车左右车轮置于每对滚筒之间，用电动机通过减速器、链传动使主、从动滚筒带动车轮旋转。然后，用力踩下制动踏板，车轮给滚筒一个与其转动方向相反的摩擦作用力矩，该力矩大小与滚筒对车轮的制动力矩相等，并驱动浮动的减速器壳体偏转，迫使连接在减速器壳体上的测力杠杆产生位移。通过测力传感器转换成反映制动力大小的电信号，由微机采集、处理后，指令电动机停转，并由指示装置指示或由打印机打印检测到的数值。

制动力的诊断参数标准是以轴制动力占轴荷的百分比为依据的，因此必须在测得轴荷及

轴制动力后才能评价轴制动性能，所以，FZ-100 测力式滚筒制动试验台配备轴重计。

（3）单机制动测试使用方法　FZ-100 单机制动测试一般操作步骤及说明如下：

1）仪表开机后，显示窗口显示软件版本号 1s，并进行初始化。

2）然后进入预热倒计时显示。

3）之后仪表进入自检状态，自检完成进入轴重待机状态。

4）空闲待机状态，数据窗口显示当前重量，但不做任何处理。

5）在轴重空闲状态下按"测试选择"键，将测试状态切换到制动，此时，数据窗口将显示当前制动力，但不做任何处理。

6）被测轴到位后，按"气缸举升"键，控制气缸下降，"降"指示灯亮，对没有气缸的可忽略该步操作。

7）待气缸降落到底，按"测试\清除"键，先将制动清零，"测试"指示灯亮，仪表起动左电动机，经 1s 延时后，起动右电动机。

① 电动机稳定转速 2s 后进入测试，然后提示制动准备时间（默认 3s），窗口闪动显示"3-2-1"，并在 3s 准备期间采集阻滞值，此时如左阻滞力（或右阻滞力）达到该轴轴重的 30% 时，则停止测试，并向上位机传输检测错误码。

② 采集制动力时间（默认 8s），在结束时立即停止左右电动机。

③ 数据窗口显示左右最大制动力。

8）电动机停止后，数据延时 20s 后清除结果显示。

9）仪表回到制动空闲状态，即第 5）步时的状态。

10）按"气缸举升"键，控制气缸上升，"升"指示灯亮，被测轴驶离台架，等待下一被测轴到位。如该轴继续测试驻车制动时，可由第 8）步完成后，直接重复第 6）、7）步操作即可。

2. 平板式制动试验台简介

平板式制动试验台结构如图 4-10 所示。它是一种新型的制动检测设备，该设备利用汽车低速驶上平板后突然制动时的惯性力作用，来检测制动效果。此试验台属于一种动态惯性式制动试验台，除了能检测制动性能外，还可以测试轮重、前轮侧滑和汽车的悬架性能，又是一种综合性试验台。

这种试验台结构比较简单，主要由几块测试平板、传感器和数据采集系统等组成。小车线一般由四块制动—悬架—轴重测试用平板及一块侧滑测试板组成。数据采集系统由力传感器、放大器、多通道数据采集板等组成。

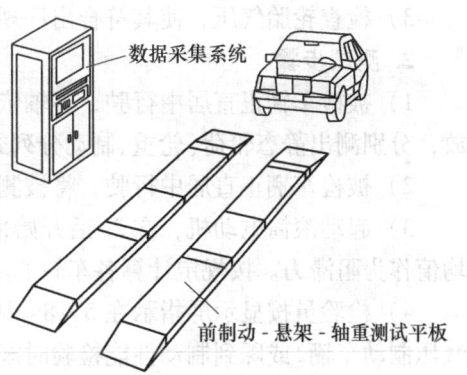

图 4-10　平板式制动试验台结构图

这种试验台结构简单、运动件少、用电量少、日常维护工作量小，提高了工作可靠性。测试过程与实际路试条件较接近，能反映车辆的实际制动性能，即能反映制动时轴荷转移带来的影响，以及汽车其他系统（如悬架结构、刚度等）对汽车制动性能的影响。该试验台不需要模拟汽车转动惯量，较容易将制动试验台与轮重仪、侧滑仪组合在一起，使车辆测试方便且效率高。但这种试验台存在测试操作难度较大（测试重复性主要取决于车况及检验员踩制动踏板的快慢)、对不同轴距车辆适应性差、占地面积大、需要助跑车道等缺点。

4.4.2 汽车制动性能台试检测方法

机动车制动性能的检验宜采用滚筒反力式制动检验台或平板制动检验台进行,对于前轴驱动的乘用车,更宜采用平板制动检验台测试。采用滚筒反力式制动检验台时,制动检验台的电气系统应能分别控制左右两组滚筒停机以测得左、右车轮的最大制动力。对于部分无法在滚筒反力式制动检验台上检测的车辆(如全时四轮驱动车辆、多轴半挂车等),应路试检验制动性能。平板制动检验台能检验时,可用平板制动检验台检验。

反力式滚筒制动试验台与平板式制动试验台的使用方法不同,在使用前一定要认真阅读试验台的《使用说明书》,按照《使用说明书》的规定进行正确操作。

FZ-100 反力式滚筒制动试验台的使用方法如下:

1. 测试前的准备

(1) 试验台的准备

1) 检查试验台滚筒上有无泥、水、油等杂物,如有则应清除干净。

2) 使滚筒在无负荷状态下运转,检查并调整仪表指针零位。

3) 检查举升器动作是否灵活,如动作阻滞或有漏气部位应进行检修;举升器是否在升起位置,若未在升起位置应使举升器升起到位。

4) 检查各指示灯工作是否正常。

5) 检查各种导线有无因损伤造成接触不良现象。

(2) 被测车辆的准备

1) 核实汽车各轴轴荷,确保被测汽车车轴轴荷在试验台允许载荷范围内。

2) 检查轮胎是否粘有泥、水、油污等杂物。要特别注意检查轮胎花纹内或后轴双轮胎间是否嵌入小石子与石块。如有,应清除干净。

3) 检查轮胎气压,使其符合出厂规定值。

2. 测试步骤

1) 被检车辆正直居中行驶,各轴依次停放在轮重仪上,并按仪器说明书规定的时间停放,分别测出静态轮荷(轮重、制动分列式)。

2) 被检车辆正直居中行驶,将被测试车轮停放在滚筒上,变速器置于空档。

3) 起动滚筒电动机,在 2s 后开始采样并保持足够的采样时间(5s),测取采样过程的平均值作为阻滞力。按规定计算各车轮的阻滞力百分比。

4) 检验员按显示屏指示在 5~8s 内(或按厂家规定的速率)将制动踏板逐渐踩到底(对气压制动车辆)或踩到制动性能检验时规定的制动踏板力,测得左右车轮制动力增长全过程的数值及左右车轮最大制动力,并依次测试各车轴。对驻车制动轴,操纵驻车制动操纵装置,测得驻车制动力数值。按规定计算各车轴的制动率、左右轮制动力差百分比、整车制动率、驻车制动力百分比。

5) 制动检验时,如果被测试车轮在滚筒上抱死,但制动率未达到合格要求的,应采用6)或7)方法进行检验。

6) 在车辆上增加足够的附加质量或相当于附加质量的作用力(在设备额定载荷以内,附加质量或作用力应在该轴左右车轮之间对称作用,不计入轴荷)。为防止被检车辆在滚筒反力式制动检验台上后移,可在非测试车轮后方垫三角垫块或采取整车牵引的方法。

7)用平板制动检验台检验制动力或按标准规定的路试方法检验制动距离或充分发出的平均减速度和制动协调时间。

8)台试检验左右轮制动力差不合格,但底盘动态检验过程中点制动时车辆无明显跑偏现象的,应换用平板制动检验台或采用路试方法检验。

4.4.3 检测标准

国家标准 GB 7258—2012《机动车运行安全技术条件》规定台式制动性能检测标准(制动力的诊断参数标准)为:

1. 行车制动性能检测

(1)制动力百分比要求 汽车、汽车列车在制动试验台上测出的制动力应符合表 4-1 的要求,对空载检测制动力有质疑时,可用表中规定的满载检验制动力要求进行检测。

表 4-1 台式检测制动力要求

机动车类型	制动力总和与整车重量的百分比		轴制动力与轴荷①的百分比	
	空载	满载	前轴②	后轴②
乘用车、其他总质量不大于 3500kg 的汽车	≥60	≥50	≥60③	≥20③
铰接客车、铰接式无轨电车、汽车列车	≥55	≥45	—	—
其他汽车	≥60	≥50	≥60③	≥50④

① 用平板制动检验台检验乘用车时应按左右轮制动力最大时刻所分别对应的左右轮动态轮荷之和计算。
② 机动车(单车)纵向中心线中心位置以前的轴为前轴,其他轴为后轴;挂车的所有车轴均按后轴计算;用平板制动试验台测试并装轴制动力时,并装轴可视为一轴。
③ 空载和满载状态下测试时均应满足此要求。
④ 满载测试时后轴制动力百分比不做要求;空载用平板制动检验台检验时应大于等于 35%;总质量大于 3500kg 的客车,空载用反力滚筒式制动试验台测试时应大于等于 40%,用平板制动检验台检验时应大于等于 30%。

(2)制动力平衡要求 在制动力增长全过程中同时测得的左右轮制动力差的最大值,与全过程中测得的该轴左右轮最大制动力中大者(当后轴及其他轴,制动力小于该轴轴荷的 60% 时为该轴轴荷)之比的数值,对新注册车和在用车应分别符合表 4-2 的要求。

表 4-2 台试检验制动力平衡要求

	前轴	后轴(及其他轴)	
		轴制动力大于等于该轴轴荷 60% 时	制动力小于该轴轴荷 60% 时
新注册车	≤20%	≤24%	≤8%
在用车	≤24%	≤30%	≤10%

(3)制动协调时间 汽车的制动协调时间,对液压制动的汽车应小于等于 0.35s,对气压制动的汽车应小于等于 0.60s。汽车列车和铰接客车、铰接式无轨电车的制动协调时间应小于等于 0.80s。

(4)车轮阻滞力 进行制动力检验时,汽车、汽车列车各车轮的阻滞力均应小于等于轴荷的 10%。

（5）合格判定要求　台试检验汽车、汽车列车行车制动性能时，检验结果同时满足上述四个条件的，方为合格。

2. 驻车制动性能检测

当采用制动检验台检验汽车和正三轮摩托车驻车制动装置的制动力时，机动车空载，乘坐一名驾驶人，使用驻车制动装置，驻车制动力的总和应大于等于该车在测试状态下整车重量的20%，但总质量为整备质量1.2倍以下的机动车应大于等于15%。

4.5　汽车制动性能路试检测

做一做

查找资料，写出路试试验检测汽车制动性能的方法和检测标准。

道路试验检测法简称路试检测法，是评定汽车制动性能的基本方法。汽车生产国对于新生产汽车制动性的道路试验的场地、试验时的气候条件、车辆状况、测量仪器的准确度和试验程序等都有明确、具体的要求，并规定在相应的法规或标准中，且有国际上公认的标准，如ISO 6597、ISO 7635就分别规定了道路车辆液压制动系性能和气压制动系性能的试验方法。我国GB 12676—1999《汽车制动系统结构、性能和试验方法》中规定了新生产汽车道路试验的具体要求，在用汽车路试检测的程序等要求相对简单些。国家标准GB 7258—2012《机动车运行安全技术条件》规定机动车行车制动性能和应急制动性能路试检验应在平坦、硬实、清洁、干燥且轮胎与地面间的附着系数大于等于0.7的混凝土或沥青路面上进行。

汽车路试制动试验时，需在试验路面上画出相关法规或标准规定宽度的试验通道的边线，被测汽车连接好第五轮仪后沿着试验车道的中线行驶至高于规定的初速度后，置变速器于空档（自动变速的机动车可置变速器于D档），当滑行到规定的初速度时，急踩制动踏板，使汽车停止。仪器将自动打印出制动减速度、制动距离、制动时间、制动减速度和速度—时间曲线。

工作任务4　汽车制动性能台试检测

1. 目的

1）能够通过查阅相关维修技术资料等方式获取车辆信息。
2）能正确地选择和使用检测设备对检测车辆进行制动性能检测。
3）能正确记录、分析检测结果并正确填写工作任务单。

2. 设备及器材

1）待检车辆一台。
2）汽车制动性能检测台一台。

3. 操作基本方法

仪器操作前请阅读仪器使用说明书。并按照4.5.2中的方法进行汽车制动性能台试检测。

注意事项

1) 对于部分无法在滚筒反力式制动检验台上检测的车辆,如四轮同时驱动汽车、双后轴驱动汽车、多轴半挂车等,应路试检验制动性能。
2) 车辆进入检验台时,轮胎不得夹有泥、砂等杂物,除驾驶人外不得有其他乘员。
3) 测制动时不得转动转向盘。
4) 空载检验时应注意:
① 气压制动系:气压表的指示气压≤600kPa。
② 液压制动系:踏板力,乘用车≤400N;其他机动车≤450N。

4. 完成工作任务单

汽车制动性能台试检测工作任务单

任务名称	汽车制动性能台试检测	学时	2	班级	
学生姓名		学生学号		任务成绩	
实训设备(型号)		实训场地		日期	

1. 检测前的准备
(1) 制动试验台的准备情况
① 检查制动试验台电路连接部分是否良好。
　　□是　　□否
② 检查滚动表面是否清洁。
　　□是　　□否
③ 检查制动试验台运动件是否运转正常。
　　□是　　□否
④ 打开控制电脑,检验电脑是否能正常开机。
　　□是　　□否
⑤ 启动检测程序,检验程序是否能正常启动。
　　□是　　□否
⑥ 检查程序运转是否正常。
　　□是　　□否
(2) 被检车辆的检查情况
① 核实汽车各轴轴荷,检查被测汽车车轴轴荷是否在试验台允许载荷范围内。
　　□是　　□否
② 检查轮胎是否粘有泥、水、油污等杂物。
　　□是　　□否
③ 检查轮胎气压,是否符合出厂规定值。
　　□是　　□否
2. 检测过程
① 对程序进行设定,启动检测程序进行检测。
② 将汽车前轮开到指定位置进行前轴测量,测得前轴轴重为_____。

③ 将前轮开到滚筒中间进行检测，根据电脑屏幕提示踩下制动踏板进行检测，测得前轮制动力为：左前轮：_____，右前轮：_____，车轮滚动阻滞力为_____。

④ 将前轮开出滚筒，使后轮到达指定位置测量后轴轴重，测得后轴轴重为_____。

⑤ 将汽车后轮开进滚筒之间测量后轴制动力，根据电脑屏幕提示进行操作，测得后轮制动力为：左后轮：_____，右后轮：_____，车轮的滚动阻力为_____，驻车制动力为_____。

3. 检测结果分析

检测完毕后，将汽车开出试验台，保存并打印检测结果，对检测结果进行分析。

综合测试

一、填空题

1. 汽车制动性能的评价指标有_____、制动效能的恒定性、_____，其中制动效能的恒定性是指制动器抵抗_____和_____的能力。
2. 良好沥青路面上的附着系数要比碎石路面上的附着系数_____（填"大"或"小"）。
3. 影响汽车制动时方向稳定性的因素主要是_____、_____和_____。
4. 制动时引起汽车跑偏的原因主要是_____。
5. 根据 GB 7258—2012《机动车运行安全技术条件》的规定，汽车制动性能台式检验项目有_____、_____和_____。
6. 在《机动车运行安全技术条件》中规定用_____、_____或_____来评定汽车的制动效能。

二、选择题

1. (   )是改善制动效能的措施之一。
   A. 增大制动器制动力　B. 增大制动协调时间　C. 增大蹄鼓间隙　D. 增大制动踏板间隙
2. 汽车紧急制动时，下列哪种情况最危险：(   )。
   A. 前轴先抱死侧滑　B. 无抱死现象　C. 失去转向能力　D. 后轴先抱死侧滑
3. 以下哪个阶段时间的减少是缩短制动距离的主要因素(   )
   A. 驾驶人反应阶段　B. 制动器起作用阶段　C. 持续制动阶段　D. 放松制动器阶段
4. 下列哪项措施与提高汽车的制动性能无关(   )。
   A. 采用 EFI 技术　B. 配备 ABS　C. 配备 EBD 系统　D. 降低行驶车速
5. 车辆发生侧滑时，驾驶人尽量朝(   )方向适度转动转向盘，以增大回转半径来减小惯性力，降低侧滑的危害。
   A. 前轴侧滑　B. 后轴侧滑　C. 车辆左侧　D. 车辆右侧

三、判断题

1. 制动方向稳定性是指制动时是否会发生制动跑偏、侧滑或失去转向能力。(   )
2. 检测制动性时，后驱后驻的汽车检查顺序为前制动—后制动—后驻车制动。(   )
3. 鼓式制动器散热效果较好，故热衰退较小。(   )
4. 车辆抵抗侧滑的能力与作用在车轮上的地面制动力和法向力有关。(   )
5. 车辆涉水后应立即踩下制动踏板数次，以快速恢复制动器的性能。(   )

学习情境 4　汽车制动性能检测

四、问答题

1. 什么是制动跑偏？什么是制动侧滑？两者之间有何区别和联系？
2. 简述地面制动力、制动器制动力、附着力之间的关系。
3. 对机动车行车制动系统主要应从哪些方面提出性能要求，基本要求是什么？
4. 装有 ABS 的汽车制动效能有哪些改善？
5. 简述汽车制动性能台式检测的一般步骤？

学习情境 5 汽车操纵稳定性能检测

学习目标：

1. 能够描述汽车的操纵稳定性能。
2. 能够熟悉汽车操纵性能的评价指标。
3. 能够了解提高操纵稳定性的电子控制系统。
4. 能够对车辆进行四轮定位检测。
5. 能够了解检测线上汽车侧滑量的检测。
6. 能够了解国家相关的检测标准并对检测结果进行分析判定，对车辆进行调整。

情境描述：

对某客户的车辆进行四轮定位检测，使客户了解检测线上汽车侧滑量的检测。

> **内容介绍：**
>
> 汽车的操纵稳定性是指在驾驶人不感到过分紧张、疲劳的条件下，汽车能遵循驾驶人通过转向系及转向车轮给定的方向行驶，且当遭遇外界干扰时，汽车能抵抗干扰而保持稳定行驶的能力。本学习情境分析了操纵稳定性的内容和评价方法，对汽车四轮定位及侧滑量的检测方法和标准有一定的运用能力。

相关知识：

5.1 汽车稳定性能分析

根据道路及交通情况，汽车有时直线行驶，有时沿曲线行驶。在出现意外情况时，驾驶人还要作出紧急的转向操作，以避免事故。此外，汽车在行驶中还不断受到地面不平和大风等外界因素的干扰。为此，汽车应具备良好的操纵稳定性能。

> **想一想**
> 汽车操纵稳定性的内容是什么？如何评价？

5.1.1 概述

1. 汽车操纵稳定性能包含的内容

1）汽车正确遵循驾驶人通过操纵机构所给定方向的能力。

2）汽车抵抗企图改变行驶方向干扰、保持稳定行驶方向的能力。不能过分降低车速或造成驾驶人疲劳。

操纵稳定性不好的具体表现有：

1）"飘"——汽车自己改变方向。升力或转向系、轮胎、悬架等问题。
2）"反应迟钝"——转向反应慢。传动比太大。
3）"晃"——左右摇摆，行驶方向难于稳定。
4）"丧失路感"——操纵稳定性不好的汽车在高速或急剧转向时会丧失路感，导致驾驶人判断困难。
5）"失控"——某些工况下汽车不能控制方向。制动时无法转向、甩尾、侧滑、侧翻。

汽车操纵稳定性评价方法见表5-1。

表5-1 汽车操纵稳定性的基本内容和评价所用物理参量

基本内容	主要评价参量
1. 转向盘角阶跃输入下进入的稳态响应——转向特性 转向盘角阶跃输入下的瞬态响应	稳态横摆角速度增益——转向灵敏度 反应时间、横摆角速度波动的无阻尼圆频率
2. 横摆角速度频率响应特性	共振峰频率、共振时振幅比、相位滞后角、稳态增益
3. 转向盘中间位置操纵稳定性	转向灵敏度、转向盘力特性——转向盘转矩梯度、转向功灵敏度
4. 回正性	回正后剩余横摆角速度与剩余横摆角、达到剩余横摆角速度的时间
5. 转向半径	最小转向半径
6. 转向轻便性 原地转向轻便性 低速行驶转向轻便性 高速行驶转向轻便性	转向力、转向功
7. 直线行驶性能 直线行驶性 侧向风稳定性 路面不平度稳定性	转向盘转角和 侧向偏移 侧向偏移
8. 典型行驶工况性能 蛇行性能 移线性能 双移线性能——回避障碍性能 ……	转向盘转角、转向力、侧向加速度、横摆角速度、侧偏角、车速等
9. 极限行驶能力 圆周行驶极限侧向加速度 抗侧翻能力 发生侧滑时的控制性能 ……	极限侧向加速度 极限车速 回至原来路径所需时间

2. 汽车坐标系与时域响应

汽车的运动是借助于运动着的汽车上的动坐标系——车辆坐标系来描述的，如图5-1所示。

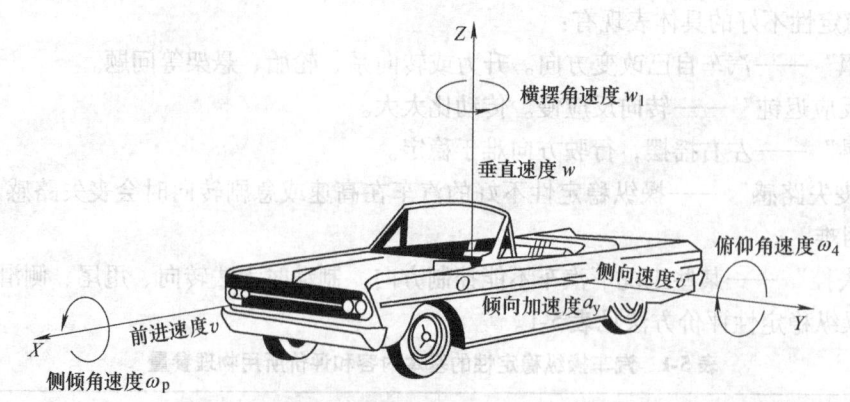

图 5-1 汽车坐标系

汽车的时域响应可分为不随时间变化的稳态响应和随时间变化的瞬态响应。

转向盘角阶跃输入下进入的稳态响应：汽车等速直线行驶是一种稳态。若在汽车等速直线行驶时，急速转动转向盘，然后维持其转角不变，即给汽车以转向盘角阶跃输入，一般汽车经短暂时间后便进入等速圆周行驶，这也是一种稳态。

转向盘角阶跃输入下进入的瞬态响应：在等速直线行驶与等速圆周行驶这两个稳态运动之间的过渡过程便是一种瞬态。

汽车的等速圆周行驶，即汽车转向盘角阶跃输入下进入的稳态响应，虽然在实际行驶中不常出现，却是表征汽车操纵稳定性的一个重要的时域响应，一般也称它为汽车的稳态转向特性。汽车的稳态转向特性分为三种类型：不足转向、中性转向和过多转向，这三种不同转向特性的汽车具有如下行驶特点：在转向盘保持一固定转角下，缓慢加速或以不同车速等速行驶时，不足转向汽车的转向半径增大；中性转向汽车的转向半径维持不变；而过多转向汽车的转向半径则愈来愈小。操纵稳定性良好的汽车不应具有过多转向特性，也不应具有中性转向特性，因为中性转向汽车在使用条件变动时，有可能转变为过多转向特性。汽车的稳态转向特性如图 5-2 所示。

汽车的操纵稳定性和汽车行驶时的瞬态响应有密切关系。如图 5-3 所示，汽车的瞬态响应有以下几个评价指标。

（1）响应时间　以转向盘转角达到终值 50% 的时刻，作为时间坐标原点，到所测横摆角速度第一次过渡到新稳态值的 50% 所用的时间，称为响应时间。这段时间应尽量短些，响应时间太长，驾驶人将感到汽车转向反应迟钝。

（2）峰值响应时间　从时间坐标原点开始，到所测横摆角速度响应达到第一个峰值止，这段时间称为峰值响应时间。由于转动转向盘的起始时间难以准确确定，而且开始转动及停止转动转向盘前，转向盘转角变化速率较大，所以响应时间与峰值响应时间只是一个相互比较的参考性数据。

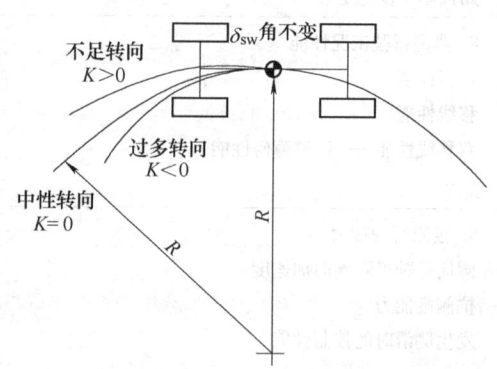

图 5-2 汽车的稳态转向特性

（3）横摆角速度超调量　在 $t=\varepsilon$ 时，横摆角速度达到最大值 ω_{r1}。ω_{r1} 往往大于 ω_{r0}，ω_{r1}/ω_{r0} 的百分数称为超调量。超调量表明瞬态响应中执行指令误差的大小，超调量越小越好。减小超调量可使横摆角速度波动较快衰减。

（4）横摆角速度的波动量　在瞬态响应中，横摆角速度值 ω 在 ω_0 值上下波动。车速一定时，ω_r 值的波动表现在转向半径 R 的时大时小，这就增加了驾驶的困难。汽车横摆角速度的波动周期 T 或频率，也是评价瞬态响应的重要参数。

（5）稳定时间　横摆角速度达到稳定值 ω_r 的 95%～105% 之间的时间，称为稳定时间。这段时间应尽量短些，凡是能使横摆角速度加快衰减的因素，也是使稳定时间缩短的因素。

3. 人——汽车闭路系统

在对汽车时域响应的讨论中，假定驾驶人的任务只是机械地急速转动转向盘至某一转角并维持此角度不变，而不允许根据汽车的转向运动作出任何操纵修正动作，即不允许驾驶人起任何反

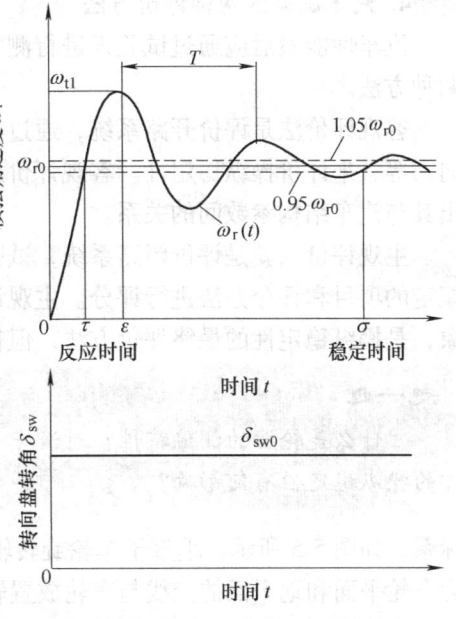

图 5-3　汽车的瞬态响应

馈作用。因此，汽车的时域响应只是把汽车作为开路控制系统的控制特性。它们完全取决于汽车的结构与参数，是汽车本身固有的特性。汽车作为开路系统的时域响应可以通过建立数学模型进行理论分析，也可以使用测试设备在试验中客观地进行测量。

但是，汽车的操纵稳定性最后应该是由驾驶人来评定的，操纵稳定性与驾驶人的操纵特性又是紧密相关的。因此，操纵稳定性和研究对象应该是把驾驶人与汽车作为统一整体的人——汽车系统，而不能忽略驾驶人的反馈作用。

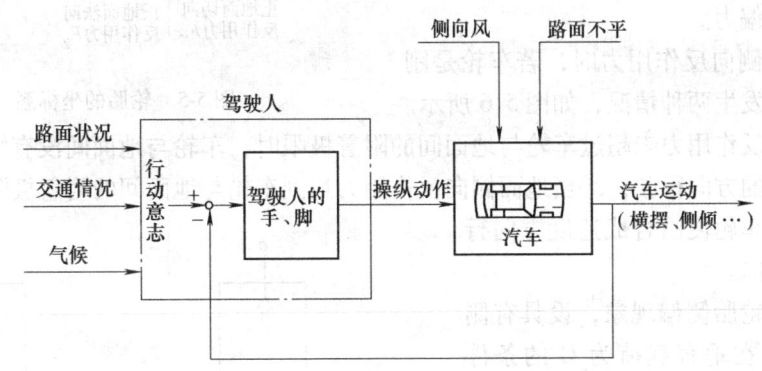

图 5-4　人——汽车闭路系统

如图 5-4 所示，驾驶人——汽车系统是一个闭环控制系统。在汽车行驶过程中，驾驶人根据需要，操纵转向盘使汽车作转向运动。路面的凹凸不平、侧风、偏载等都会影响汽车的行驶，驾驶人需根据道路、交通等情况，通过眼、手及身体感知的汽车运动状况（输出参数），经过头脑的分析、判断（反馈），修正其对转向盘的操纵。如此不断地反复循环，操纵

汽车行驶前进。

4. 汽车试验的两种评价方法

汽车性能最后应通过试验来进行测定与评价。试验中的性能评价有主观评价和客观评价两种方法。

客观评价法是评价开路系统，通过测试仪器测出横摆角速度、侧向加速度、侧倾角及转向力等，来评价操纵稳定性。客观评价通过仪器测试能定量评价汽车性能，且能通过分析求出其与汽车结构参数间的关系。

主观评价法就是评价闭路系统，试验评价人员根据试验时自己的感觉来进行评价，并按规定的项目和评分办法进行评分。主观评价考虑到了人的感觉，能发现仪器不能测试出的现象，是操纵稳定性的最终评价方法，但很难给出定量评价数据。

> **想一想**
>
> 什么是轮胎的侧偏特性？对汽车的操纵稳定性有何影响？

5.1.2 轮胎的侧偏特性

1. 轮胎的坐标系

为了讨论轮胎的机械特性，需要建立一个坐标系，如图5-5所示。垂直于车轮旋转轴线的轮胎中分平面称为车轮平面。坐标系的原点 O 为车轮平面和地平面的交线与车轮放置轴线在地平面投影线的交点。

2. 轮胎的侧偏现象和侧偏力—侧偏角曲线

轮胎的侧偏是指因轮胎侧向弹性，车轮受侧向力的作用使轮心速度方向偏离车轮平面的现象。汽车在行驶过程中，由于路面的侧向倾斜、侧向风或曲线行驶时的离心力等的作用，车轮中心沿 Y 轴方向将作用有侧向力，相应地在地面上产生地面侧向反作用力，也称为侧偏力。

当有地面侧向反作用力时，若车轮是刚性的，则可能发生两种情况，如图5-6所示。

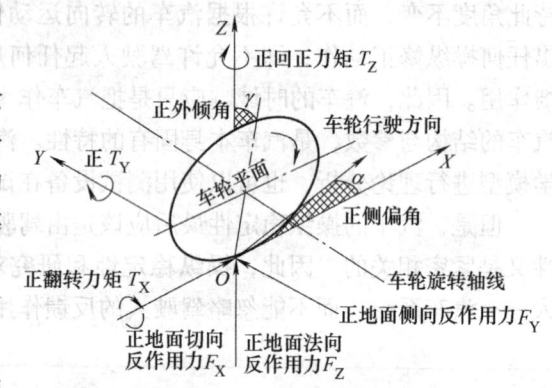

图5-5 轮胎的坐标系

①当地面侧向反作用力未超过车轮与地面间的附着极限时，车轮与地面间没有滑动，车轮仍沿其本身平面的方向行驶；②当地面侧向反作用力达到车轮与地面间的附着极限时，车轮发生侧向滑动，车轮便沿合成速度方向行驶，偏离了方向。

为了说明轮胎侧偏现象，设具有侧向弹性的车轮在垂直载荷为 G 的条件下，车轮中心受到侧向力，地面相应地有侧偏力时的两种情况为：

第一，如图5-7a所示，车轮静止不滚动。由于车轮有侧向弹性，轮胎发生侧向变形，轮胎胎面接地印迹的中心线与车轮平面不重合，错开，但仍平行于

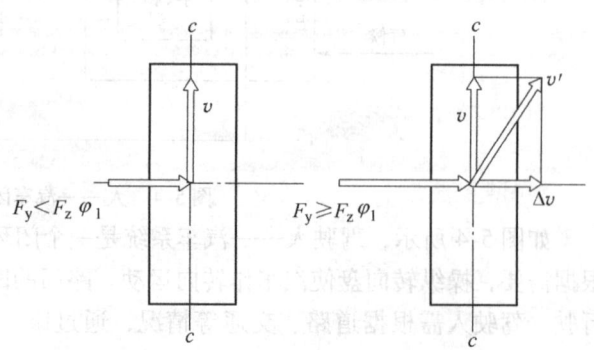

图5-6 有侧向力作用时刚性车轮的滚动

车轮平面。

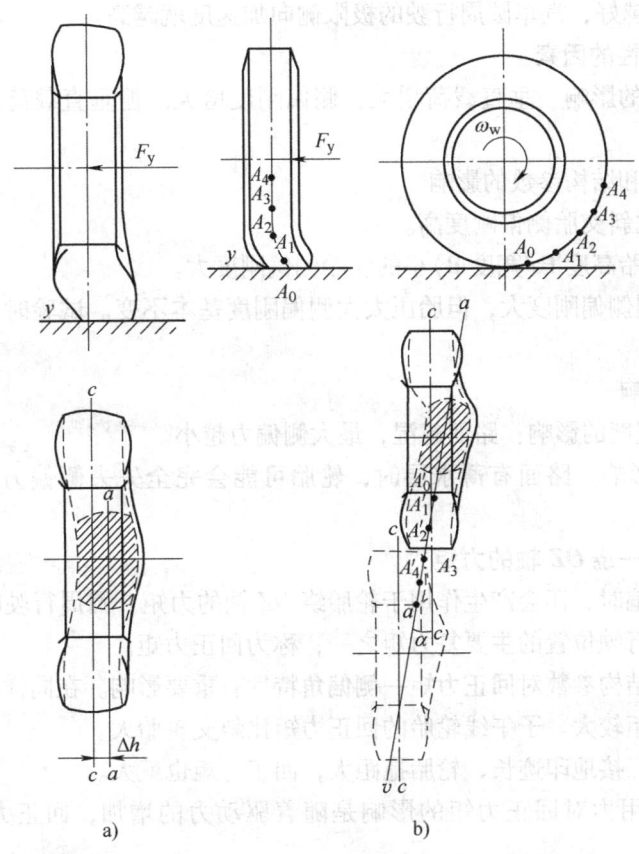

图 5-7 轮胎的侧偏现象
a) 静止 b) 滚动

第二，如图 5-7b 所示，车轮滚动。车轮滚动时接触印迹的长轴线 aa，不只是和车轮平面错开一定距离，而且不再与车轮平面 cc 平行。图中所示车轮的滚动过程中，车轮平面上点 A_1、A_2、A_3、…依次落在地面上，形成点 A_1'、A_2'、A_3'、…，点 A_1'、A_2'、A_3' 的连线与 aa 的夹角 α 即为侧偏角。车轮就是沿着 aa 方向滚动的。显然，侧偏角 α 的数值是与侧向力 F_y 有关的。

试验发现，侧偏角与侧偏力之间存在一定关系，此关系曲线称为轮胎的侧偏特性，如图 5-8 所示。曲线表明，侧偏角不超过 $3° \sim 5°$ 时，Y 与 α 成线性关系。汽车正常行驶时，侧偏角一般不超过 $4° \sim 5°$，可以认为侧偏角与侧偏力成线性关系。即

$$Y = K \cdot \alpha$$

式中 K——侧偏刚度（N/rad）。

侧偏刚度绝对值越大，在同样侧偏力作用下，产生的侧偏角越小，相应的操纵稳定性能越好。

侧偏刚度是决定操纵稳定性的重要参数，最大侧偏力决定于附着条件，即垂直载荷，轮胎胎面花纹、材

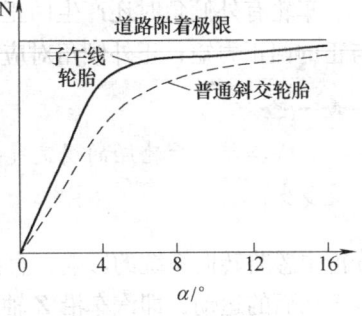

图 5-8 轮胎的侧偏特性

料、结构、充气压力,路面的材料、结构、潮湿程度以及车轮外倾角等因素。最大侧偏力越大,汽车极限性能越好,汽车圆周行驶的极限侧向加速度就越高。

3. 影响侧偏特性的因素

(1) 垂直载荷的影响 垂直载荷增大,侧偏刚度增大。但垂直载荷太大侧偏刚度反而减小。

(2) 轮胎型式和结构参数的影响

1) 子午线胎比斜交胎侧偏刚度高。

2) 扁平比(轮胎高度 H/宽度 B)小的轮胎侧偏刚度大。

3) 胎压大,则侧偏刚度大,但胎压太大侧偏刚度基本不变。试验时,可通过减少胎压改变稳态试验结果。

(3) 路面的影响

1) 路面干湿程度的影响:路面越湿,最大侧偏力越小。

2) 薄水层的影响:路面有薄水层时,轮胎可能会完全失去侧偏力,这称为"滑水"现象。

4. 回正力矩——绕 OZ 轴的力矩

在轮胎发生侧偏时,还会产生作用于轮胎绕 OZ 轴的力矩。圆周行驶时,该力矩是使转向车轮回复到直线行驶位置的主要复力矩之一,称为回正力矩。

轮胎的型式及结构参数对回正力矩—侧偏角特性有重要影响。在同样侧偏角下,轮胎尺寸大,一般回正力矩较大。子午线轮胎的回正力矩比斜交轮胎大。

轮胎的气压低,接地印迹长,轮胎拖距大,回正力矩也就大。

地面切向反作用力对回正力矩的影响是随着驱动力的增加,回正力矩达最大值后再下降。

在制动力作用下,回正力矩不断减小,到一定制动力时下降为零,其后便变为负值。

5. 有外倾角时轮胎的滚动

汽车两前轮有外倾角,具有绕各自旋转轴线与地面的交点。滚动的趋势若不受约束,犹如发生侧偏一样,将偏离正前方而各自向左右侧滚动。实际上,由于前轴的约束,两个车轮只能一起向前行驶。因此,车轮中心必作用有一侧向力,把车轮"拉"回至同一方向向前滚动。与此同时,轮胎接地面中产生一与方向相反的侧向反作用力,这就是外倾侧向力。

随着外倾角的增大,胎面与路面接触越来越差。所以,高速轿车,特别是采用超宽断面轮胎的赛车外倾角为零。摩托车转弯时,车轮外倾角很大,应具有圆形断面轮胎。

车轮有外倾角时还产生回正力矩。按照轮胎坐标系的规定,正侧偏角对应于负的侧偏力与正的回正力矩;正外倾角对应于负的外倾侧向力与负的外倾回正力矩。

> **查一查**
> 轿车前、后轮胎的规定气压分别是多少?

5.1.3 汽车的转向特性

为了便于掌握操纵稳定性的基本特性,我们将对一简化为线性二自由度的汽车模型进行研究。分析中忽略转向系统的影响,直接以前轮转角作为输入。忽略悬架的作用,认为汽车只作平行于地面的运动,即汽车沿 Z 轴的位移,绕 Y 轴的俯仰角与绕 X 轴的侧倾角均为零。另外,在本章特定条件下,汽车沿 X 轴的前进速度 v 视为不变。因此,汽车只有沿 Y 轴的侧向运动

与绕 Z 轴的横摆运动这样两个自由度(图 5-9)。

1. 前轮角阶跃输入下进入的汽车稳态响应——等速圆周行驶

（1）稳态响应　汽车等速行驶时，在前轮角阶跃输入下进入的稳态响应就是等速圆周行驶。常用输出与输入的比值，如稳态时的横摆角速度与前轮转角之比来评价稳态响应。

这个比值称为稳态横摆角速度增益，也称为转向灵敏度。公式为

$$\left(\frac{\omega_r}{\delta}\right)_s = \frac{v/L}{1+Kv^2}$$

$$K = \frac{m}{L^2}\left(\frac{a}{k_2} - \frac{b}{k_1}\right)$$

其中，K 称为稳定性因素，是表征汽车稳态响应的一个重要参数。

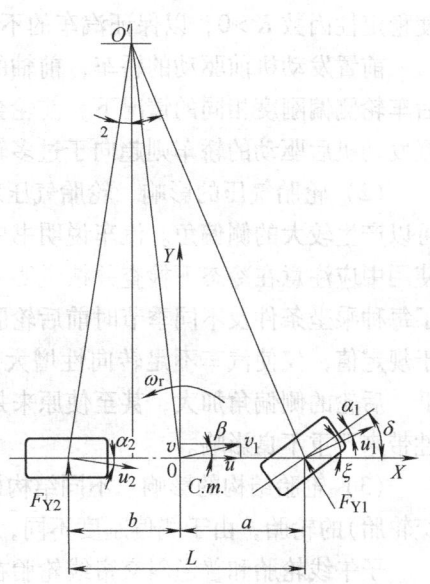

图 5-9　二自由度模型

（2）稳态响应的三种类型　根据 K 的数值，汽车的稳态应可分为三类。

1) 中性转向。$K=0$ 时，即横摆角速度增益与车速成线性关系。这种稳态称为中性转向，如图 5-10 所示。

中性转向的汽车，当转向盘保持一个固定的转角加减速行驶时，汽车的转向半径不变，与车速无关。

2) 不足转向。当 $K>0$，横摆角速度增益不再与速度成线性关系，而是一条低于中性转向汽车稳态横摆增益线，后来又向下弯曲的曲线，如图 5-10 所示。具有这样特性的汽车称为不足转向汽车。K 值愈大，横摆角速度增益曲线愈低，不足转向量愈大。

3) 过多转向。当 $K<0$ 时，横摆角速度增益比中性转向时大。随着车速的增加，曲线向上弯曲，如图 5-10 所示。具有这种特性的汽车称为过多转向汽车。K 值愈小，过多转向量愈大。

（3）几个表征稳态响应的参数

1) 前、后轮侧偏角绝对值之差。前、后轮侧偏角绝对值之差增加，转向半径增加，汽车具有不足转向特性。前、后轮侧偏角绝对值之差减小，转向半径减小，汽车具有过多转向特性。绝对值等于零时，汽车为中性转向。

2) 转向半径的比值 R/R_0。$R/R_0 = 1$ 为中性转向；$R/R_0 > 1$，则为不足转向；$R/R_0 < 1$，为过多转向。

2. 影响转向特性的因素

（1）汽车的质量分配与车轮侧偏刚度

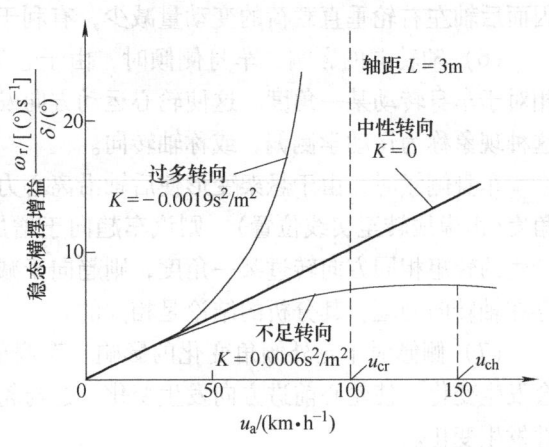

图 5-10　汽车的稳态横摆角速度增益曲线

的匹配　在汽车设计及改装中，应使汽车的质量在前后轴的分配与车轮的侧偏刚度相适应，使稳定性因数 $K>0$，以保证汽车的不足转向性。

前置发动机前驱动的轿车，前轴的轴荷较大，转弯时前轴承担的离心惯性力较大，在前后车轮侧偏刚度相同的情况下，前轮会产生较大的侧偏角，故趋向于不足转向性。反之，后置发动机后驱动的轿车则趋向于过多转向性。

(2) 轮胎气压的影响　轮胎气压对侧偏刚度影响很大，降低轮胎气压，侧偏刚度下降，可以产生较大的侧偏角。汽车说明书中规定的轮胎气压是考虑了获得不足转向性的数值，故使用中应注意在冷态下检查并按说明书的规定调整轮胎的充气压力。有的高速轿车甚至规定了每种乘坐条件及不同季节时前后轮胎的充气压力，以确保需要的不足转向性。前轮气压低于规定值，仅使汽车不足转向性增大，转向灵敏度即横摆角速度增益下降；而后轮气压过低，后轮的侧偏角加大，甚至使原来是不足转向性的汽车变为过多转向性汽车，对操纵稳定性带来严重不良影响。

(3) 轮胎结构的影响　不同结构（帘布层数、扁平率等）、不同型式（子午线轮胎、普通斜交轮胎）的轮胎，由于侧偏刚度不同，可能使汽车具有过多转向性。

子午线轮胎和普通斜交帘线轮胎在车上混合装用对汽车的操纵性有严重影响。子午线轮胎侧偏刚度大，若仅前轮改用子午线轮胎，可使前轮侧偏角减少，如果小于后轮侧偏角，可使原为不足转向性的汽车变为过多转向性汽车。

扁平率小的宽轮胎，侧偏刚度大，产生的侧偏角小。因此，如仅前轮换用扁平率小的轮胎，有使汽车产生过多转向的倾向；如仅后轮换用，则有汽车呈不足转向的倾向。

(4) 驱动型式的影响　转向时施加于轮胎上的切向力增加，轮胎的侧偏刚度下降，使产生的侧偏角增加。因此，后轮驱动的车辆，转向时施加驱动力，使后轮侧偏角增加，有减少不足转向性、向过多转向性转化的倾向；前轮驱动的汽车，转向时施加驱动力，使前轮侧偏角增加，有增加不足转向性的作用。

(5) 左、右轮垂直载荷再分配的影响　轮胎侧偏刚度在一定范围内随垂直载荷的增加而增加。在侧向力作用下，若前轴左右轮垂直载荷变动量大，则汽车趋向于减少不足转向性。由于增加前悬架的角刚度，能使侧倾力矩分摊到前轴上的数值增加，因而能使前轴左右轮垂直载荷的变动量加大。减少后悬架的角刚度，能使侧倾力矩分摊到后轴上的数值减少，因而后轴左右轮垂直载荷的变动量减少，有利于增加汽车的不足转向性。

(6) 轴转向的影响　车身侧倾时，由于悬架导向杆件的运动学关系，会使前轴或后轴相对于车身转动某一角度。这使轮心运动方向发生变化，具有与侧偏现象相同的效果，所以这种现象称为运动学侧偏，或称轴转向。

车身侧倾时，由于悬架变形使后轴沿离心力对该轴中点产生的转矩的相反方向转过某一角度（由虚线转至实线位置），则汽车趋向于增加不足转向性。若后轴沿离心力对该轴中点产生的转矩相同方向转过某一角度，则趋向于减少不足转向性。如果前轴为非独立悬架，也存在轴转向问题，其分析的结论是相同的。

(7) 侧倾时车轮外倾角变化的影响　车身侧倾时，由于悬架型式的不同，车轮外倾角会发生变化，使轮心前进方向发生变化，这与轮胎侧偏具有相同效果，可以使汽车的转向特性发生变化。

(8) 轮胎回正力矩对侧偏的影响　回正力矩即稳定力矩，汽车转弯时各轮上都受回正力矩的作用，有使前后轴侧偏角加大的效果。作用在前轮上的回正力矩，有增加不足转向的倾向。作用在后轮上的回正力矩，有减少不足转向的倾向。由于前轮的回正力矩较大，故汽车回正力矩的总效果往往趋向于增加不足转向性。

5.1.4 汽车的纵向、横向稳定性

想一想
汽车的纵向和横向稳定条件是什么？

汽车行驶时，有时会遇到纵向或横向斜坡，或者弯道，在这种情况下，汽车能否保持稳定行驶属汽车的稳定性。

1. 纵向稳定条件

行驶在纵向坡道上的车辆，当坡度逐渐增大到一定程度时驱动力将大于附着力而出现驱动车轮打滑，汽车无法上坡。随着坡度不断增加，前轮的地面法向反作用力也将不断减小，直至最终为0。此时汽车将失去操纵稳定性，造成车辆纵向翻倒，如图5-11所示，为汽车等速上坡受力图。为保证汽车纵向稳定，上坡时应先出现驱动轮打滑，造成无法上坡，这样可以避免车辆产生纵翻，由此得到后轮驱动汽车的纵向稳定条件为：

$$\Phi < \frac{b}{h_g}$$

对于采用前轮驱动的汽车，其纵向稳定条件为：$L>0$。

定性分析：由于现代汽车的重心位置较低，因此上述条件均能满足。但是对于越野汽车，其轴距较小，重心较高，轮胎又具有纵向防滑花纹因而附着系数较大，故其丧失纵向稳定性的危险增加。因此，对于经常行驶于坎坷不平路面的越野汽车，应尽可能降低其重心位置，而前轮驱动型汽车的纵向稳定最好。

2. 侧向稳定条件

车辆在转弯行驶过程中，由于受到侧向力的作用，将使汽车发生较大的侧倾。当侧向反作用力达到附着极限时，车辆将产生侧滑。同时侧向力将引起左右车轮地面法向反作用力的改变，当一侧车轮的地面法向反作用力为0时，车辆将侧翻。

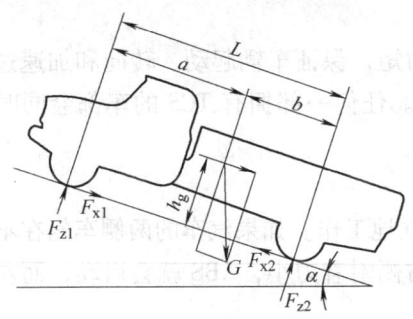
图5-11 纵翻

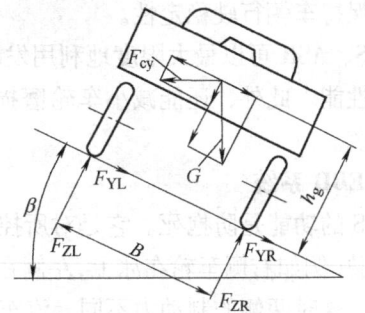
图5-12 侧翻

如图5-12所示为汽车在具有横向坡度β的弯道上等速行驶时的受力图。车辆在转弯时，随着车速的不断升高，离心力将逐渐变大，侧滑、侧翻的趋势都在增加。这些情况都是汽车行驶中应避免的现象，比较起来侧翻更加危险。因此得到汽车侧向稳定条件为

$$\beta < \frac{B}{2h_g}$$

式中 $\dfrac{B}{2h_g}$ 又称为汽车的侧向稳定性系数。

定性分析：一般汽车行驶于干燥的沥青路面上，这时附着系数较大，约为 0.7～0.8，仍然能满足上述稳定性的条件。由于轮距受车宽小于或等于 2.5m 的限制，不能太大。所以要避免侧翻应力求降低汽车重心高度，一般车辆都能满足要求。只有装载货物重心太高且偏向车厢的一侧，或者转向时车速过高，转动转向盘过急，致使风力过大时，就容易产生侧翻。为了保证行车安全，就是侧滑也不希望发生，所以汽车转弯应尽量降低车速，以减少侧翻及侧滑的发生。

查一查
为提高操纵稳定性，汽车上采用了哪些控制系统？

5.1.5　提高操纵稳定性的电子控制系统

1. ESP 系统

电子稳定程序系统（Electric Stability Program）简称 ESP。沃尔沃公司称其为 DSTC，宝马公司称其为 DSC，丰田公司称其为 VSC。汽车紧急避障或转弯制动时，该系统通过改变车轮切向力，使车辆克服偏离正常路径的倾向。

ESP 的三大特点：

（1）实时监控　ESP 能够实时监控驾驶人的操控动作、路面反应、汽车运动状态，并不断向发动机和制动系统发出指令。

（2）主动干预　ABS 等安全技术主要是对驾驶人的动作起干预作用，但不能调控发动机。ESP 则可以通过主动调控发动机的转速，并调整每个轮子的驱动力和制动力，来修正汽车的过度转向和转向不足。

（3）事先提醒　当驾驶人操作不当或路面异常时，ESP 会用警告灯警示驾驶人。

2. TCS 系统

TCS 是 Traction Control System（驱动力控制系统）的缩写。TCS 经常直接与 ABS 共用同一个系统。ABS 控制 4 个轮，而 TCS 只控制驱动轮，其制动原理与 ASR 系统如出一辙。当汽车加速时，TCS 将滑动控制在一定的范围内，从而防止驱动轮快速滑动。其功能在于提高牵引力和保持车辆行驶稳定性。

TCS、ASR 可以最大限度地利用发动机的驱动力矩，保证车辆起动、转向和加速过程中的稳定性能。此外，还能减小车轮磨损和燃油消耗。任何一部拥有 TCS 的车都会同时具有 ABS 系统。

3. EBD 系统

ABS 的功能是防抱死。它是对所控制的车轮孤立地工作。如果汽车的两侧车轮在不同的路面行驶（例如右侧车轮在冰上，左侧在干路上），右侧附着力小，ABS 就会启动，而左侧不会启动，这时两侧的制动力不同，汽车会侧滑。

EBD 的功能是综合控制 4 个 ABS 系统，在出现两侧的制动力不同时，强制启动摩擦力大的一侧的 ABS，减小制动力，配合另一侧的 ABS，最终令汽车两侧的制动力相同。所以 EBD 才能起到防侧滑作用。

4. BAS 系统

BAS 英文全称是 Brake Assist System。有关调查显示，约有 90% 的汽车驾驶人紧急情况制动时缺乏果断，而 BAS 则能根据驾驶人踩下制动踏板的速度，探测车辆行驶情况。紧急情况下,当驾驶人迅速踩下制动踏板力度不足时,BAS 便会启动,并在不足 1s 的时间内把制动力增至最大,从而缩短紧急制动距离。

如果驾驶人采用点制动时,车轮往往不会抱死,ABS 没有机会发挥作用。而制动辅助系统 BAS,则让现有的 ABS 具有一定的智能。当驾驶人迅速用力踩下制动踏板时,BAS 就会判断车辆正在紧急制动,从而启动 BAS,迅速增大制动力。

任务实施:

5.2 汽车四轮定位检测

查一查
汽车四轮定位参数有哪些?

5.2.1 汽车四轮定位主要参数

1. 主销内倾

在车辆前方观察两个前轮,其主销上端略向内倾斜的现象,若车辆无主销则用减振器上支承中点与下球节中点之间的假想连线作为主销轴线。称为主销内倾。在汽车横向铅垂面内,主销轴线与铅垂线之间的夹角 β 叫主销内倾角,如图 5-13 所示。

主销内倾的作用是使转向轮自动回正,使转向操纵轻便。

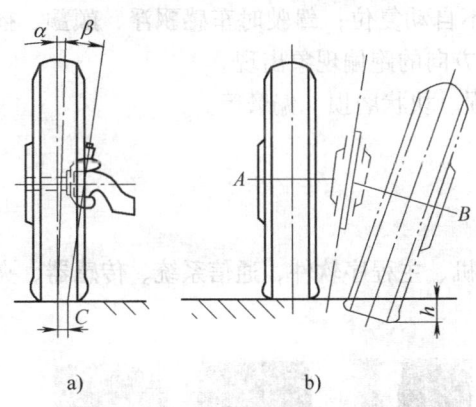

图 5-13 主销内倾

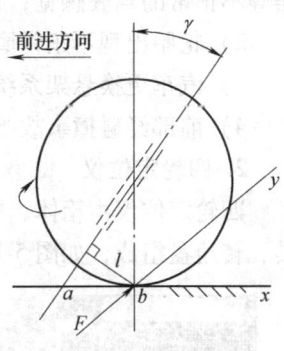

图 5-14 主销后倾

2. 主销后倾

在前轮外侧观察,主销装在前轴上后,其上端略向后倾斜的现象,称为主销后倾,如图 5-14 所示。在纵向垂直平面内,主销轴线与垂线之间的夹角 γ 称为主销后倾角。主销后倾的作用是保持汽车直线行驶的稳定性,并力图使转弯后的转向轮自动回正,使转向轻便。

3. 前轮外倾

转向轮安装在车桥上时,其旋转平面上方略向外倾斜的现象,称为前轮外倾。车轮旋转平面与纵向垂直平面之间的夹角 α,称前轮外倾角,如图 5-13 所示。

前轮外倾的作用是提高前轮工作的稳定性和转向操纵轻便。α 大时,虽对安全和操纵有利,但过大的 α 将使轮胎横向偏磨增加,油耗增多,所以一般 $\alpha \approx 1°$ 左右。有些汽车的前轮外倾角为负值。

前轮外倾和主销后倾一样一般不能调整其大小，但使用独立悬架者有的可以调整。

4. 前轮前束

从汽车顶部垂直往下看（俯视），汽车两个前轮的旋转平面不平行，前端略向内束的现象，称为前轮前束。左右两前轮之间其后端距离 A 与前端距离 B 之差 $(A-B)$ 称为前束值（前束角），如图5-15所示。

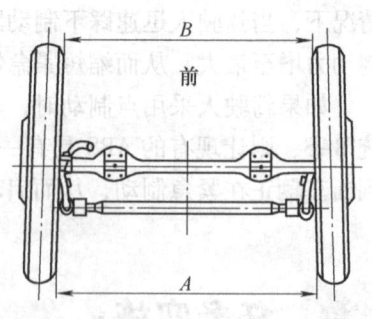

图5-15　前轮前束

前轮前束的作用是减小或消除因前轮外倾所造成的不良后果（即减小轮胎偏磨及滚动阻力）。如果前束过大或过小，轮胎偏磨会增加。前轮前束可通过改变转向横向拉杆长度来调整。一般汽车的前束值都小于 8~10mm，检查调整时可根据规定的测量位置和测量方法使两轮的前束值符合要求。

> **做一做**
> 列出汽车四轮定位检测的步骤。

5.2.2　汽车四轮定位检测方法

1. 四轮定位的内容

由于车辆的四轮、转向机构、前后车轴之间的安装应具有一定的相对位置，这个相对位置是由厂家制定的标准值。调整恢复这个位置的安装，就是四轮定位。

四轮定位能够保证汽车稳定的直线行驶和转向轻便，并减少汽车在行驶中轮胎和转向机构的磨损。出现以下情况汽车需要做四轮定位：

1) 直线行驶困难。转向沉重、发抖、跑偏、不自动复位；驾驶时车感飘浮、颠簸、摇摆等不正常的驾驶感觉；行驶中转向盘不正或行车方向的跑偏现象出现。

2) 轮胎出现不正常磨损。单边磨损、波状磨损、块状磨损、偏磨等。

3) 汽车更换悬架系统或转向系统的有关部件。

4) 前部经碰撞事故维修后。

2. 四轮定位仪

四轮定位仪由箱体、电脑主机、显示器、打印机、主程序软件、通信系统、传感器、夹具、转角盘组成，如图5-16所示。

图5-16　四轮定位仪的组成

3. 四轮定位的检测方法

如图5-17所示为汽车四轮定位的检测步骤。

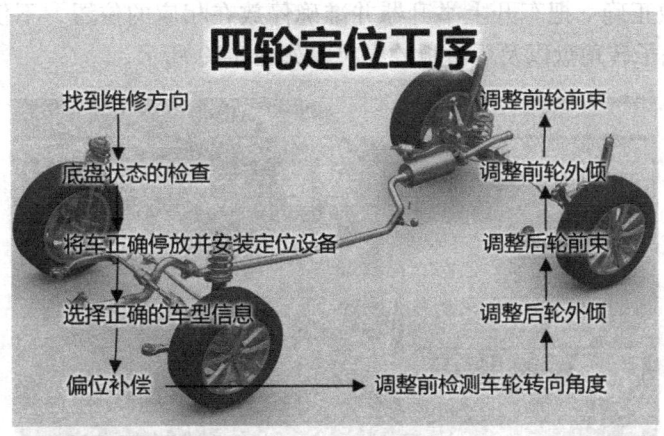

图 5-17　四轮定位检测工序

(1) 检测前的准备

1) 轮胎(花纹深度和胎压)。四轮定位的数据是建立在一个相对标准的条件下形成的，所以在进行四轮定位的校准时也要遵循原先的校准条件。为了保证前后轴处于同一个水平面上，对轮胎的要求有：

① 四个车轮的尺寸一致。

② 根据标准将轮胎胎压调整到位(胎压标准详见油箱盖内侧)，如图 5-18 所示。

③ 测量胎面的花纹深度，如图 5-19 所示，保证同轴上的轮胎花纹深度最大偏差不能超过 2mm，如果不符合条件，需视情况更换相关轮胎。

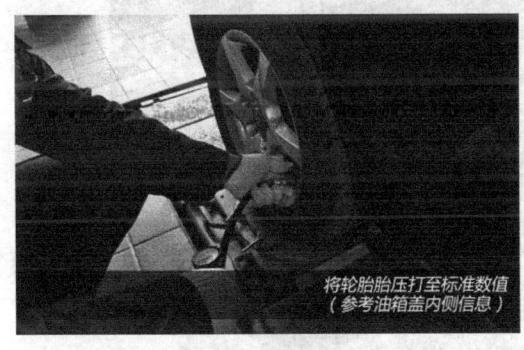 

图 5-18　轮胎胎压检查及充气　　　　　图 5-19　测量轮胎花纹深度

新一代的四轮定位系统会更聪明，维修技师通过将这些测量的数据录入系统，它便可根据相应的数值进行计算以补偿这些外因造成的误差。

2) 悬架(目测悬架状态)。车轮的良好状态并不代表着一个完美的四轮定位调校的开始，还要确保底盘也处于一个健康的状态。尤其是事故车，车辆在撞击后底盘难免会受到一定程度的损伤，甚至出现变形、折断的情况，更换的底盘部件不会产生太多问题，反而是那些表面上看不出任何端倪的部件最容易导致四轮定位出现偏差。

3) 空载状态下需要满足的条件。停放在举升器上的车辆应处于空载状态，备胎以及随车工具要放在属于各自的位置上。而苛刻的要求在于油箱的储油量以及玻璃水壶内的储液量需要达到 90% 以上，厂家也是在这种条件下进行设定的。

（2）车辆停放正确　把车开上举升器并准确停放在相应的位置，不仅车身要正，还要使前后车轮处于电子转角盘以及后滑板的中央，如图5-20所示。

图5-20　车辆的停放位置

（3）安装卡具及传感器　卡具相当于是传感器固定在车轮上的转换接口，用于与车轮相固定，为了应对不同轮辋的大小，卡具固定臂可进行相应调整。卡具共有三根固定臂，每个固定臂末端都有一个卡爪来扒住轮辋边缘以确保3点确定一个平面。四个传感器分别固定在车轮上，通过它来测量车轮所在的位置和角度，并通过网线传输至电脑进行分析。如图5-21所示的三

图5-21　卡具及传感器的安装

个画面即为卡具及传感器的安装。如图 5-22 所示为调整传感器和连接数据线。

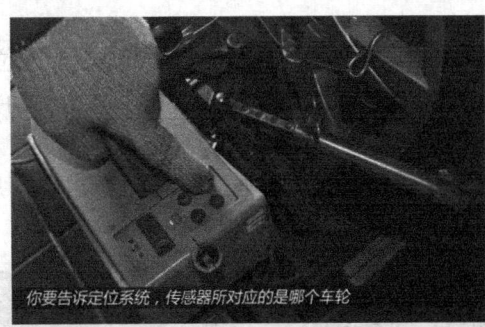

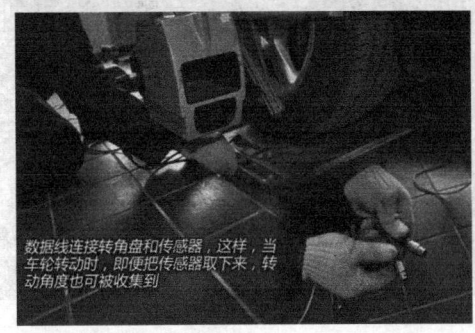

图 5-22　调整及连接数据线

但在实际操作过程中，无论如何调整，总会有一个卡爪无法像另外两个一样老实地贴附在轮辋边缘，这就成不了一个平面，后面会介绍到偏位补偿。

(4) 选择车型信息　要在系统内找到相应的车型以调取相关数据信息，这便是作为衡量这辆车底盘数据正确与否的依据。找到相对应的车型年款后，做出来的效果才正确。那些合资品牌，车辆在进行投产时大多针对底盘进行过本土化的设定，而在 4S 店所投放的检测设备中，内置会存有海外原厂数据，这当然不能被用于经本土化调校的车型。

(5) 偏位补偿　偏位补偿是四轮定位的一个必要项目，它直接影响到最后的测量精度，所以一定不可跳过。从电脑屏幕的显示来看，红色花瓣状的四个车轮代表着不合格，把车身后部进行举升直至后车轮抬离地面，根据电脑屏幕的指示按行驶前行方向旋转车轮，原先的红色会因角度的变化而转为绿色，由于每一次旋转都会给传感器带来振动，导致其偏离水平位置，所以每一个花瓣由红变绿后都要对传感器进行锁定，待全部变绿后说明这个车轮的偏位补偿已完毕，可进行下一车轮的校正工作。同样的方式将车身前部举升至前轮离开地面，通过旋转车轮来弥补因卡具造成的计算误差，如图 5-23 所示。由于检测车辆为前驱车，为了避免在旋转一侧车轮时另一侧车轮因差速器作用而带着传感器一并发生旋转造成数据的变

图 5-23　进行偏位补偿

动以及设备和车身的损伤,因此要提前将固定传感器的锁定销松开。调整完毕后,电脑屏幕上会显示偏位补偿的结果。

调整完毕后将二次举升器落下,举升机也降回到低位,为了使悬架恢复到正常的位置,需要按压车身前后位置。此外,为了正确地、安全地进行后续工作,需要拉紧驻车制动并安装制动锁,如图5-24所示。

(6)调整前的检测 将前轮旋转一定角度,左右转动前轮20°后,可测量出主销后倾角,主销内倾角以及外侧轮在20°时,内外侧车轮的转角差。如图5-25所示。

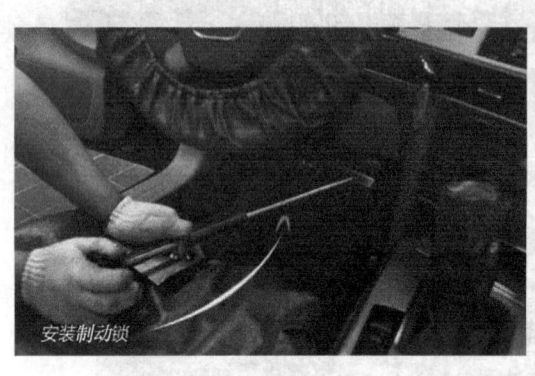
图5-24 安装制动锁

图5-25 检测

检测报告如图5-26所示,红绿相间的数字表示各自数值的现状,红色是不合格的,绿色的数值表示在公差范围之内不需要调整,而红色则代表目前数值处于公差之外需要进行相应的定位调整。

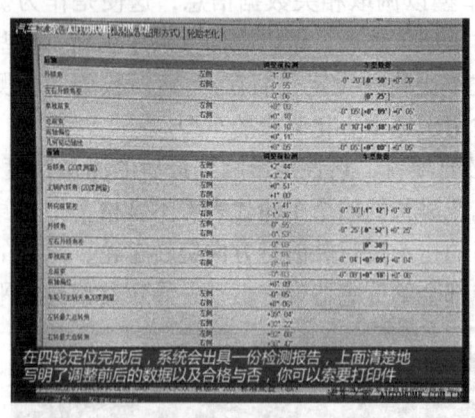
图5-26 检测报告

图5-27 安装转向盘锁

(7)调整 将转向盘回到中间位置,安装转向盘锁,如图5-27所示,便进入后轮调整画面(如图5-28所示)。

(8)调整后检测 调整后还需要让系统进行检测,这与调整前的检测步骤相同,系统通过车轮方向的转动来确定位置以及进行数据上的核算,之后出具一份检测报告,报告中有调整前后的数据对比,绿色依旧为合格,红色则为不合格。

学习情境 5　汽车操纵稳定性能检测

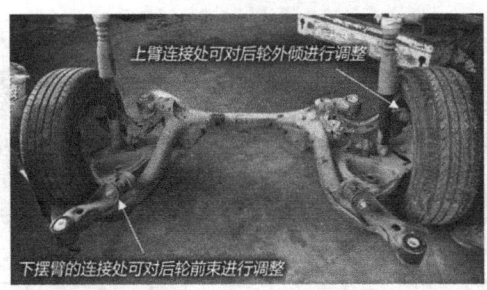

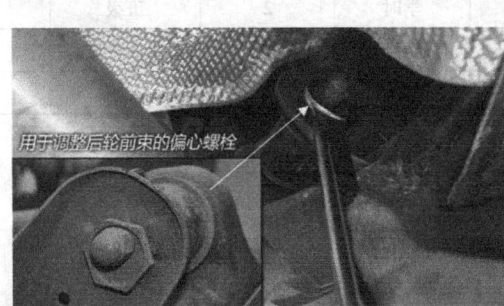
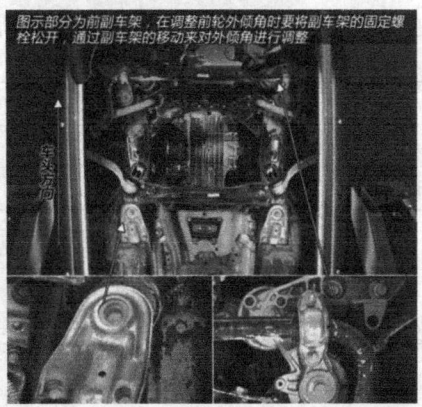

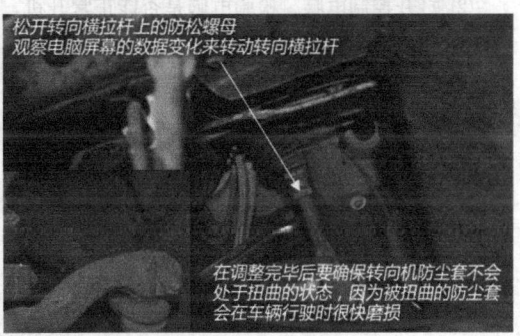

图 5-28　调整四轮定位参数

工作任务 5　汽车四轮定位检测

1. 目的

（1）正确操作四轮定位测量。

（2）根据检测结果进行车轮参数调整。

2. 设备及器材

（1）常用工具 1 套。

（2）汽车一台。

（3）四轮定位仪一台。

3. 操作基本方法

仪器操作前请阅读仪器使用说明书，并按照其中的方法进行四轮定位检测，然后进行车轮参数调整。

注意事项

1）如果车辆在做完四轮定位后转向盘是歪的，不能通过校对转向盘的角度来弥补定位数据的偏差。

2）非独立悬架基本不具备可调整的余地。

4. 完成工作任务单

<h3 style="text-align:center">汽车四轮定位检测工作任务单</h3>

任务名称	汽车四轮定位检测	学时	2	班级	
学生姓名		学生学号		任务成绩	
实训设备（型号）		实训场地		日期	

1. 检测前的准备

（1）设备准备

① 检查四轮定位仪电路连接部分是否良好。
　　□ 是　　□ 否

② 打开控制电脑，检验电脑是否能正常开机。
　　□ 是　　□ 否

③ 启动检测程序，检验程序是否能正常启动。
　　□ 是　　□ 否

（2）被检车辆的准备

① 检查轮胎是否粘有泥、水、油污等杂物。
　　□ 是　　□ 否

② 检查轮胎磨损情况是否一致。
　　□ 是　　□ 否

③ 检查轮胎气压，是否符合出厂规定值。
　　□ 是　　□ 否

2. 检测过程

① 把车开上举升器并准确停放在相应的位置。

② 安装卡具及传感器。

③ 进行轮辋偏位补偿。

④ 调整四个车轮单元传感器水平。

⑤ 按提示操作，完成测量并记录结果＿＿＿＿＿＿＿＿＿＿＿＿＿＿＿＿。

⑥ 根据需要进行调整相关参数。

⑦ 再检测并记录结果＿＿＿＿＿＿＿＿＿＿＿＿＿＿＿＿。

3. 检测结果分析

检测完毕后，将汽车开出试验台，保存并打印检测结果，对检测结果进行分析。

5.3 汽车侧滑量检测

为保证汽车转向车轮无横向滑移的直线滚动，要求车轮外倾角和车轮前束有适当的匹配。当匹配不当时，车轮就可能在直线行驶过程中不作纯滚动而产生侧向滑移现象。当这种滑移过于严重时，将破坏车轮的附着条件，使车辆丧失定向行驶能力，引发交通事故，且造成轮胎异常磨损。因此，对汽车行驶时转向轮的侧滑量必须进行检测。

做一做
对汽车的侧滑量进行检测，并判定结果。

5.3.1 汽车侧滑量的检测原理

现假定，把两个只有车轮前束而没有车轮外倾角的车轮，用一根可以自由伸缩的轴连接起来。当轮轴由 P 位置移动至 P′ 位置时，由于前束的向内侧滚动作用，车轴长度缩短了。可是事实上的汽车前轴是不能自由伸缩的，从而迫使前轮向外侧滑，如图 5-29 所示。

这样，如果像如图 5-30 所示那样，将两个车轮分别放在可以左右滑动的滑板上，前轴长度是不可以变的，则轮轴从 P 位置，移动到 P′ 位置时，使车轮侧滑的力带动滑板向外侧滑移，其滑移量和前轴侧滑量相等。由滑板滑移量可知车轮侧滑量。

如果车轮只有外倾角而没有前束，则情况和上述相反。在实测汽车时，如前轮外倾角与前束作用不平衡，则滑板不是向内就是向外侧滑。根据侧滑量的大小，就可以确定前束的调整量，使之与外倾角平衡，从而消除侧滑量。侧滑试验台就是用上述原理来测量车轮侧滑的。

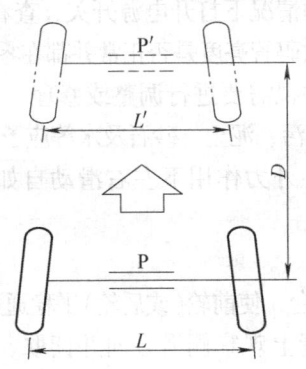

图 5-29　由前束引起的车轴缩短

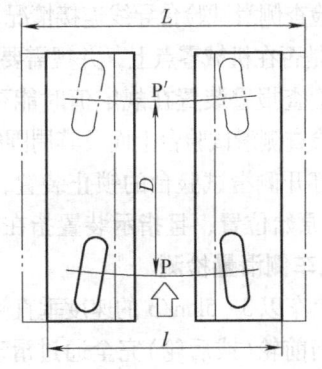

图 5-30　由前束引起的滑板侧滑

5.3.2 汽车双板联动式侧滑试验台

双板联动式侧滑试验台如图 5-31 所示，由机械部分、测量装置、信号指示装置等组成。

（1）机械部分　机械部分的结构原理如图 5-30 所示。两块滑板分别支承在各自 4 个滚轮上，每块滑板通过与其连接的导向轴承（图中未画出）在导轨内滚动，保证了滑板能够沿左右方向滑动而限制了其纵向的运动。左右滑板通过中间的双摇臂杠杆机构连接起来，从而保证两块滑板作同时向内或同时向外的运动。相应的位移量通过位移传感器转换成电信号，经放大处理后送到指示仪表。

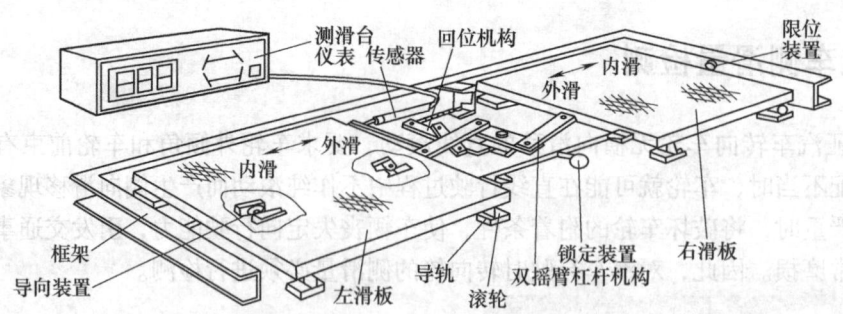

图 5-31 双板联动式侧滑试验台

（2）测量装置　侧滑量测量装置由左右两块滑板、杠杆联动机构和位移传感器等组成。该装置把车轮的侧滑量检测出来，并传递给侧滑量指示装置。目前常用的位移传感器有电位计式和差动变压器式两种。

（3）信号指示装置　目前，国产的侧滑试验台全部用数码管显示或液晶显示，并有峰值保留功能。在仪表的线路板上安装有电位计，标定时用于调整。有些侧滑试验台还可以打印检测结果。

5.3.3　汽车侧滑量的检测

1. 检测前的准备

1）轮胎气压应符合汽车制造厂的规定。

2）轮胎上粘有油污、泥土、水或花纹沟槽内嵌有石子时，应清理干净。

3）检查侧滑试验台导线连接情况，在导线连接良好的情况下打开电源开关，查看指针式仪表的指针是否在机械零点上，并视需要进行调整。或查看数码管亮度是否正常并都在零位上。

4）检查报警装置在规定值时能否发出报警信号，并视需要进行调整或修理。

5）检查侧滑试验台上面及其周围的清洁情况，如有油污、泥土、砂石及水等应予清除。

6）打开侧滑试验台的锁止装置，检查滑动板能否在外力作用下左右滑动自如，外力消失后回到原始位置，且指示装置指在零点。

2. 汽车侧滑量检测

1）汽车以 3~5km/h 的速度垂直侧滑板驶向侧滑试验台，使前轮（或后轮）平稳通过滑动板。

2）当前轮（或后轮）完全通过滑动板后，从指示装置上观察侧滑方向并读取、打印最大侧滑量。

3）检测结束后，切断电源并锁止滑动板。

3. 检测结果判定

依据国家标准 GB 7528—2012《机动车运行安全技术条件》对车轮侧滑量的要求是：用侧滑试验台检验转向轮的横向侧滑量，其标准值为正负 5m/km。

工作任务 6　汽车侧滑量检测

1. 目的

1）了解检测线组成及侧滑量检测过程。

2）根据检测结果进行车轮参数调整。
2. 设备及器材
1）侧滑试验台。
2）汽车一台。
3. 操作基本方法
仪器操作前请阅读仪器使用说明书。并按照其中的方法进行侧滑量检测，然后进行车轮参数调整。
4. 完成工作任务单

汽车侧滑量检测工作任务单

任务名称	汽车侧滑量检测	学时	2	班级	
学生姓名		学生学号		任务成绩	
实训设备（型号）		实训场地		日期	

1. 检测前的准备
（1）仪器的准备
① 检查侧滑试验台电路连接部分是否良好。
　　□是　　□否
② 检查报警装置在达到规定值时是否发出报警信号。
　　□是　　□否
③ 检查试验台上面及其周围是否清洁。
　　□是　　□否
④ 打开侧滑试验台的锁止装置，检查滑动板是否能在外力作用下左右滑动自如。
　　□是　　□否
（2）被检车辆的准备
① 检查轮胎是否粘有泥、水、油污等杂物。
　　□是　　□否
② 检查轮胎气压，是否符合出厂规定值。
　　□是　　□否
　　□是　　□否
2. 检测过程
① 汽车以 3～5km/h 的速度垂直侧滑板驶向侧滑试验台，使前轮（或后轮）平稳通过滑动板。
② 当前轮（或后轮）完全通过滑动板后，从指示装置上观察侧滑方向并读取、打印最大侧滑量为_____。
③ 检测结束，汽车驶离试验台。
3. 检测结果分析
检测完毕后，对检测结果进行分析。

综合测试

一、填空题

1. 由汽车的纵向稳定条件可知，汽车重心距后轴的距离_____，汽车重心高度_____，则汽车的纵向稳定性越好。
2. 汽车的稳态转向特性可分为_____、_____和_____三类。
3. 汽车操纵稳定性的评价方法有_____和_____两种。其中_____始终是操纵稳定性最终的评价方法。
4. 随着轮胎气压的升高，轮胎的侧偏刚度会_____，但气压过高刚度_____。
5. 对于后轮没有定位值的车辆，可以通过侧滑试验台来检查_____和_____。

二、选择题

1. 为了使汽车转弯时不易发生侧翻而将路面做成( )。
   A. 水平路面　　　　B. 外侧较低的横向坡道　　　　C. 弓形路面　　　　D. 外侧较高的横向坡道
2. 某轿车原有中性转向特性，因左前轮和右后轮换用同规格的子午线轮胎，将造成( )。
   A. 右转时呈不足转向、左转时呈过多转向
   B. 左转时呈不足转向、右转时呈过多转向
   C. 转向特性不变
3. 根据国家标准，用侧滑试验台检测汽车侧滑量时，其值不得超过( )m/km。
   A. 3　　　　B. 5　　　　C. 7　　　　D. 10
4. 某车后轮换用子午线轮胎后，为保持原转向特性不变应适当调整轮胎气压，其具体措施为( )
   A. 不改变原要求气压
   B. 提高后轮气压，降低前轮气压
   C. 提高前轮气压，降低后轮气压

三、判断题

1. 转向轮前束、外倾角不平衡时，前轮无法保持直线滚动，从而产生方向跑偏现象。( )
2. 具有中性转向特性的汽车，在使用条件变化时，有可能转变为不足转向特性。( )
3. 子午线轮胎因接触地面宽，一般侧偏刚度较低。( )
4. 轮胎侧偏刚度的绝对值越大，在同样侧偏力作用下产生的侧偏角越小，相应的操纵稳定性越好。( )

四、问答题

1. 轮胎的侧偏特性主要受哪些因素影响？
2. 为什么通常都要求汽车具有不足转向特性？
3. 四轮定位参数有哪些？
4. 哪些情况下车辆应做四轮定位检查？

学习情境 6 汽车行驶平顺性能检测

学习目标：

1. 能够了解汽车的行驶平顺性能，并能熟悉其评价指标和评价方法。
2. 能够分析影响汽车行驶平顺性能的因素。
3. 能够制定工作计划并完成汽车悬架装置的检测工作任务。
4. 能对检测结果进行分析判定。

情境描述：

对某客户的车辆进行悬架装置的检测。

> **内容介绍：**
> 汽车的平顺性主要是保持汽车在行驶过程中产生的振动和冲动环境对乘员舒适性的影响在一定界限之内，以及保持货物完好的性能。因此，平顺性主要根据乘员主观感觉的舒适性来评价，也称乘坐舒适性。本学习情境介绍了汽车平顺性能的评价，分析了平顺性能的影响因素，及悬架装置检测方法的标准。

相关知识：

6.1 汽车行驶平顺性能的评价方法

汽车行驶平顺性是指汽车行驶时对不平路面的隔振特性。汽车是由车轮、悬架弹簧及弹性减振坐垫等，具有固有振动特性的弹性元件组成。这些弹性元件可缓和不平路面对汽车的冲击，使乘员舒适和减少货物损伤。当路面不平激起的振动达到一定程度时，会使乘员感到不适和疲劳或使运载的货物损坏，车轮载荷的波动还影响地面与车轮间的附着性能，影响到汽车的操纵稳定性。汽车在行驶过程中由于路面不平的冲击，会造成汽车的振动，使乘客感到疲劳和不舒适，货物损坏。为防止上述现象的发生，不得不降低车速，同时振动还会影响汽车的使用寿命。

> **想一想**
> 1. 汽车行驶平顺性能的评价指标是什么？
> 2. 如何改善汽车的行驶平顺性能？

6.1.1 汽车行驶平顺性能分析

1. 汽车行驶平顺性能的评价标准

如图 6-1 所示为人体坐姿受振模型。当前，国际最新的车辆乘坐舒适性评价标准 ISO2631—1:1997(E)

《人体承受全身振动评价——第一部分：一般要求》规定：舒适性评价时，考虑座椅支承处的3个线振动和3个角振动，靠背和脚支承处各3个线振动，共12个轴向振动。健康影响评价时，仅考虑座椅支承处的3个线振动。

我国也制定了GB/T4970—2009《汽车平顺性随机输入行驶试验方法》和QC/T474—1999《客车平顺性评价指标及限值》。

2. 汽车行驶平顺性能的评价指标

汽车行驶平顺性能通常是根据人体对振动的生理反应及对保持货物完整性的影响制定评价方法，用振动的物理量，如频率、加速度、加速度变化率等作为其评价指标。

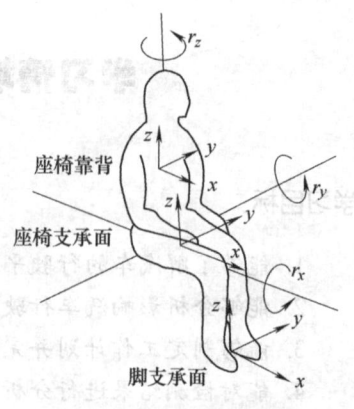

图6-1 人体坐姿受振模型

汽车车身的固有频率可作为汽车行驶平顺性能的评价指标。从舒适性出发，车身的固有频率在1~1.6Hz的范围内较好，这也是人体所习惯的垂直振动频率。

ISO2631用加速度的均方根值给出的在1~80Hz振动频率范围内人体对振动反应的感觉界限。

（1）舒适降低界限 与保持舒适有关，人体对暴露的振动环境主观感觉良好，成员能在车上进行吃、读、写等动作。

（2）疲劳——降低工效界限 与保持工作效率有关，驾驶人能准确灵活地反应，正常驾驶不致太疲劳以致工作效率降低。

（3）暴露极限 常作为人体能够承受振动量的上限，当人体承受的振动强度在这个极限以下，能保持人的健康和安全。

也可用达到某一界限时间的长短，来衡量人体感觉到的振动强度的大小。通常，客车和轿车采用"舒适降低界限"车速特性。当汽车速度超过此界限时，就会降低乘坐舒适性，使人感到疲劳不舒服。该界限值越高，说明平顺性越好。货车采用"疲劳——降低工效界限"车速特性。

3. 评价汽车行驶平顺性的试验

1) 汽车悬架系统的刚度、阻尼和惯性参数的测定。通过测定轮胎、悬架、坐垫的弹性特性，就是指载荷与变形的关系曲线，可以求出在规定载荷下轮胎、悬架、坐垫的刚度。根据加卸载曲线包围的面积，可确定这些元件的阻尼。另外，还要测量悬架质量、非悬架质量等振动惯性方面的参数。

2) 悬架系统部分固有频率和阻尼比的测定。将汽车前轮、后轮分别从一定高度抛下，记录车身和车轮质量的衰减振动曲线，得到车身质量振动周期和车轮质量振动周期，根据公式计算出各部分的固有频率。最后根据衰减率按公式求出各部分的阻尼比。

3) 汽车振动系统的频率响应函数的测定。在实际随机输入的路面上或在电液振动台上，给车轮输入0.5~30Hz范围的振动，记录车轴、车身、坐垫上各测点的振动响应，最后根据数据统计分析仪处理得到各环节的频率响应函数。

4) 在实际随机输入路面上的平顺性能试验。按照GB/T4970—2009《汽车平顺性随机输入行驶试验方法》，以总加权加速度均方根值来评价。

5) 汽车驶过凸块脉冲输入平顺性试验。汽车行驶时会遇到凸起和凹坑，尽管遇到的几率不大,但过大的冲击会严重地影响平顺性,按照 GB/T5902—1986《汽车平顺性脉冲输入行驶试验方法》,以加权加速度 4 次方和根值方法来评价。

6)近年来,按照 ISO 2631 标准还可用人体振动测量仪来进行汽车平顺性的试验。这种仪器常用模拟/数字混合法计算加权加速度均方根值。连续记录的模拟信号,经模拟频率加权滤波器得到加权的模拟信号,再由模数转换器离散采样数字化,然后在幅值域进行均方根值计算,给出加权的加速度均方根值以及相应加权振级。平顺性指标和人的感觉间的关系见表 6-1。

表 6-1 平顺性指标和人的感觉间的关系

加权加速度均方根值 $a_v/m \cdot s^{-2}$	加权振级 L_m/dB	人的主观感觉
<0.315	110	没有不舒适
0.315~0.63	110~116	有一些不舒适
1.5~1.0	114~120	相当不舒适
0.8~1.6	118~124	不舒适
1.25~2.5	112~128	很不舒适
>2.0	126	极不舒适

6.1.2 影响汽车行驶平顺性能的主要因素

1. 汽车振动系统的简化

在研究振动时,常认为汽车由彼此相联系的悬架质量与非悬架质量所组成。如图 6-2 所示,汽车的悬架质量为 M,由车身、车架及其总成组成,通过质量中心 C 的转动惯量为 I_y,悬架通过减振器和弹簧与车轴、车轮相连。汽车的非悬架质量为 m,由车轮、车轴组成,再经过具有一定弹性和阻尼的轮胎支承在路面上。

2. 影响汽车行驶平顺性能的因素

(1)悬架结构 悬架结构主要指弹性元件、导向装置与减振装置,其中弹性元件与悬架系统中阻尼影响较大。

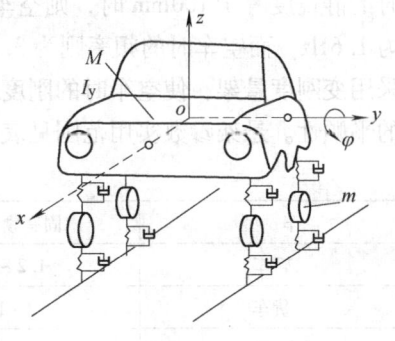

图 6-2 四轮汽车的简化模型

1)弹性元件。汽车的固有频率是衡量汽车平顺性的重要参数,它由悬架刚度和悬架弹簧支承的质量(簧载质量)所决定。固有频率按下式计算

$$n = \frac{1}{2\pi}\sqrt{\frac{C}{M}} = \frac{1}{2\pi}\sqrt{\frac{g}{f}}$$

式中　　g——重力加速度(mm/s^2);

f——悬架垂直变形(mm);

M——悬架簧载质量;

$C(=Mg/f)$——悬架刚度(N/mm)。

从固有频率公式可以看出,在悬架垂直载荷一定时,悬架刚度越小,固有频率就越低。固有频率越低,车身振动加速度均方根值越低,平顺性越好。但固有频率太低,会导致汽车

载荷变化时车身高度变化过大、悬架"击穿"和乘员晕车。

悬架刚度越小，载荷一定时悬架垂直变形就越大。这样若无有足够大的限位行程，就会使撞击限位块的概率增加。若固有频率选取过低，很可能会出现制动点头、转弯侧倾角、空载和满载车身高度变化过大。一般货车固有频率是1.5~2Hz，旅行客车1.2~1.8Hz，高级轿车1~1.3Hz。另外，当悬架刚度一定时，簧载质量越大，悬架垂直变形也愈大，而固有频率越低。空车时的固有频率要比满载时的高。簧载质量变化范围大，固有频率变化范围也大。为了使空载和满载固有频率保持一定或很小变化，需要把悬架刚度做成可变或可调的。

当汽车的其他结构参数不变时，要使悬架系统有低的固有频率，悬架就必须具备很大的静挠度f_s。它是指汽车满载时，刚度不变的悬架在静载荷下的变形量。对变刚度悬架，静挠度是由汽车满载时，悬架上的静载荷和与相应的瞬时刚度来确定。若前后悬架的静挠度以及振动频率都比较接近，共振的机会减少。

为了防止汽车在不平路面上行驶时经常冲击缓冲块，悬架还应有足够的动挠度f_m（指悬架平衡位置到悬架与车架相碰时的变形）。

前、后悬架的动挠度常根据其相应的静挠度选取，其数值主要取决于车型和经常使用的路面状况，动挠度值与静挠度之间的关系为：

轿车：$f_m = (0.5 \sim 0.7)f_s$

货车、客车：$f_m = (0.7 \sim 1.0)f_s$

采用变刚度特性曲线的悬架，对于载荷变化较大的货车而言，会明显地改善行驶平顺性。例如，某货车在满载时，后悬架的载荷约为空车的4倍多，假定悬架刚度不变，若满载时的静挠度等于100mm时，则空车时的静挠度将不到25mm。不难算出，满载时的振动频率为1.6Hz，而空车时的频率则为3.2Hz。显然，空车时的振动频率过高，平顺性很差。如果采用变刚度悬架，使空车时的刚度比满载时的低，就会降低空车的振动频率而改善汽车行驶的平顺性。悬架参数实用范围见表6-2。

表6-2 悬架参数实用范围

车　型	固有频率/Hz	悬架静挠度/cm	阻尼比
轿车	1.2~1.1	15~30	0.2~0.4
货车	2~1.5	6~11	
大客车	1.8~1.2	7~15	
越野汽车	2~1.3	6~13	

2) 阻尼比Ψ。为了衰减车身自由振动和抑制车身、车轮的共振，以减小车身的垂直振动加速度和车轮的振幅（减小车轮对地面压力的变化，防止车轮跳离地面），悬架系统中应具有适当的阻尼。

在悬架系统中，引起振动衰减的阻尼来源很多。对于各种悬架结构，以钢板弹簧悬架系统的干摩擦最大，钢板弹簧叶片数目越多，摩擦越大。所以，有的汽车采用钢板弹簧悬架时，可以不装减振器，但阻尼力的数值很不稳定，钢板生锈后阻力过大，不易控制。而采用其他内摩擦很小的弹性元件（如单片钢板弹簧、螺旋弹簧、扭杆弹簧等）的悬架，必须使用减振器，以吸收振动能量，使振动迅速得到衰减。它表达为

$$\Psi = \frac{k}{2\sqrt{CM}}$$

式中 k——悬架阻尼元件的阻力系数。

Ψ 值取大，能使振动迅速衰减，但会把路面较大的冲击传递到车身。Ψ 值取小，振动衰减慢，受冲击后振动持续时间长，使乘客感到不舒服。为充分发挥弹簧在压缩行程中的作用，常把压缩行程的阻尼比 Ψ 设计得比伸张小。

减振器可提高汽车行驶平顺性，还可增加悬架的角刚度，改善车轮与道路的接触条件，防止车轮离开路面，因而可改善汽车的稳定性，提高汽车的行驶安全性。改进减振器的性能，对提高汽车在不平道路上的行驶速度有很大的作用。

(2) 簧载质量　簧载质量分为簧上质量与簧下质量两部分。由弹性元件承载的部分质量，如车身、车架及其他所有弹簧以上的部件和载荷属于簧上质量，也称为悬架质量 M。车轮、非独立悬架的车轴等属于簧下质量，也叫非悬架质量 m。

1) 一般来说，汽车的悬架质量越大，由于车身振动的低频和加速度减小，汽车行驶的平顺性越好。

悬架质量分配系数为

$$\varepsilon = \frac{\rho_y}{L_1 L_2}$$

式中 ρ_y——绕横轴 y 的回转半径(m)；

L_1、L_2——车身重心至前、后轴的距离(m)。

ε 是评价汽车平顺性极其重要的参数。它取决于悬架质量的分布情况。悬架质量的布置应使 $\varepsilon \approx 1$。当 $\varepsilon \approx 1$ 时，前、后悬架质量的振动彼此互不影响。

2) 如果减小非悬架质量可使车身振动频率降低，而车轮振动频率升高，这对减少共振，改善汽车的平顺性是有利的。非悬架质量对平顺性的影响，常用非悬架质量和悬架质量之比 m/M 进行评价，此比值越小越佳。对于现代轿车 $m/M = 10.5\% \sim 14.5\%$ 之间，可以保证良好的行驶平顺性。

(3) 轮胎　轮胎对行驶平顺性的影响取决于轮胎的径向刚度，轮胎的展平能力以及轮胎内摩擦所引起的阻尼作用。减少轮胎径向刚度，可使悬架换算刚度减小 $10\% \sim 15\%$。当汽车行驶于不平道路时，由于轮胎的弹性作用，轮胎位移曲线较道路断面轮廓要圆滑平整，其长度较道路坎坷不平处的实际长度大，而曲线的高度则较道路不平的实际高度小，即所谓的轮胎展平能力。它可使汽车在高频的共振振动减小。由于轮胎内摩擦所引起的阻尼作用，对于轿车轮胎的相对阻尼系数可达到 $0.05 \sim 0.106$ 之间。

为了提高汽车行驶的平顺性，轮胎径向刚度应尽可能减小。在采用足够软的悬架的情况下，在相当大的行驶速度范围内，低频共振的可能性完全可以消除。但轮胎刚度过低，会增加车轮的侧向偏离，影响稳定性。同时，还使滚动阻力增加，轮胎寿命降低。

(4) 其他因素　座位的布置对汽车行驶平顺性也有很大影响。实际感受和试验表明：座位接近车身的中部，其振动最小。座位位置常由它与汽车重心间的距离来确定，用座位到汽车重心距离与汽车重心到前(后)轴的距离之比评价座位的舒适性。该比值越小，车身振动对乘客的影响越小。

对载货汽车和公共汽车，座位在高度上的布置也是重要的。为了减小水平纵向振动的振幅，座位在高度方面与汽车重心间的距离应该不大。

弹簧座椅刚度的选择要适当，防止因乘客在座位上的振动频率与车身的振动频率重合而发生共振。对于具有较硬悬架的汽车，可采用较软的坐垫。对于具有较软悬架的汽车，可采用较硬的坐垫。

乘坐舒适性在很大程度上还取决座位的结构、尺寸、布置方式和车身（或载货汽车的驾驶室）的密封性（防尘、防雨、防止废气进入车身）、通风保暖、照明、隔声等效能，以及是否设有其他提高乘客舒适的设备（钟表、收音机、烟灰盒、点烟器等）。

长途客车因乘客乘坐时间长，要求有更好的舒适性，一般都设有半躺座椅或可调的活动座椅，座椅的布置尽可能使乘客面朝前方，并设有阅读专用灯、洗漱室、快餐部和广播设备，以适应长途旅行的需要。

另外，大客车的发动机多采用后置式，以利于隔绝噪声和方便维修。车身越来越多采用承载式结构、空气悬架，以减轻振动和噪声。市内公共汽车因需经常起步、加速和换档，传动系统多采用自动变速器，以实现自动换档和无级变速，减轻驾驶人的疲劳和改善发动机功率的利用。

总之，影响汽车行驶平顺性的因素很多，必须对各种结构参数进行综合分析，正确选择以提高汽车行驶的平顺性。

 任务实施：

6.2 汽车悬架装置检测

悬架装置是保证汽车平顺性的重要总成，路面作用于车轮上的垂直反力（支承力），纵向反力（牵引力和制动力）和侧向反力以及这些力所造成的力矩都要通过悬架传递到车架（或承载式车身）上，以保证汽车的正常行驶。悬架装置的功能是缓冲由路面不平引起的振动和冲击，以保证汽车具有良好的平顺性，迅速衰减车身和车桥的振动，传递作用在车轮和车身之间的各种力和力矩，保证汽车行驶时必要的安全性和操纵稳定性。

评价悬架装置是评价汽车平顺性的指标，是以人体所能承受的加速度均方根值来评价的，这种评价方法不适宜在用车的快速检测分析评价上。因此，在20世纪80年代国际上出现了悬架装置检测台，能快速检测又能综合评价汽车悬架装置的弹簧与减振器的匹配性能及品质。

做一做

对汽车悬架装置进行检测并判定结果。

6.2.1 汽车悬架装置试验台

目前悬架装置检测台，根据其结构型式可分为跌落式和谐振式两类。

1. 跌落式悬架装置检测台

测试开始时，先通过举升装置将汽车升起一定高度，然后突然松开支撑机构，车辆自由振动，可用测量装置测量车辆振幅，或者用压力传感器测量车轮对台面的冲击力，对压力波形进行分析，以此评价汽车悬架装置的性能。

2. 谐振式悬架装置检测台结构和原理

谐振式悬架装置检测台如图 6-3 所示。通过电动机、偏心轮、储能飞轮、弹簧组成的激振器，迫使汽车悬架装置产生振动，在开机数秒后断开电动机电源，从而电储能飞轮产生扫频激振。由于电动机的频率比车轮固有频率高，飞轮逐渐减速的扫频激振过程总可以扫到车轮固有频率处，从而使台面——汽车系统产生共振。测量此振动频率、振幅、输出振动波形曲线，利用系统处理评价汽车悬架装置的性能。由于谐振式悬架装置检测台性能稳定、数据可靠，因此被广泛应用。

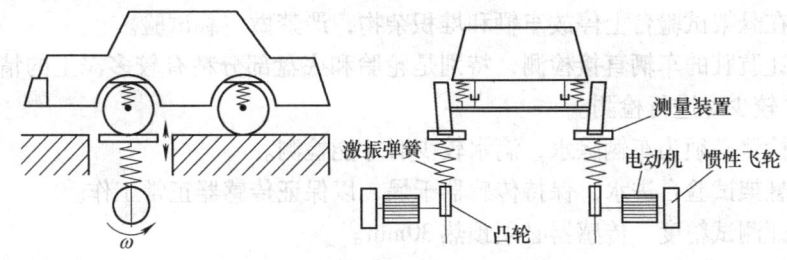

图 6-3　谐振式悬架试验台结构原理图

GB18565—2012《营运车辆综合性能要求和检验方法》规定对于最大设计车速大于或等于100km/h、轴载质量小于或等于1500kg 的载客汽车，应按规定进行悬架特性检测。受检车辆的车轮在受外界激励振动下测得的吸收率，即被测汽车共振时的最小动态车轮垂直载荷与静态车轮垂直载荷的百分比值（又称车轮接地性指数），应不小于40%，同轴左右轮吸收率之差不得大于15%。

汽车行驶中车轮作用在道路上接地力的变化可评价汽车悬架装置的品质和性能。车轮接地性指数可以衡量悬架装置的工作性能。车轮接地性指数是指汽车行驶中车轮与路面间最小法向作用力与其法向静载荷的比值，即代表了车轮与路面间的最小相对动载。车轮接地性指数代表了悬架装置在汽车行驶中确保车轮与路面相接触的最小能力，它也解释了悬架共振时车轮接地性的优劣。

汽车行驶中，所有车轮的接地性指数是不一样的。这是因为各轮悬架装置工作性能不一、各轮承受载荷不一、各轮气压不一等原因造成的。如果在检测台上，人为使各轮承受的载荷和轮胎气压一致，那么，车轮接地性指数就主要决定于悬架装置的工作性能。因此，完全可以用车轮接地性指数评价悬架装置的工作性能。

在欧美一些国家，悬架装置检测台已被广泛应用在检测汽车悬架装置工作性能上。欧洲使用的悬架装置检测台主要的生产厂家有德国的 HOFMANN 公司和意大利的 CEMB 公司等。他们生产的悬架检测台在检测中，悬架检测台台板连同其上的被检汽车按正弦规律作垂直振动，激振振幅固定而频率变化。力传感器感应到车轮作用到台板上的垂直作用力，并将力信号存入存储器。当对全车所有车轮悬架装置检测完毕后，微机将力信号进行分析和处理，便可获得车轮的接地性指数。

欧洲减振器协会推荐的评价车轮接地性的参考标准见表 6-3，表中的指数是在悬架装置检测台台面激振振幅为 6mm 时测得的，适用于大多数汽车，非常轻的小轿车和微型车例外。

表 6-3 车轮接地性参考标准

车轮接地性指数(%)	车轮接地状态	车轮接地性指数(%)	车轮接地状态
80~100	很好	1~39	弱、不好
60~79	好	0	车轮与地面脱离
40~59	足够		

3. 谐振式悬架装置检测台使用注意事项

1) 超出试验台额定载荷的汽车，禁止驶上悬架试验台。

2) 不要在悬架试验台上停放车辆和堆积杂物，严禁做空载试验。

3) 不要让肮脏的车辆直接检测，特别是轮胎和底盘部分粘有较多泥土的情况。应首先清洗并待滴水较少时进行检测。

4) 雨天检测必须为车辆除水，滴水较少时才能检测。

5) 严禁悬架试验台进水，保持传感器干燥，以保证传感器正常工作。

6) 为保证测试精度，传感器必须预热 30min。

4. 谐振式悬架装置检测台的维护

1) 使用 3 个月，拆开面板检查设备上的所有螺栓、螺母，包括电气接线端子的螺栓，是否有松动现象并加固。

2) 使用 6 个月，除进行第 1 项的工作外，还须对台架内各部位进行清洁，同时检查线路固定是否牢固，并对轴承座进行润滑。

3) 应按国标进行定期检定(两次检定最长间隔不得超过 12 个月)。

6.2.2 汽车悬架装置检测方法

现以谐振式悬架装置检测台为例介绍其使用方法。

1. 检测前的准备

1) 汽车轮胎规格、气压应符合规定值。

2) 车辆空载，不乘人(含驾驶人)。

2. 检测方法

1) 将车辆受检轴车轮驶上悬架装置检测台，使轮胎位于台面的中央位置。

2) 启动检测台，使激振器迫使汽车悬架产生振动，使振动频率增加过振荡的共振频率。

3) 电动机转速稳定后切断电动机电源，振动频率逐渐降低，并将通过共振点。

4) 记录衰减振动曲线，如图 6-4 所示，纵坐标为动态轮荷，横坐标为时间。测量共振时动态轮荷。计算并显示共振时的最小动态车轮垂载荷与静态车轮垂载荷的百分比值及其同轴左右轮百分比的

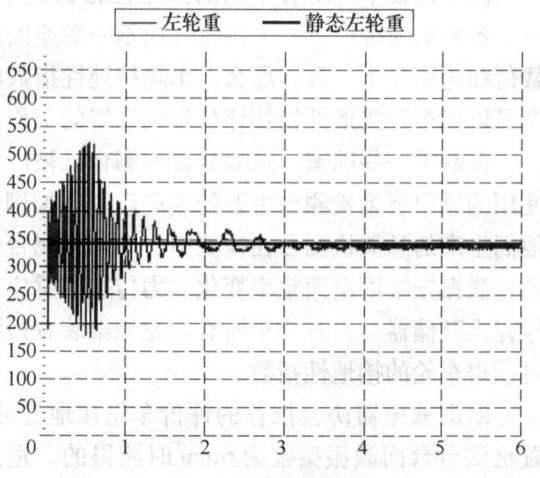

图 6-4 衰减振动曲线图

差值。

3. 检测标准

GB18565—2012规定,用悬架检测台检测时受检车辆的车轮在受外界激励振动下测得的吸收率(被测汽车共振时的最小动态车轮垂直载荷与静态车轮垂直载荷的百分比值)不得小于40%,同轴左右吸收率之差不得大于15%。

4. 检测结果分析

经过检测,若悬架装置不符合标准要求,主要原因如下。

(1) 对于非独立悬架系统

1) 钢板弹簧折断。钢板弹簧折断,尤其是第一片折断,会因弹力不足等原因,使车身歪斜。前钢板弹簧一侧第一片折断时,车身在横向平面内歪斜;后钢板弹簧一侧第一片折断时,车身在纵向平面内歪斜。

2) 钢板弹簧弹力过小或刚度不一致。当某一侧的钢板弹簧由于疲劳导致弹力下降,或者更换的钢板弹簧与原弹簧刚度不一致时,会使车身歪斜。

3) 钢板弹簧销、衬套和吊耳磨损过甚。

4) 骑马螺栓松动或折断(或钢板弹簧第一片折断)时,会由于车辆移位歪斜,导致汽车跑偏。

(2) 对于独立悬架系统　独立悬架系统主要由螺旋弹簧、上下摆臂、横向稳定杆及减振器等组成,该系统的铰接点多,对于独立悬架的汽车,车轮接地性状态差的原因如下。

1) 螺旋弹簧弹力不足。

2) 稳定杆变形。

3) 上下摆臂变形。

4) 各铰接点磨损、松旷。

5) 减振器失效。

工作任务7　汽车悬架装置检测

1. 目的

1) 正确操作悬架装置完成汽车平顺性的检测判定。

2) 根据检测结果分析汽车悬架故障的原因。

2. 设备及器材

1) 常用工具1套。

2) 汽车悬架检测装置一台。

3) 检测车辆一台。

3. 操作基本方法

仪器操作前请阅读仪器使用说明书。并按照6.2.2中的方法进行测试。

4. 完成工作任务单

汽车悬架装置检测工作任务单

任务名称	汽车悬架装置检测	学时	2	班级	
学生姓名		学生学号		任务成绩	
实训设备（型号）		实训场地		日期	

1. 检测前的准备
① 核实汽车各轴轴荷，检查被测汽车车轴轴荷是否在试验台允许载荷范围内。
　　□是　　□否
② 检查轮胎是否粘有泥、水、油污等杂物。
　　□是　　□否
③ 检查轮胎气压，是否符合出厂规定值。
　　□是　　□否
2. 检测过程
① 将车辆驶上试验台。
② 启动试验台，使激振器迫使汽车悬架产生振动。
③ 记录衰减振动曲线。
3. 检测结果分析
检测完毕后，将汽车开出试验台，保存并打印检测结果，对检测结果进行分析。

综合测试

一、填空题
1. 目前对汽车行驶平顺性能的评价仍是以＿＿＿＿＿＿＿＿为最终依据。
2. 人对承受振动的三种感觉界线分别是＿＿＿＿＿、＿＿＿＿＿和＿＿＿＿＿。
3. 悬架装置试验台有＿＿＿＿＿＿＿＿和＿＿＿＿＿＿。
4. 影响汽车行驶平顺性能的主要因素有＿＿＿＿＿、＿＿＿＿＿、＿＿＿＿＿。
5. 悬架刚度越大，固有频率＿＿＿＿＿＿＿。

二、判断题
1. 人体对上下方向的振动反应最敏感。（　　）
2. 适当减小轮胎的径向刚度，可以改善汽车的行驶平顺性能。（　　）
3. 对于客车和轿车是用"疲劳—降低工效界限"车速特性来评价其行驶平顺性能。（　　）

三、问答题
1. 如何改善汽车的行驶平顺性能？
2. 汽车行驶平顺性能的评价指标是什么？
3. 悬架刚度和阻尼对汽车行驶平顺性能有何影响？

学习情境 7　汽车通过性能检测

学习目标：

1. 能够了解汽车通过性能的定义，并能熟悉其评价指标。
2. 能够分析影响汽车通过性能的因素。
3. 能够制定工作计划并完成越野汽车和轿车的通过性几何参数的查找工作任务。
4. 能对检测结果进行分析判定。

情境描述：

对某客户的车辆进行根据其几何参数评价通过性能的好坏。

内容介绍：

汽车的通过性是指汽车能以足够高的平均车速通过各种坏路及无路地带以及克服各种障碍的能力，也称越野性。坏路及无路地带是指松软土壤、沙漠、雪地、沼泽等松软地面及坎坷不平地段；各种障碍，是指陡坡、侧坡、台阶、壕沟等。本学习情境介绍了汽车通过性能的评价参数，阐述了影响汽车通过性能的因素。

相关知识：

7.1　汽车通过性能的评价

想一想

汽车上的哪些参数可以衡量汽车的通过性能？

7.1.1　汽车通过性能的参数

汽车通过性的好坏主要取决于两方面的支持——支承通过性与几何通过性。支承通过性代表车辆通过坏路和崎岖路面时的速度能力，主要取决于发动机的动力以及牵引力；而几何通过性则代表了车辆通过各种障碍物时的物理能力，主要取决于车辆的设计结构，如底盘的离地间隙，悬架系统的好坏，接近角与离去角的大小都直接决定了车辆几何通过性的优越与否。

1. 几何通过性

汽车越野行驶时，由于与不规则地面的间隙不足，可能出现汽车被托住而无法通过的现象，称为间隙失效。有以下几种失效形式：

① 顶起失效：车辆中间底部的零部件碰到地面而被顶住的现象。
② 触头失效：车辆前端触及地面而使汽车不能通过。

③ 托尾失效：车辆后端触及地面而使汽车不能通过。

汽车通过性的几何参数是与防止间隙失效有关的汽车本身的几何参数，如图7-1所示，其指标见表7-1。

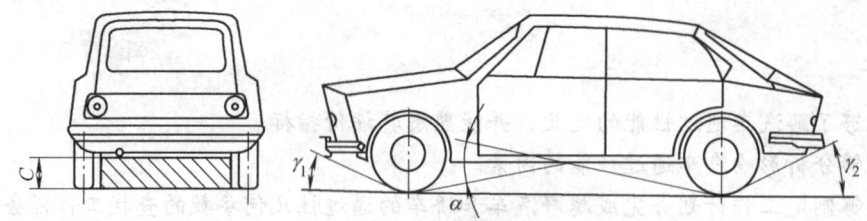

图 7-1　汽车通过性能的几何参数

表 7-1　汽车通过性的几何参数

汽车类型	驱动型式	最小离地间隙/mm	接近角(°)	离去角(°)	最小转弯直径/m
轿车	4×2	120～200	20～30	15～22	14～26
	4×4	210～370	45～50	35～40	20～30
货车	4×2	250～300	25～60	25～45	16～28
	4×4、6×6	260～350	45～60	35～45	22～42
越野车(乘用)	4×4	210～370	45～60	35～45	20～30
客车	6×4、4×2	220～370	10～40	6～20	28～44

1) 最小离地间隙 C：汽车除车轮外最低点与路面之间的距离。它表征了汽车无碰撞地越过石块、树桩等低矮障碍物的能力。"最小离地间隙"的标准号为 GB/T3730.3—1992。其定义为：汽车在满载(允许最大荷载质量)的情况下，其底盘最突出部位与水平地面的距离，并以图示的形式，给出了具体的测量方法，但并未规定具体的数值范围。

汽车的前桥、飞轮壳、变速器壳、消声器以及主传动器外壳等通常有较小的离地间隙。汽车前桥(轴)的离地间隙一般比飞轮壳的还要小，以便利用前桥保护较弱的飞轮壳免受冲撞。后桥内装有直径较大的主传动齿轮，一般离地间隙最小。

最小离地间隙越大，车辆通过有障碍物或凹凸不平的地面的能力就越强。但重心偏高，降低了稳定性。最小离地间隙越小，车辆通过有障碍物或凹凸不平的地面的能力就越弱。但重心低，可增加稳定性。

最小离地间隙要考虑到运输时装卸平台的通过性，要考虑到轿车在靠近一般人行道边沿时不会发生碰擦的可能性。如果限定向某个国家或地区销售，还要考虑到当地道路质量的情况。同时，最小离地间隙的数值是有一定限制的，它与车型功能、空气动力学有关系。例如跑车的最小离地间隙就会比较小，而 SUV 的最小离地间隙就会比较大。

在 SUV 中，最小离地间隙往往决定着这辆车的通过能力，同时由于 SUV 的驱动方式与轿车不同，最小离地间隙在轿车或跑车上更多是指车身下部轮廓线最低点或底盘上的最低部件与地面的垂直距离，在 SUV 中更多的是指地面与前桥或者后桥上最低部件的垂直距离。

汽车的离地间隙各个高度值不是静止不变的，它取决于负载状况。因此，确定离地间隙也取决于负载的变化情况，要依据负载变化的最大值去考虑离地间隙。

2) 接近角 γ_1 和离去角 γ_2：接近角是指在汽车满载静止时，从汽车前端突出点向前轮引切线，该切线与路面的夹角。即水平面与切于前轮轮胎外缘（静载）的平面之间的最大夹角，前轴前面任何固定在车辆上的刚性部件不得在此平面的下方。

离去角是指汽车满载、静止时，从汽车后端突出点向后轮引切线，该切线与路面的夹角。即是水平面与切于车辆最后车轮轮胎外缘（静载）的平面之间的最大夹角，位于最后车轮后面的任何固定在车辆上的刚性部件不得在此平面的下方。它表征了汽车接近或离开障碍物（如地面凸起物、沟洼地等）时，不发生碰撞的能力。

接近角和离去角越大，则汽车通过性就越好。相对于接近角用在爬坡时，离去角则是适用在下坡时。车辆一路下坡，当前轮已经行驶到平地上，后轮还在坡道上时，后保险杠会不会卡在坡道上，关键就在于离去角。离去角越大，车辆就可以由越陡的坡道上下来，而不用担心后保险杠卡住动弹不得。

3) 纵向通过角 α：在汽车空载、静止时，分别通过前后车轮外缘做切线交于车体下部较低部位所形成的最小锐角。它表征汽车可无碰撞地通过小丘、拱桥等障碍物的轮廓尺寸。纵向通过角越大，汽车的通过性越好。汽车在通过起伏不平的路面、拱桥或渡船时，有时地面的凸起物会使汽车的底部托住，使汽车不能通过。这就表明汽车的纵向通过性能不好。

4) 最小转弯半径 R_H：最小转弯半径是指当转向盘转到极限位置，汽车以最低稳定车速转向行驶时，外侧转向轮的中心平面在支承平面上滚过的轨迹圆半径（图7-2）。它在很大程度上表征了汽车能够通过狭窄弯曲地带或绕过不可越过的障碍物的能力。转弯半径越小，汽车的机动性能越好。

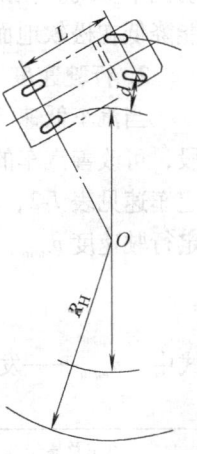

最小转弯半径有公式计算，即轴距/前外转向轮最大摆转角的正弦值（sin 值）。最小转弯半径与轴距成正比，与前外转向轮最大摆转角成反比。减小最小转弯半径有两个途径，一是缩短轴距，第二就是增加前外转向轮最大摆转角度。

内轮差是转向轴和后轴的内轮印迹中心在车辆支承平面上的轨迹圆之差。

《机动车运行安全技术条件》（GB7258—2012）规定：机动车辆的最小转弯直径，以前轮轨迹中心为基线，测量其值不得大于24m。当转弯直径为24m时，前转向轴和后轴的内轮差（以两内轮轨迹中心计）不得大于3.5m。

图7-2 汽车转弯直径示意图

2. 支承通过性

（1）附着质量和附着质量系数　附着质量是指轮式车辆驱动轴载质量 m_μ，车辆附着质量与总质量 m_a 之比，称为附着质量系数 K_μ。K_μ 值大有利于汽车在坏路面上行驶，丧失通过性的可能性就小。

（2）车轮接地比压　车轮接地比压是指车轮对地面的单位压力。车辆在松软地面上行驶的滚动阻力系数和附着系数都与车轮接地比压直接有关。车轮接地比压小，轮辙深度小，车轮的行驶阻力和车轮沉陷失效的概率就小。同样，当汽车行驶在粘性土壤和松软雪地上时，降低车轮接地比压可使得车轮接地面积增加，提高地面承受的剪切力，使车轮不易打滑。

车轮接地比压 p 与轮胎气压 p_w 有关，车轮在硬路面上承受额定载荷时，其关系式为

$$p = K_w p_w$$

式中系数 $K_w = (1.05 \sim 1.2)$。其大小取决于轮胎刚度的大小，帘布层多的轮胎 K_w 值较大。

7.1.2 影响汽车通过性能的主要因素

1. 汽车的最大单位驱动力

由于汽车越野行驶的阻力很大，为了充分利用地面提供的挂钩牵引力，保证汽车通过性，除了减少行驶阻力外，还必须增加汽车的最大单位驱动力。汽车的最大单位驱动力为

$$\frac{F_{tmax}}{G} = \frac{M_t i_g i_0 i_r \eta_T}{G_r}$$

式中　i_r——分动器传动比。

实际上，在汽车低速行驶时，若忽略空气阻力，最大单位驱动力等于最大动力因数。为了获得足够大的单位驱动力，要求越野汽车有较大的比功率以及较大的传动比。这些要求可通过提高发动机功率，在传动系中增加副变速器或使分动器具有低档，以增加传动系的总传动比来实现。在困难的行驶条件下，限制越野汽车的额定载质量能提高单位驱动力，同时也能降低在松软地面上的滚动阻力。

2. 行驶速度

当汽车低速行驶时，土壤剪切和车轮滑转的倾向减少。因此，用低速行驶克服困难地段，可改善汽车的通过性。为此，越野汽车传动系最大总传动比一般较大。越野汽车最低稳定车速见表 7-2，其值依汽车总质量而定。也可由发动机的最低稳定转速求得汽车的最低稳定行驶速度 v_{amin}，即

$$v_{amin} = 0.377 \frac{n_{emin} r}{i_g i_0 i_r}$$

式中　n_{emin}——发动机的最低稳定转速（r/min）。

表7-2　越野汽车的最低稳定车速

汽车总质量/kN	<19.6	<63.7	<78.4	>78.4
最低稳定车速/(km/h)	≤5	≤2～3	≤1.5～2.5	≤0.5～1

3. 汽车车轮

车轮对汽车通过性有着决定性的影响，为了提高汽车的通过性，必须正确选择轮胎的花纹尺寸、结构参数、气压等，使汽车行驶滚动阻力较小，附着能力较大。

（1）轮胎花纹　轮胎花纹对附着系数有很大影响。正确地选择轮胎花纹，对提高汽车在一定类型地面上的通过性有很大作用。越野汽车的轮胎具有宽而深的花纹。当汽车在湿路面上行驶时，由于只有花纹的凸起部分与地面接触，使轮胎对地面有较高的单位压力，足以挤出水层。而汽车在松软地面上行驶时，因轮胎下陷而嵌入土壤的花纹凸起数目增加，与地面接触面积及土壤剪切面积都迅速增加。因而能保证有较好的附着性能。越野轮胎花纹的形状应具有脱掉自身泥泞的性能。

在表面滑溜泥泞而底层坚实的道路上，提高通过性的最简单办法是在轮胎套上防滑链

（或使用带防滑钉的轮胎），它相当在轮胎上增加了一层高而稀的花纹。防滑链能挤出表面的水层，直接与地面坚硬部分接触，有的还会增加土壤剪切面积，从而提高附着能力。

（2）轮胎直径与宽度 增大轮胎直径和宽度都能降低轮胎的接地比压。用增加车轮直径的方法来减小接地比压，增加接触面积以减少土壤阻力和减少滑转，要比增加车轮宽度更为有效。但增大轮胎直径会使惯性增大，汽车重心升高，轮胎成本增加，并要采用大传动比的传动系。因此，大直径轮胎的推广使用受到了限制。

加大轮胎宽度不仅直接降低了轮胎的接地面比压，而且因轮胎较宽，允许胎体有较大的变形，而不降低其使用寿命，因而可使轮胎气压取得低些。若将后轮的双胎换为一个断面比普通轮胎大 2~2.5 倍、气压很低（29.4~83.3kPa）、断面具有拱形的"拱形轮胎"时，接地面积将增大 1.5~3 倍以上，则可大幅度地减小接地比压，使汽车在沙漠、雪地、沼泽地面上行驶时，具有特别良好的通过性。但这种专用于松软地面的特种轮胎，花纹较大，气压过低，不应在硬路面上工作，否则将过早损坏和迅速磨损。

（3）轮胎气压 在松软地面上行驶的汽车，应相应降低轮胎气压，以增大轮胎与地面的接触面积，降低接地比压，从而减小轮胎在松软地面的沉陷量及滚动阻力，提高土壤推力。轮胎气压降低时，虽然土壤的压实阻力减小，但却使轮胎本身的迟滞损失增加。所以，在一定的地面上有一个最小地面阻力的轮胎气压。此时，地面阻力虽稍有增加，但由于在潮湿地面上，其附着系数将较大的提高，从而可改善汽车的通过性。

为了提高越野汽车通过松软地面的能力，而在硬路面上行驶时又不致引起大的滚动阻力和影响轮胎寿命，可装用轮胎中央充气系统，使驾驶人能根据道路情况，随时调节轮胎气压。通常，越野汽车的超低压轮胎气压可以在 49~343kPa 范围内变化。

在低压条件下工作的超低压越野轮胎，其帘布层数较少，且具有薄而坚固，又富有弹性的胎体，以减少由于轮胎变形引起的迟滞损失，并保证其使用寿命。

4. 前轮距与后轮距

当汽车在松软地面上行驶时，各车轮都需克服形成轮辙的阻力（滚动阻力）。如果汽车前轮距与后轮距相等，并有相同的轮胎宽度，则前轮辙与后轮辙重合，后轮就可沿被前轮压实的轮辙行驶，使汽车总滚动阻力减小，提高汽车的通过性。所以，多数越野汽车的前轮距与后轮距相等。

5. 从动车轮和驱动车轮

在越野行驶中，常以很低的车速去克服某些障碍物，如台阶、壕沟等。前驱动汽车上坡的通过性最差，全轮驱动车辆爬坡能力最大。此外，增加汽车驱动轮数，还可提高汽车附着质量，增加驱动轮与松软地面的接触面积，是改善汽车通过性的最有效方法。因此，越野汽车都采用全轮驱动。

6. 液力传动

当汽车装有液力变矩器或液力偶合器时，能提高发动机工作的稳定性，使汽车可以长时间稳定地以低速（0.5~1.5km/h）行驶，从而可减小滚动阻力和提高附着力，改善汽车通过性。装有普通机械式传动系的汽车在突然起动时，驱动轮转矩急剧上升，并产生对土壤起破坏作用的振动。即使在缓慢起步时，驱动转矩也比滚动阻力矩大得多。在松软地面上起步时，这种过大的驱动转矩并不能使汽车得到较大的加速度，相反地却使土壤被破坏，轮辙加深，起步困难。而液力传动能保证驱动轮转矩逐渐而平顺地增长，从而防止土壤被破坏和车轮滑移。

液力传动还能消除机械式传动系经常发生的扭振现象。这种扭振现象会引起驱动力产生周期性冲击，减少土壤颗粒间的摩擦，增加了轮辙深度，并减少轮胎与土壤间的附着力，因而使车轮滑转的可能性大为增加。转矩脉动所引起的土壤内摩擦力的减小，还会使汽车前轮所造成的轮辙立即展平，使后轮滚动阻力增加。

装有普通机械传动系的汽车，在松软地面行驶时，由于车速低，汽车惯性不足以克服较大的行驶阻力，致使换档时，因切断功率而停车。采用液力传动即可消除因换档所引起的功率传递间断现象，因而使汽车通过性有显著提高。

7. 差速器

为了保证各驱动车轮能以不同的角度旋转，在传动系中装有差速器。但普通齿轮差速器由于具有使驱动车轮之间转矩平均分配的特性，当某一侧驱动车轮陷入泥泞或冰雪路面上时，得到较小的附着力，则与之对应的另一侧驱动车轮也只能以同样小的附着力限制其驱动力。为了避免这种情况的发生，某些越野汽车上装有差速锁，以便必要时能锁止差速器。此时，汽车可能得到的驱动力为处于良好路面上的轮胎所得到的地面附着力。

但在实际道路条件下，各驱动车轮上的附着力差别很小，汽车总驱动力的增加一般不超过 20%~25%。而且长时间使用差速锁会使半轴过载引起功率循环，而当驱动车轮滑转导致停车后，再挂差速锁起步，有时会因滑转处土壤表面已被破坏或因全部转矩突然传至另一驱动车轮引起土壤破坏而失去效果。

差速器的内摩擦能使左右车轮传递的转矩不等。设传给差速器的转矩为 M，差速器的内摩擦力矩为 M_r，则旋转较慢和较快的驱动车轮上的转矩分别为

$$M_1 = (M + M_r)/2$$
$$M_1 = (M - M_r)/2$$

这样，如果一个驱动车轮由于附着力不足而开始滑转，因其转速加快，则传给它的转矩就会减小到 M_2，因而可能停止滑转。而另一车轮的转矩增大到 M_1。结果在两个驱动车轮上的总驱动力可能达到最大数值。

由此可见，由于差速器的内摩擦，使汽车的总驱动力增加了 M_r/r。由于普通齿轮差速器的内摩擦不大，实际上驱动力仅提高 4%~6%。为了增加差速器的内摩擦，越野汽车常采用高摩擦式差速器，如凸轮式或蜗杆式差速器等。这时总驱动力可增加 10%~15%，因而能提高汽车通过性。

8. 悬架

6×6 型和 8×8 型多轴驱动的越野汽车在异常坎坷不平的地面上行驶时，常会因独立悬架的结构引起某驱动车轮的垂直载荷大幅度减小，乃至离开地面而悬空的现象，使驱动车轮失去与地面的附着而影响通过性。独立悬架和平衡式悬架允许车轮与车架间有较大的相对位移，使驱动车轮与地面经常保持接触，以保证有较好的附着性能。同时，独立悬架可显著地提高汽车的最小离地间隙，从而提高汽车的通过性。

9. 拖带挂车

汽车拖带挂车后，由于总质量增加，动力性将有所降低，即汽车列车的最大动力因数将比单车的最大动力因数小。因而，汽车列车的通过性也随之变得差些。

为了保证汽车列车有足够高的通过性，对经常拖挂车工作的汽车，应该有较大的动力因数。增大传动系的总传动比可以加大动力因数，但与此同时，汽车的最大行驶速度将会降低。加大发动机功率也会增大动力因数，但汽车在一般道路上行驶时，由于功率利用率低，将使汽车燃料经济性变坏。

汽车拖挂车后的相对附着重力随之减少。在汽车列车总重力相同的条件下，因为半挂车的部分质量作用在牵引车上，则拖带半挂车时的相对附着质量比拖带全挂车时的大，因而半挂车汽车列车的通过性较好。

将汽车列车做成全轮驱动是提高相对附着质量的最有效方法。这可通过在挂车上也装上动力装置（动力挂车），或将牵引车的动力通过传动轴或液压管路传输到挂车的车轮上（驱动力挂车）来实现。

全轮驱动汽车列车的通过性较高，这不仅因其相对附着质量最大，同时，由于道路上各点的附着系数一般是不同的（如道路上有积水小坑），驱动车轮数目增多后，各驱动车轮均遇到附着系数小的支承面的可能性大为减小，因而对汽车列车的通过性有利。此外，与相同质量的重型载货汽车相比，全轮驱动汽车列车的车轮数一般较多，因而车轮对地面的比压较小。另外，还可以使各轴轮距相等，以减少滚动阻力，提高通过性。

设计汽车列车时，应使挂车车轮轨迹在转弯时与牵引车后轮轨迹重合。这不仅可减小汽车列车的转弯宽度，提高机动性，同时也可降低汽车列车在松软地面上转弯时的滚动阻力，而提高其通过性。

10. 驱动防滑系统（ASR）

汽车在泥泞道路或冰雪路面行驶时，因路面的附着系数小，常会出现驱动轮滑转现象。当驱动轮滑转时，产生的驱动力很小。特别是驱动轮原地空转时，驱动力接近零。例如，汽车驱动轮陷入泥坑时，汽车不能前进。即汽车的驱动轮一侧或两侧滑转后，汽车的总驱动力不足以克服行驶阻力，使汽车通过坏路的行驶能力受到限制。汽车驱动轮滑转，限制了汽车动力性的发挥，增加了轮胎的磨损，降低了轮胎的使用寿命。并使汽车抗侧向力的能力下降，当遇到侧风或横向斜坡时，容易发生侧滑，影响汽车行驶的横向稳定性。

ASR系统可以自动调节发动机转矩到驱动轮的驱动力，使驾驶人的工作强度得以减小，稳定性和操纵性得到安全的调节，驱动力的发挥得以改善。ASR系统保持驱动轮处于最佳滑转范围内的控制方式有以下几种：调节发动机输出转矩，制动驱动轮以及锁止差速器。这些控制方式的目的都是调节驱动轮上的驱动力矩。

发动机输出转矩控制。如果驱动过程中左右驱动轮同时滑转，ASR系统的控制系统可从前后车轮速度传感器传来的转速差极大的信息中，判断出左右车轮均在空转。于是，对发动机控制阀（油门）发出指令，通过发动机控制直接操纵发动机供油量控制杆，相应降低其输出转矩，使得驱动轮的转速降低，直到驱动轮停止滑转。

驱动轮制动控制。汽车行驶中若出现一侧车轮滑转超过规定值时，控制系统向差速器制动阀和制动压力调节器发出控制指令，对滑转的车轮施加制动，使得滑转的车轮减速，当其减速至规定值后，停止对其控制。若又开始滑转，则重复上述循环过程。整个过程中，一方面对滑转的车轮施加制动，另一方面又对另一侧无滑转车轮施加正常驱动力，其效果相当于差速锁的作用，车辆在滑路上的方向稳定性和起步能力均可得到改善。

发动机输出转矩调节和驱动轮制动控制综合进行。当汽车在滑路转弯行驶时，如果驱动力过大，会引起驱动轮空转，使车辆在离心力的作用下甩尾侧滑。遇到这类情况，控制系统会自动控制驱动轮制动和调节发动机输出转矩，使二者同时或单独工作，保证汽车稳定行驶。

另外，在驱动轮滑转时，ASR系统自动向驾驶人发出警报（警告灯），提示不要猛踩加速踏板，注意转向盘的操纵。

11. 驾驶方法

汽车在通过沙地、泥泞、雪地等松软地面时，应该用低速档，以保证车辆有较大的驱动力和较低的行驶速度。在行驶中应避免换档和加速，并保持直线行驶，因为转弯时将引起前后轮辙不重合，而增加滚动阻力。

后轮双胎的汽车，常会在两胎间夹杂泥石，或使车轮表面粘附一层很厚的泥，因而使附着系数降低，增加车轮滑转趋势。遇到这种情况，驾驶人可以适当提高车速，将车轮上的泥甩掉。

当汽车传动系装有差速锁时，驾驶人应该在估计有可能使车轮滑转的地区前就将差速器锁住。因为车轮一旦滑移后，土壤表面就会被破坏，附着系数下降，再锁住差速锁不会起显著作用。当汽车离开坏路地段后，驾驶人应将差速锁脱开，避免由于功率循环现象使发动机、传动系和轮胎磨损增加，燃料经济性和动力性变坏，以及通过性降低等不良后果。

此外，为了提高越野汽车的涉水能力，应注意发动机的分电器总成、火花塞、曲轴箱通气口等的密封问题，并提高空气滤清器的位置，不得浸入水中。普通汽车一般能通过深度为0.5～0.6m的硬底浅水滩。

任务实施：

7.2 汽车通过性能几何参数的测定

做一做

测量汽车的几何尺寸参数。

7.2.1 测量尺寸参数的场地及仪器

如图7-3所示为汽车三维坐标测量仪，用于测量汽车的几何尺寸参数。

通过仪器检测可得到：
1) 水平尺寸：汽车轴距、轮距、总长、总宽、前悬、后悬等。
2) 高度尺寸：汽车总高、静力半径、最小离地间隙等。
3) 角度尺寸：接近角、离去角等。

7.2.2 案例

测试的对象是瑞虎3/1.8L，如图7-4所示。这是一款比较典型的城市化SUV。从车辆的发动机性能来看，瑞虎3采用了性能卓著的ACTECO/1.8L发动机，在转速达到4200r/min

左右时即可以提供170N·m的最大转矩，并且具备97kW的最大功率(5700r/min)。从动力性能方面来看，瑞虎3可以轻松地应对城市、郊区的路况，满足车主出行、旅游时的各种需求。

接近角和离去角是衡量车辆几何通过性好坏的关键因素。在几何通过性方面，我们可以通过实际的测量来观察：瑞虎3的接近角和离去角分别为28°和29°(A角与B角)，与传统越野型SUV很接近。传统轿车的接近角和离去角一般在25°左右。

同样，纵向通过角也是衡量车辆几何通过性的重要指标。瑞虎3采用紧凑型车身设

图7-3　三维坐标测量仪

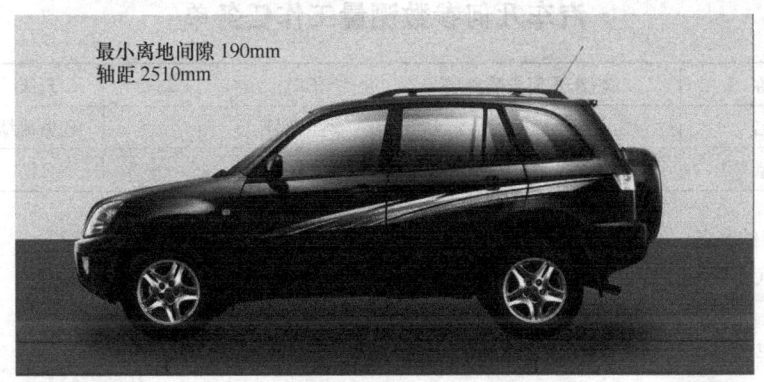

图7-4　瑞虎3

计，车身轴距较短(2510mm)，这使得它的纵向通过角度更大。经实际测量，瑞虎3的纵向通过角达到了33.6°。与之相比，传统轿车的纵向通过角只有30°，要小于瑞虎3。

最小离地间隙指的是车辆在满载静止的情况下，地面与汽车上的中间区域最低点的距离。最小离地间隙直接反映了汽车无碰撞通过有障碍物或凹凸不平的地面的能力。瑞虎3的最小离地间隙达到190mm，比传统轿车高出了75mm左右，与传统越野型SUV相差无几，这为车辆在野外行驶时提供了良好的保障。

通过上述实际测试和比较，我们发现瑞虎3在底盘与车身设计上最大限度地保留了传统SUV的越野性能，通过性要明显高于传统轿车，甚至不输给传统越野车型。新概念轿车既能自由穿梭于城市道路，也能轻松应对郊区、农村复杂路况，完全满足车主出行、自驾游的用车需求。

工作任务8　汽车通过性能几何参数测量

1. 目的

1) 正确查找任意一款越野车和轿车的几何参数。

2）根据结果，判定汽车通过性的好坏，提出各种车型的比较。

2. 设备及器材

1）汽车技术手册。

2）各类汽车若干辆。

3. 操作基本方法

查找任意一款越野车和轿车的几何参数，比较汽车的通过性能。

注意事项

仪器测量前的准备工作

1）将汽车调整到符合技术条件的状态。

2）将汽车载荷装载到规定的状态。

4. 完成工作任务单

汽车几何参数测量工作任务单

任务名称	汽车几何参数测量	学时	2	班级	
学生姓名		学生学号		任务成绩	
实训设备(型号)		实训场地		日期	

1. 检测前的准备

① 核实汽车载荷，检查被测汽车载荷是否符合要求。

　　□是　　□否

② 检查车辆是否清洁。

　　□是　　□否

③ 汽车技术状态是否良好。

　　□是　　□否

2. 检测过程

① 使用仪器逐一进行测量。

② 将测量结果记录下来：轴距_____、轮距_____、总长_____、总宽_____、前悬_____、后悬_____、汽车总高_____、静力半径_____、最小离地间隙_____、接近角_____、离去角_____。

3. 检测结果分析

检测完毕后，对检测结果进行分析。

综合测试

一、填空题

1. 间隙失效可分为：_____、_____、_____。

2. 通过性能的几何参数主要有_____、_____、_____、_____等。

3. 汽车在松软路面上行驶时，轮胎气压应_____，而在硬路面上行驶时，适当_____轮胎气压。

4. 汽车的接近角越大，在接近障碍物时越不容易发生_____；汽车的离去角越大，汽车驶离障碍物时越不容易发_____。

二、判断题

1. 全驱汽车比单驱汽车越过台阶能力强；路面附着条件越好，汽车能越过更高的台阶。（ ）

2. 接近角和离去角表示汽车的横向通过能力。（ ）

3. 拱形轮胎不仅在硬路面上行驶，而且在沙漠、雪地、沼泽行驶都具有良好的通过性能。（ ）

三、问答题

1. 为什么越野汽车采用全驱型式？

2. 从使用角度讲，影响通过性能的因素有哪些？

3. 汽车越障能力与哪些因素有关？

学习情境 8　汽车整车其他性能检测

学习目标：

1. 能够描述汽车外观检测的主要内容。
2. 能够对汽车车速表进行检测并判断检测结果。
3. 能够理解汽车前照灯检验指标。
4. 能够运用检测设备对汽车前照灯进行检测并判断检测结果。
5. 能够分析汽车尾气污染物产生的原因及危害。
6. 能够运用检测设备对汽车尾气进行检测并判断检测结果。
7. 能够描述噪声的评价指标并对汽车噪声进行检测。
8. 能够了解国家相关的检测标准。
9. 能够对检测结果进行分析判定。

情境描述：

某客户的车辆到期需进行年检，请按照要求进行相关项目的检查。

内容介绍：

汽车整车性能检测是汽车年检时必须进行的检查内容。通过本情境的学习，对汽车外观检查、汽车车速表检测、汽车前照灯检测、汽车尾气和噪声检测的内容和检测设备有一个基本认识。对相应的检测方法和标准有一定的运用能力。

　**相关知识：**

8.1　汽车外观检测

汽车在运行当中，随着时间的推移，各系统的技术状况都在发生变化，因而造成汽车各种性能的下降。为了保证交通安全，减少交通事故，要对汽车进行定期检验，这就是我们通常说的机动车强制年检。汽车的检测首先从外观检验开始，外观检验合格后再进行汽车各工位系统的深入检测与诊断。

想一想
汽车外观检测有哪些项目？

汽车外观检测主要内容

根据 GB21861—2008《机动车安全技术检验项目和方法》，送检机动车应停放在指定位置，发动机停转（"发动机运转状况"项目除外）。车辆检验项目有：

1. 车身外观

1) 目视检查以下各项，必要时应用钢直尺等量具测量相关尺寸参数。

① 保险杠、后视镜、下视镜等部件是否完好。

② 风窗玻璃是否完好及是否张贴有镜面反光遮阳膜。

③ 车体是否周正，车体外缘左右对称部位高度差是否符合规定，车身外部可能触及行人、骑自行车人等交通参与者的任何部件、构件是否有任何可能使人致伤的尖锐凸起物（如尖角、锐边等）。

④ 车身（车厢）及其漆面是否有明显的锈蚀、破损现象。

⑤ 货厢安装是否牢固，其栏板和底板是否规整及强度是否明显不足，装置的安全架是否完好无损。

⑥ 车长大于7.5m的客车是否设置有车外顶行李架，其他客车设置的车外顶行李架是否长度不超过车长的1/3且高度不超过300mm。

⑦ 车身（或车厢）外部的图形和文字标志是否符合规定。

a. 车长大于6m或总质量大于4500kg的货车、挂车，其车身（车厢）后部是否喷涂有符合规定的放大牌号。

> **注意**
> 地方性法规规定应喷涂放大牌号的车辆类型比《道路交通安全法实施条例》更广时，应按地方性法规规定的车辆类型检查车辆是否喷涂了符合规定的放大牌号。

b. 气体燃料汽车、两用燃料汽车和双燃料汽车，其车身是否按照规定标注了其使用的燃料类型。

c. 消防车、救护车、工程救险车和警车的车身颜色、外观制式是否符合相关规定。

⑧ 喷涂、粘贴的标识或车身广告是否影响安全驾驶。

⑨ 乘用车自行加装的前后防撞装置及货运机动车自行加装的防风罩、水箱、工具箱、备胎架，是否影响安全和号牌识别。

2) 注册登记检验时，应记录汽车是否在前风窗玻璃右上角粘贴有符合规定的整车3C标志并检查以下各项：

① 机动车是否设置了能够满足号牌安装要求的号牌板（架）。

② 车身外表面易见部位是否至少装有一个能永久保持的商标（或厂标）。

③ 汽车（三轮汽车和低速货车除外）是否设置了规定数量和类型的后视镜，其他机动车是否在左右至少各设置有一面后视镜，车长大于6m的平头货车和平头客车在车前是否至少设置有一面前下视镜。

④ 乘用车和车长小于6m的客车的前后部是否设置了保险杠，货车（三轮汽车除外）是否设置了前保险杠。

⑤ 货车货箱（自卸车、装载质量1000kg以下的货车除外）前部是否装有比驾驶室高至少70mm的安全架。

2. 照明和电气信号装置

1) 目视检查以下各项：

① 前位灯、前转向信号灯、前部危险警告信号灯、示宽灯和牵引杆挂车标志灯等前部

照明和信号装置是否齐全完好，前照灯的远、近光光束变换功能，近光光形是否有明显的明暗截止线。

② 后位灯、后转向信号灯、后部危险警告信号灯、示宽灯、制动灯、后雾灯、后牌照灯、倒车灯、后反射器是否齐全完好，制动灯的发光强度是否明显大于后位灯的发光强度。

③ 侧转向信号灯、侧标志灯和侧反射器是否齐全完好。

④ 对称设置、功能相同的灯具的光色和亮度是否有明显差异。

⑤ 除转向信号灯、危险警告信号及消防车、救护车、工程救险车和警车安装使用的标志灯具外，其他外部灯具是否有闪烁的情形。

⑥ 道路运输危险货物车辆标识是否符合相关规定，必要时应用量具测量相关尺寸参数。

⑦ 消防车、救护车、工程救险车和警车安装使用的标志灯具是否完好有效。

⑧ 附加的灯具、反射器或附属装置是否影响 GB7258 规定安装的灯具和信号装置的性能或对其他的道路使用者造成不利影响。

2) 检查机动车设置的喇叭是否具有连续发声功能，工作是否可靠，必要时应用声级计测量其喇叭声级是否符合规定。

3) 对 2005 年 2 月 1 日起注册登记的总质量不小于 12000kg 的货车和总质量大于 3500kg 的挂车，检查其后部车身反光标识的粘贴技术规范及车身反光标识材料的式样（颜色、宽度等）是否符合相关标准的规定；对 2005 年 2 月 1 日起注册登记的车长不小于 10m 的货车和总质量大于 3500kg 的挂车，检查其侧面车身反光标识的粘贴技术规范及车身反光标识材料的式样是否符合相关规定。必要时应使用量具测量相关尺寸参数。

4) 注册登记检验时，应重点检查车辆外部照明和信号装置的数量、位置、光色是否符合相关标准的规定，必要时应用量具测量相关尺寸参数。对 2006 年 12 月 1 日起新出厂的总质量不小于 12000kg 的货车和总质量大于 3500kg 的挂车，还应检查其安装的车身反光标识材料的白色单元上是否加施有符合规定的 3C 标志。

3. 发动机舱

1) 打开发动机罩（或翻转驾驶室），检查目视可见的发动机各系统机件是否齐全有效；检查蓄电池桩头与导线连接是否牢固；检查目视可见的电器导线捆扎、固定、绝缘保护等是否完好，各种管路是否完好、固定可靠。

对于使用液压制动（含液压传动离合）的汽车，目视检查储液器的液面高度及有无泄漏。

> **注意**
> 自 1999 年 7 月 1 日起出厂的使用液压制动的汽车，其储液器的加注口必须易于接近，且从结构设计上必须保证在不打开容器的条件下就能很容易地检查液面。若不能满足该条件，则必须安装制动液面过低报警装置。

2) 注册登记检验时，如气缸体上打刻（或铸出）的发动机型号和出厂编号不易见，应检查在发动机易见部位是否具有能永久保持的发动机型号和出厂编号的标识。如车辆产品标牌位于发动机舱，还应检查车辆产品标牌是否能永久保持及其内容是否规范、清晰耐久。

4. 驾驶室（区）

1) 记录里程表读数，目视检查以下各项：

① 门锁及门铰链是否完好。

② 驾驶人座椅固定是否可靠，汽车（三轮汽车除外）驾驶人座椅前后位置调节装置能否正常工作，安全带是否齐全有效；2005 年 8 月 1 日起出厂的座位数不大于 5 的乘用车及 2006 年 2 月 1 日起出厂的座位数大于 5 的乘用车的所有座椅（第三排及第三排以后的可折叠座椅除外）是否均配置了有效的安全带。

③ 前风窗玻璃及风窗以外玻璃用于驾驶人视区部位的可见光透射比是否不小于 70%（必要时用透光率计检查可见光透射比）。

注意

风窗以外玻璃驾驶人视区部位是指驾驶人驾驶时用于观察后视镜的部位。

④ 刮水器、洗涤器能否正常工作。

⑤ 2005 年 2 月 1 日起新注册登记的车长大于 9m 的长途客车和旅游客车是否安装了汽车行驶记录仪。对安装有汽车行驶记录仪的长途客车和旅游客车、道路运输危险货物车辆、半挂牵引车、总质量不小于 12000kg 的货车，其汽车行驶记录仪的固定、连接是否安全、可靠，能否正常显示。

⑥ 折翻式驾驶室的固定是否可靠。

2）注册登记检验时，还应检查如下内容：

① 车辆是否按照规定装备了各种仪表。

② 车辆是否设置了符合规定的操纵件、指示器及信号装置的图形标志。

③ 对乘用车和货运机动车，按照相关标准核定的乘坐人数是否与机动车注册登记证明、凭证记载的内容一致。

④ 车长大于 9m 的长途客车和旅游客车是否安装了符合规定的汽车行驶记录仪。2006 年 12 月 1 日起新出厂的，安装有汽车行驶记录仪的长途客车和旅游客车、道路运输危险货物车辆、半挂牵引车、总质量不小于 12000kg 的货车，其行驶记录仪主机外壳的易见部位是否加施有符合规定的 3C 标志。

⑤ 机动车的警告性文字是否有中文标注，折翻式驾驶室翻转操纵机构附近易见部位是否有提醒驾驶人如何正确使用该操纵机构的文字。

⑥ 车辆产品标牌（如位于驾驶室）是否能永久保持，其内容是否规范、清晰耐久。

5. 发动机运转状况

检查发动机能否正常起动；起动发动机，检查怠速运转、电源充电状况、各仪表及指示器工作是否正常；检查发动机急加速过程中及在较高转速时急松加速踏板能否回至怠速状态和有无"回火"、"放炮"等异常状况；检查有无漏水、漏油、漏气现象及冷却液温度、油压指示是否正常；检查点火开关关闭后发动机能否迅速熄火；对柴油车还应检查停机装置是否灵活、有效。

6. 客车内部

1）目视检查以下各项：

① 客车座椅/卧铺的数量是否与机动车行驶证记载内容一致，座椅间距是否符合规定，座椅扶手和卧铺护栏安装是否牢固。

② 车厢灯、门灯能否正常工作。

③ 客车地板密封是否良好，车内行李架的安装是否牢固。

④ 客车配备的灭火器是否齐全有效、固定可靠。

⑤ 长途客车和旅游客车安全出口处标注的"安全出口"字样是否完好，车内是否按照规定装备了用于击碎安全出口玻璃的专用手锤，安全门是否锁止可靠及能否正常开启。

⑥ 卧铺客车每个铺位的安全带是否齐全有效，长途客车和旅游客车前面没有座椅的座椅、前面护栏不能起到有效防护作用的座椅及其他按照规定应安装安全带的座椅的安全带是否齐全、有效。

2) 注册登记检验时，还应检查客车安全出口的数量、位置和大小及座椅/卧铺位的数量和布置是否符合规定，乘客通道的宽度和高度是否能保证符合规定的通道测量装置顺利通过，通向安全门的通道宽度是否符合要求。

7. 底盘件

1) 目视检查以下各项：

① 燃料箱是否固定可靠，燃料箱盖是否完好。

② 挡泥板、牵引钩是否完好。

③ 蓄电池、蓄电池架的固定是否牢固可靠。

④ 储气筒排污阀功能是否有效。

⑤ 钢板弹簧的形式、片数是否符合规定，有无裂纹和断片，安装是否紧固。

⑥ 2003年3月1日起出厂的总质量大于3500kg的货车和挂车，其装备的侧面及后下部防护装置是否完好有效，货车列车的牵引车和挂车之间是否装备了有效的侧面防护装置。

⑦ 汽车列车的牵引连接装置是否连接可靠且装有防止车辆行驶中脱开的安全装置。

2) 注册登记检验时，应重点检查货车和挂车的侧面防护装置的下缘离地高度、防护范围和前缘形式及后下部防护装置的离地高度、宽度、横截面宽度是否符合相关规定（必要时应用量具测量相关尺寸参数），检查后下部防护装置的强度是否具有明显不足的情形。

8. 车轮

1) 目视检查以下各项，必要时应使用轮胎花纹深度计或量具测量：

① 同轴两侧是否装用同一型号、规格轮胎。

② 轮胎的型号、速度级别及胎冠花纹深度、轮胎气压是否符合规定，乘用车轮胎的胎面磨损标志是否已可见。

③ 轮胎的胎面、胎壁有无长度超过25mm或深度足以暴露出轮胎帘布层的破裂和割伤及其他影响使用的缺损、异常磨损和变形。

④ 轮胎螺栓、半轴螺栓是否齐全、紧固。

2) 若送检机动车装用轮胎的型号、速度级别不符合规定，或所装用轮胎的胎面、胎壁和胎冠花纹深度不符合规定，此次安全技术检验终止，应要求送检人换装符合规定的轮胎复检。若送检机动车轮胎气压不符合规定，应要求送检人将轮胎气压调整到规定气压后再进行其他项目的检验。

3) 注册登记检验时，对2004年10月1日起出厂的使用小规格备胎的乘用车，检查在备胎附近明显位置（或其他适当位置）是否装置有能永久保持的、提醒驾驶人正确使用备胎的标识及标识的相关提示内容是否有中文。

在车辆外观检查过程中，如发现有其他不符合GB7258等机动车国家安全技术标准的情形（如：2005年2月1日起新注册登记机动车的警告性文字没有中文）；汽车（三轮汽车除外）

未按规定装备三角警告牌，或装备的三角警告牌在车上未妥善放置；消防车、救护车、工程救险车和警车未装备与其功能相适应的装置，或装备的装置布局不合理、固定不可靠等，检验员应在人工检验记录单备注栏内记录不符合现象。

8.2 汽车车速表检测

车速表是提供汽车行驶速度信息的重要仪表，驾驶人在行车途中能够正确掌握车速，是提高运输生产力与保证安全行车的关键。驾驶人对行车速度的掌握，虽然可以依据主观估计来进行，但由于人对速度的估计往往会因错觉而造成误差，再加上车速表使用时间长后内部磁场减弱、车轮直径磨损减小等原因造成的误差，检验车速表对于保障行驶安全的意义也是非常重大的。

8.2.1 汽车车速表误差分析

查一查

被测车辆车速表的结构型式是哪种？

汽车车速表的型式有机械式和电子式。电子式车速表具有可靠性高、抗振性强、响应速度快、精度高等优点被广泛采用。

1. 汽车车速表工作原理

对于机械式车速表（车速表常与里程表做在一起，如图8-1所示），当主轴旋转时，与主轴固定连接的永久磁铁也一起旋转。其磁场会在铝罩上感应涡流，产生的涡流力矩引起铝罩偏转并带动游丝和指针偏转，最后达到涡流力矩与游丝的弹性反力矩相平衡。车速越高，涡流力矩越大，指针偏转的角度也越大。

对于电子式车速表，其工作原理与机械式车速里程表有根本区别，电子车速里程表是由步进电动机驱动机械式里程记录机构（计数器），步进电动机受控于装在变速器内的霍尔传感器的输出信号，由专门的集成电路驱动。步进电动机转动量与变速器输出轴转动量成一定速比关系，从而取消了传统的软轴驱动。指示瞬时车速的指针用十字交叉动磁式机芯驱动，该机芯上有一个专门的集成电路，同时接受霍尔传感器输出信号，并输出两路驱动十字交叉线包的电流信号。这两路电流信号决定十字交叉线包的合成磁场方向，合成磁场驱动瞬时车速的指针偏转用以指示车速。

2. 汽车车速表产生误差的原因

（1）车速表自身存在的隐患 对于机械式车速表，当汽车长期使用后，随着汽车行驶里程的增加，车速表内带指针的活动转盘、带永久磁铁的转轴以

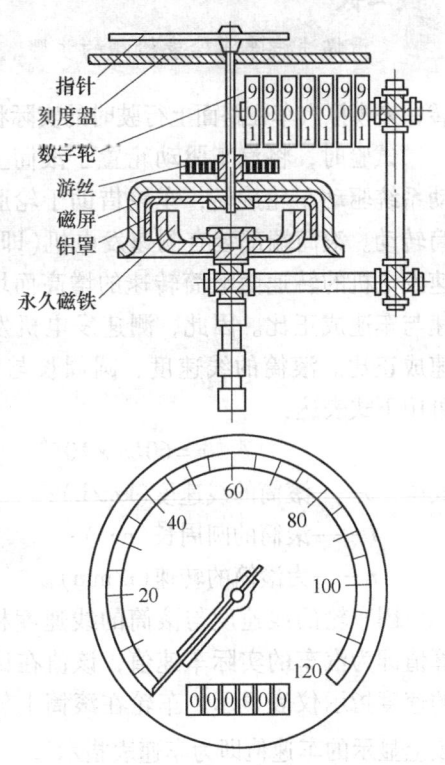

图8-1 磁感应式车速表

及轴承、齿轮、游丝等机械零件和磁性元件，在工作过程中不可避免地要产生磨损，永磁元件可能退磁老化，这些因素都会造成车速表指示值误差增大。

对于电子式车速表，由于传感器和仪表问题，也会导致误差的产生。

（2）轮胎方面的原因　由车速表的工作原理可知，车速表的指示值仅仅是与车轮的转速成正比，而汽车行驶的速度相当于驱动轮的线速度，显然线速度不仅与转动速度有关，还与车轮的半径有关。理论上，若驱动轮半径为 r，其转速为 n，则可以算出汽车行驶的线速度为

$$v = 0.377 \frac{rn}{i_k i_0} (\text{km/h})$$

实际上，由于轮胎是一个充气的弹性体，所以汽车行驶时，轮胎在受到垂直载荷、车轮驱动力和地面阻力等作用下会发生弹性变形。另外，由于轮胎磨损、气压不符合标准（过高或不足）等原因也会影响车轮半径的变化。因此，即使在驱动轮转速不变（车速表的指示值也不变）的情况下，上述原因也会引起实际车速与车速表指示值不一致的现象。

任务实施：

8.2.2　汽车车速表检测方法

做一做
请描述汽车车速表检测的步骤。

1. 汽车车速表误差的测量原理

车速表误差的测量原理是以车速表试验台的滚筒作为连续移动的路面，把被测车轮置于滚筒上旋转，来模拟汽车在路面上行驶时的实际状态，进行车速表误差的检测，如图 8-2 所示。

试验时，将汽车驱动轮置于滚筒上，由发动机经传动系统驱动车轮旋转，车轮借助于轮胎的摩擦力带动滚筒转动。滚筒端部装有测速发电机（即速度传感器），测速发电机的转速随滚筒转速的增高而增加，而滚筒的转速与车速成正比。因此，测速发电机发出的电压也与车速成正比。滚筒的线速度、圆周长与转速之间的关系，可用下式表达：

$$v = 60Ln \times 10^{-6}$$

式中　v——滚筒的线速度（km/h）；
　　　L——滚筒的圆周长（mm）；
　　　n——为滚筒的转速（r/min）。

因车轮的线速度与滚筒的线速度相等，故上述的计算值即为汽车的实际车速值，该值在试验时由试验台上的速度指示仪表显示。车轮在滚筒上转动的同时，车速表上显示的车速值即为车速表指示值。将上述试验台速度指示仪表上显示的实际车速值与车速表上显示的车速指示值相比较，即可得出车速表的误差。

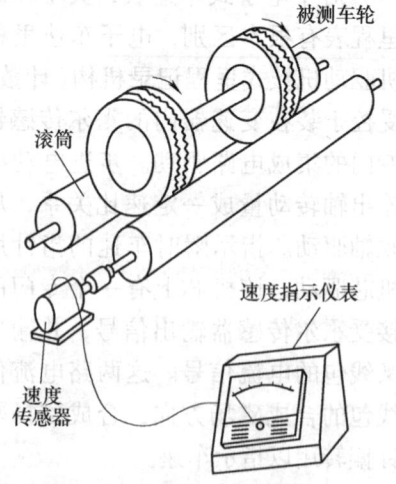

图 8-2　车速表误差的测量原理

车速表的误差按下式计算：

$$车速表误差 = \frac{车速表指示值 - 实际车速值}{实际车速值} \times 100\%$$

2. 汽车车速表试验台

车速表试验台有3种类型：无驱动装置的标准型，它依靠被测车轮带动滚筒旋转；有驱动装置的驱动型，它由电动机驱动滚筒旋转；把车速表试验台与制动试验台或底盘测功试验台组合在一起的综合型。

图8-3所示为标准型车速表试验台。它由速度测量装置、速度指示装置和速度报警装置等组成。

（1）速度测量装置 该装置主要由滚筒、速度传感器、举升器、框架等组成。滚筒一般为4个，直径为185mm或更大，通过滚筒轴承安装在框架上。试验时，为防止汽车驱动轴差速器行星齿轮自转，试验台的两个前滚筒用联轴器连在一起。

速度传感器有测速发电机式、差动变压器式、磁电式和光电式等多种形式，它装在滚筒的一端，将对应于滚筒转速所发出的电压信号送到速度指示装置。

在前后滚筒之间设有举升器，以便汽车进出试验台。举升器与滚筒制动装置联动，举升器升起时，滚筒不会转动。

（2）速度指示装置 该装置是根据速度传感器传来的电信号进行工作。根据滚筒圆周长与转速可算出其线速度，以"km/h"为单位在速度指示仪表上显示车速。

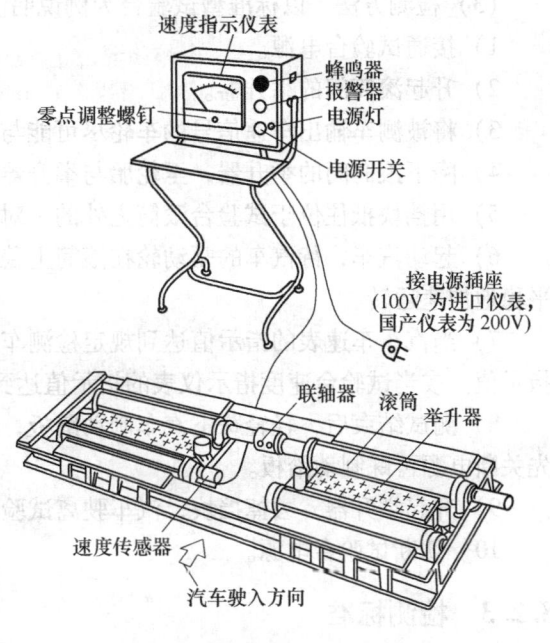

图8-3 标准型车速表试验台

（3）速度报警装置 该装置是为在测量时，便于判明车速表误差是否在合格范围之内而设置的。一般有三种形式：

1）用试验台警报装置指示检测车速。当汽车实际车速达到某一规定值（如40km/h）时，警报装置的警告灯发亮或蜂鸣器发响，提示驾驶人已达到检测车速，此时应注意观察驾驶室车速表指示值是否在合格范围内（如合格范围为40～48km/h）。

2）将试验台指示仪表上某一合格范围涂成绿色（如车速表指示值为40km/h时，绿色区域应为32.8～40km/h）。试验时车速表指示值达到某一检测车速（40km/h）时，同时观察试验台速度指示仪表的指示值是否在合格的绿色区域（32.8～40km/h）内。

3）同时具备上述两种装置的警报装置。

3. 汽车车速表检测步骤

车速表的检测方法因试验台的牌号、型号而异，应根据使用说明书进行操作。这里仅介绍一般的检测方法。

（1）试验台的准备

1) 在滚筒静止状态检查指示仪表是否在零点位置上，若有偏差，可用零点调整旋钮（或零点调整电位计）进行调整。

2) 检查滚筒上是否有油、水、泥等杂物。若有，要清除干净。

3) 检查举升器动作是否自如和有无漏气部位。若有阻滞或漏气部位，应予以修理。

4) 检查导线的接触情况。若有接触不良或断路，应予以修理或更换。

经常使用的试验台，不一定每次使用前都要进行上述检查。

(2) 被测车辆的准备

1) 轮胎气压应符合汽车制造厂的规定。

2) 轮胎沾有水、油等或轮胎花纹沟槽内嵌有小石子时，应清除干净。

(3) 检测方法　以标准型试验台为例说明。

1) 接通试验台电源。

2) 升起滚筒间的举升器。

3) 将被测车输出车速信号的车轮尽可能与滚筒成垂直状态停放在试验台上。

4) 降下滚筒间的举升器，至轮胎与举升器托板脱离为止。

5) 用挡块抵住位于试验台滚筒之外的一对车轮，防止汽车在测试时滑出试验台。

6) 起动汽车，待汽车的驱动轮在滚筒上稳定后，挂入最高档，踩下加速踏板使驱动轮平稳地加速运转。

7) 当汽车车速表的指示值达到规定检测车速(40km/h)时，读出试验台速度指示仪表的指示值。或当试验台速度指示仪表的指示值达到检测车速时，读取车速表的指示值。

8) 测试结束后，轻轻踩下汽车制动踏板，使滚筒停止转动。对于驱动型试验台，必须先关断电源再踩制动踏板。

9) 升起举升器，去掉挡块，汽车驶离试验台。

10) 切断试验台电源。

8.2.3　检测标准

国家强制性标准 GB7258—2012《机动车运行安全技术条件》中规定：将被测机动车的车轮驶上车速表试验台的滚筒上使之旋转，当该机动车车速表的指示值在 40km/h 时，车速表检验台速度指示仪表的指示值在 32.8~40km/h 范围内为合格。或当车速表检验台速度指示仪表的指示值为 40km/h 时，读取该机动车车速表的指示值在 40~48km/h 范围内为合格。

工作任务 9　汽车车速表检测

1. 目的

1) 正确操作车速表试验台，完成汽车车速表的检测。

2) 根据检测标准判定结果。

2. 设备及器材

1) 常用工具 1 套。

2) 汽车车速表试验台。

3) 被试车辆一台。

3. 操作基本方法

仪器操作前请阅读仪器使用说明书，并按照 8.2.2 中的方法进行检测。

注意事项

1) 超过试验台允许轴重的汽车，一律不准上试验台进行检测。
2) 试验台仪表部分应避免阳光直射、受潮或受振动。
3) 试验台不检测时，一律不准在上面停放车辆。
4) 不应让油水、泥沙等进入试验台内。
5) 每季度对滚筒支承轴承进行润滑。

4. 完成工作任务单

<h3 style="text-align:center">汽车车速表检测工作任务单</h3>

任务名称	汽车车速表检测	学时	2	班级	
学生姓名		学生学号		任务成绩	
实训设备(型号)		实训场地		日期	

1. 检测前的准备

(1) 车速表试验台的准备

① 在滚筒静止状态检查指示仪表是否在零点位置上。
　　□是　　□否
② 检查滚动表面是否清洁。
　　□是　　□否
③ 检查举升器是否工作正常。
　　□是　　□否
④ 检查导线接触是否良好。
　　□是　　□否

(2) 被检车辆的准备

① 核实汽车各轴轴荷，检查被测汽车车轴轴荷是否在试验台允许载荷范围内。
　　□是　　□否
② 检查轮胎是否粘有泥、水、油污等杂物。
　　□是　　□否
③ 检查轮胎气压，是否符合出厂规定值。
　　□是　　□否

2. 检测过程

① 接通电源。
② 将被测车辆输出车速信号的车轮尽可能与滚筒成垂直状态地停放在试验台上。
③ 用挡块抵住位于试验台滚筒之外的一对车轮。
④ 起动车辆，挂入最高档，踩下加速踏板使汽车平稳地加速运转。
⑤ 当汽车车速表的指示值达到规定检测车速(40km/h)时，读出试验台速度指示仪表的指示值为_____。

3. 检测结果分析

检测完毕后，将汽车开出试验台，保存并打印检测结果，对检测结果进行分析。

8.3 汽车前照灯检测

前照灯是汽车在夜间或在能见度较低的条件下，为驾驶人提供行车道路照明的重要装置，也是驾驶人发出警示，进行联络的灯光信号装置。因此，前照灯必须有足够的发光强度和正确的照射方向。如果发光强度和照射方向发生变化，都会使驾驶人对前方道路情况辨认不清，或在与对面来车交汇时造成对方驾驶人眩目等，从而引发交通事故。因此，前照灯的发光强度和光束照射方向被列为机动车运行安全检测的必检测项目之一。

相关知识：

8.3.1 汽车前照灯分析

查一查
请查阅国家标准，描述汽车前照灯的检验指标有哪些？各有何规定？

1. 汽车前照灯的检验指标

汽车前照灯的检验指标有：

（1）发光强度　发光强度是光线在给定方向上发光强弱的度量，其单位为坎德拉，用符号 cd 表示。按国际标准单位 SI 的规定，若一光源在给定方向上发出频率 540×10^{12} Hz 的单色辐射，且在此方向上的辐射强度为每球面度 1/683 W 时，则此光源在该方向上的发光强度为 1cd。

照度表明受光物体被光源照明的程度，其单位为勒克斯，用符号 lx 表示。1 勒克斯也等于 1.02 cd 的点光源在半径为 1m 的球面上产生的光照度。在前照灯发光强度不变的情况下，被照物体离光源越远，被照明的程度越差，照度越小。若发光强度用 I(cd) 表示，照度用 E(lx) 表示，前照灯距被照物体的距离为 S(m)，则三者之间的关系为

$$E = \frac{I}{S^2}$$

如图 8-4 所示为前照灯主光束照度随距离的变化曲线。可以看出，距离超过 5m 时，实测值和理论计算值基本一致。距离为 3m 时，约产生 15% 左右的误差。可见距离越远，越能得到准确的测量值。但由于受到场地限制，在用前照灯检测仪测量时，通常采用在前照灯前方 3m、1m、0.5m、0.3m 的距离进行测量，并将该测量值当做前照灯前方 10m 处的照度，换算成发光强度进行指示。

（2）光束照射方位的偏移值　如果把前照灯最亮的地方看做是光束的中心，则它对水平、垂直坐标轴交点的偏离，即表示它的照射方位的偏移，其偏移的尺寸就是光束照射方位的偏移值，亦称光轴

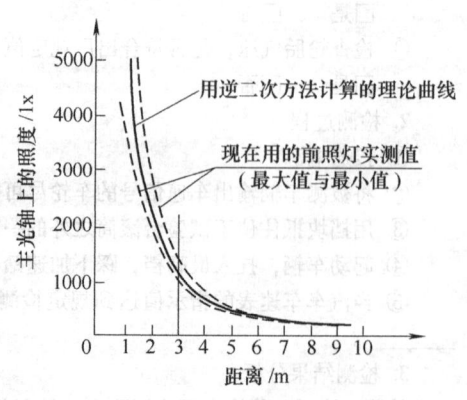

图 8-4　主光束照度随距离变化的曲线

的偏斜量。

2. 汽车前照灯的配光特性

用等照度曲线表示的明亮度分布特征称为配光特性，亦称为光形分布特性。前照灯的配光特性有对称配光和非对称配光两种。

（1）对称配光特性　前照灯光束的光形分布一般是水平方向宽，垂直方向窄。若等照度曲线左右对称，不偏向一边，上下扩展也不太宽，这种配光特性称为对称配光特性，如图 8-5 所示。

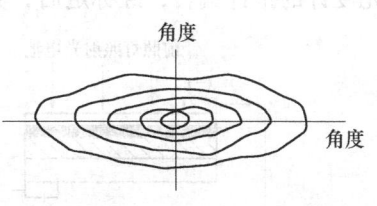

图 8-5　对称配光特性

（2）非对称配光特性　非对称配光即光形分布有一条明显的明暗截止线（灯光投射到配光屏幕上，眼睛感觉到的明暗陡变的分界线）。非对称配光有两种：一种是在配光屏幕上，明暗截止线的水平部分在 V – V 线的左半边，右半边为与水平线向上成 15°的斜线，如图 8-6a 所示。另一种是明暗截止线右半边为与水平线向上成 45°斜线至垂直距离为 25cm 处转向水平的折线，由于明暗截止线呈 Z 形，亦称为 Z 形配光，如图 8-6b 所示。我国前照灯近光灯已采用 Z 形配光形式。

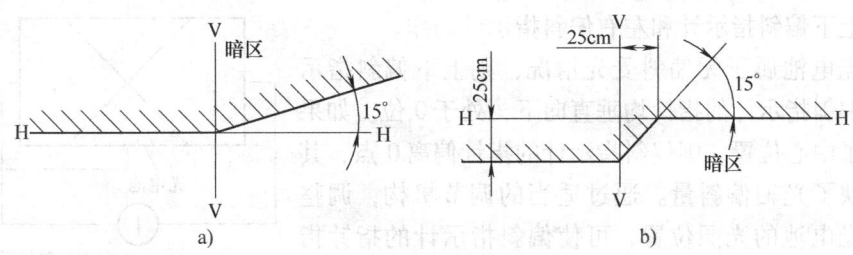

图 8-6　非对称配光示意图

任务实施：

8.3.2　汽车前照灯检测

做一做

请完成汽车前照灯的检测任务，并判定结果。

1. 汽车前照灯检验仪的测量原理

汽车前照灯检测仪，通过采用能把吸收的光能变成电流的光电池作为传感器，按照前照灯光轴照射光电池产生电流的大小和比例，来测量发光强度和光轴偏斜量。

（1）光电池工作原理　光电池是一种光电元件，前照灯检测仪上用的主要是硒光电池，其原理如图 8-7 所示。硒光电池受光照后，金属膜和非结晶硒的上下部产生电动势，由于光电池的上部带负电，下部带正电，因此在金属膜和铁底板上装上引出线后，再把它们用导线连接起来，光电流就可使电流表指针作相应地偏转。这样通过光与电转换，从指针偏转的大小就可以判断出前照灯的发光强度和光轴的方向。

（2）发光强度的检测原理 如图8-8所示的发光强度检测电路由光度计、光电池和可变电阻构成。当前照灯在规定距离处照射光电池时，光电池产生与受光强弱成正比的电流，使光度计的指针偏转，经标定后，其指针偏转的大小便可反映前照灯的发光强度。

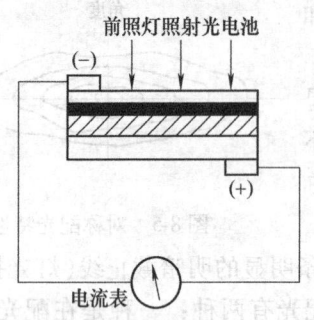

图8-7 光电池原理图

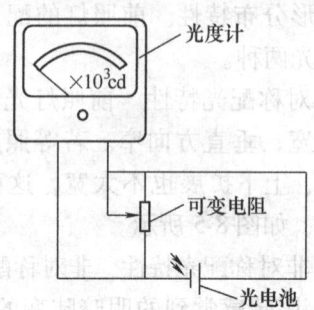

图8-8 发光强度检测原理

（3）光轴偏斜量的检验原理 如图8-9所示的光轴检测电路中有四块光电池，在$S_上$和$S_下$之间接有上下偏斜指示计，在$S_左$和$S_右$之间接有左右偏斜指示计。打开前照灯，四块光电池各自产生电流，根据$S_上$和$S_下$、$S_左$和$S_右$的电流的差值，使上下偏斜指示计和左右偏斜指示计动作。

如果光电池属于无偏斜受光情况，则上下偏斜指示计和左右偏斜指示计的指针均垂直向下，处于0位。如果光轴偏离了中心位置，则偏斜指示计的指针偏离0点，其偏移量反映了光轴偏斜量。通过适当的调节机构，调整光线照射光电池的光照位置，可使偏斜指示计的指针指向0位，那么，此调节量也就反映了光轴的偏斜量。

2. 汽车前照灯检测仪

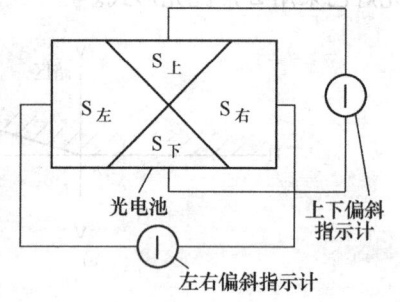

图8-9 光轴偏斜量的检测原理

汽车前照灯检测仪按其结构特征和测量方法可分为聚光式、屏幕式、投影式和自动追踪光轴式等几种，这些不同类型的前照灯检测仪均由接受前照灯光束的受光器、使受光器与汽车前照灯对正的校准装置、前照灯发光强度指示装置、光轴偏斜量指示装置以及支柱、底板、导轨、车辆摆正找准装置等组成。目前，聚光式和屏幕式前照灯检测仪应用较少，这里不作介绍。

（1）投影式前照灯检测仪 投影式前照灯检验仪如图8-10所示。在聚光透镜的上下和左右方向装有四个光电池。前照灯光束的影像通过聚光透镜、光度计的光电池和反射镜后，映射到投影屏上，如图8-11所示。在检测时，通过上下和左右移动受光器使光轴偏斜指示计的指针指向零位，即上下与左右光电池的受光量相等，从而找到被测前照灯主光轴的方向。然后，根据投影屏上前照灯光束影像的位置，即可得出主光轴的偏斜量。同时，可从光度计的指示值得出发光强度。

常用的光轴测量方法有两种：

1）投影屏刻度式检测主光轴偏斜量的方法。如图8-11所示，在投影屏上刻有表示光轴偏斜量的刻度线，根据前照灯影像中心在投影屏上所处的位置，就可以直接测出光轴偏斜量。

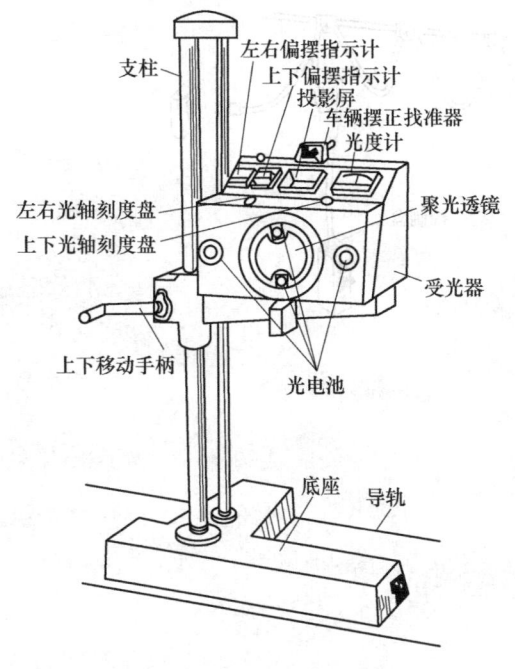

图 8-10 投影式前照灯检测仪

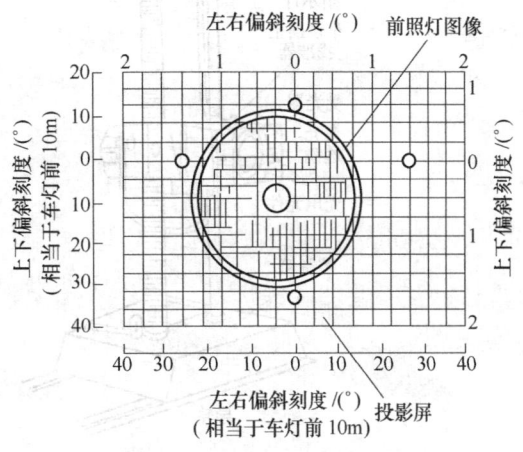

图 8-11 投影屏刻度式检测主光轴偏斜量的方法

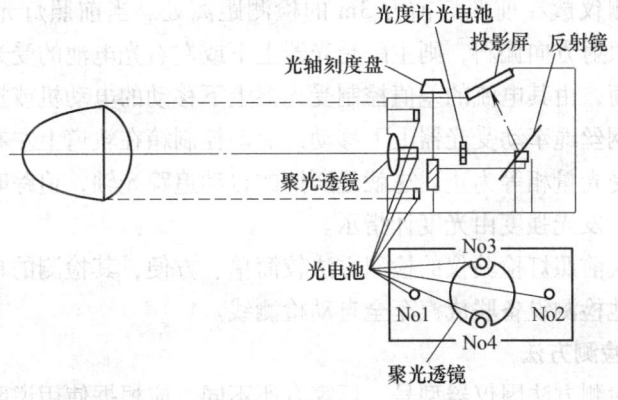

图 8-12 投影式前照灯检测仪光束影像映像原理

2）光轴刻度盘式检测主光轴偏斜量的方法。如图 8-12 和图 8-13 所示，转动光轴刻度盘，使前照灯影像中心与投影屏坐标原点重合，然后由光轴刻度盘上的刻度即可看出光轴的偏斜量。

（2）自动追踪光轴式前照灯检测仪

自动追踪光轴式前照灯检验仪采用受光器自动追踪光轴的方法检测发光强度和光轴偏斜量。如图 8-14 所示。在受光器聚光透镜的上下与左右装有四个光电池，受光器内部也装有四个光电池，分别构成主副受光器，透镜后中央部位装有中央光电池。

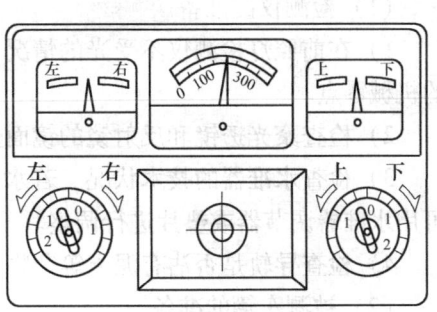

图 8-13 光轴刻度盘式检测主光轴偏斜量的方法

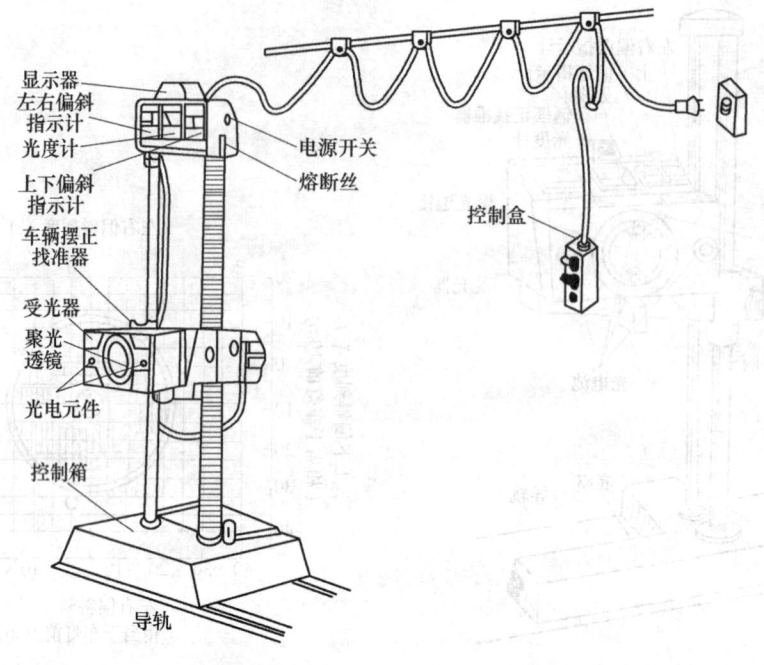

图 8-14 自动追踪光轴式前照灯检测仪

检测时，将检测仪放在前照灯前方 3m 的检测距离处。当前照灯光束照射到受光器上时，若前照灯光束照射方向偏斜，则主副受光器上下或左右光电池的受光量不等，它们分别产生的电流失去平衡，由其电流的差值控制受光器上下移动的电动机或控制箱左右移动的电动机运转，并通过钢丝绳牵动受光器上下移动或驱动控制箱在轨道上左右移动，直致受光器上下、左右光电池受光量相等为止。这就是所谓的自动追踪光轴，追踪时受光器的位移由光轴偏斜指示计指示，发光强度由光度计指示。

自动追踪光轴式前照灯检验仪的检测方法较简单、方便，其检测的自动化程度和检测效率高，也便于和其他检测设备联成汽车全自动检测线。

3. 汽车前照灯检测方法

汽车前照灯的检测方法因仪器型号、厂家有所不同，应根据使用说明书进行操作。这里仅介绍一般的检测方法。

（1）检测仪的准备

1）在前照灯检测仪不受光的情况下，调整前照灯检测仪光度计和光轴偏斜指示计指针的机械零点。

2）检查聚光透镜和反射镜的镜面上有无污物。若有，用柔软的布或镜头纸擦拭干净。

3）检查水准器的技术状况。若水准器无气泡，应进行修理。若气泡不在红线框内时，可用水准器调节器或垫片进行调整。

4）检查导轨是否沾有泥土等杂物。若有，应扫除干净。

（2）被测车辆的准备

1）清除前照灯上的污垢。

2）轮胎气压应符合汽车制造厂的规定。

3）汽车蓄电池应处于充足电状态。

（3）检测方法　用投影式前照灯检测仪检测汽车前照灯的方法如下：

1）将被测车尽可能与导轨保持垂直方向驶近检验仪，使前照灯与检验仪受光器相距3m。

2）用汽车摆正找准器使检验仪与被测车对正。

3）闭合前照灯开关，移动检验仪，使光束照射到受光器上，并使上下和左右光轴偏斜指示计指示值为零。此时，根据投影屏上前照灯光束影像位置，即可得出光轴的偏斜量。

4）根据光度计上的指示值，即可得出前照灯的发光强度。

用自动追踪光轴式前照灯检测仪检测汽车前照灯的方法如下：

1）将被测车尽可能与导轨保持垂直方向驶近检验仪，使前照灯与检验仪受光器相距3m。

2）用汽车摆正找准器使检验仪与被测车对正。

3）闭合前照灯开关，接通检验仪电源，用控制器上的上下、左右控制开关移动检验仪的位置，使前照灯光束照射到受光器上。

4）按下控制器上的测量开关，受光器随即追踪前照灯光轴，根据光轴偏斜指示计和光度计的指示值，即可得出光轴偏斜量和发光强度。

8.3.3　检测标准

在国家标准GB7258—2012《机动车运行安全技术条件》中，对机动车前照灯光束照射位置和前照灯光束发光强度作了规定。

1. 前照灯近光光束照射位置

在检验前照灯近光光束照射位置时，前照灯照射在距离10m的屏幕上时，乘用车前照灯近光光束明暗截止线转角或中点的高度应为0.7H~0.9H（H为前照灯基准中心高度，下同），其他机动车（拖拉机运输机组除外）应为0.6H~0.8H。机动车（装用一只前照灯的机动车除外）前照灯近光光束水平位置向左偏不允许超过170mm，向右偏不允许超过350mm。

2. 前照灯远光光束照射位置

在检验前照灯远光光束照射位置时，前照灯照射在距离10m的屏幕上时，要求在屏幕上光束中心离地高度，乘用车应为0.9H~1.0H，其他机动车应为0.8H~0.95H。机动车（装用一只前照灯的机动车除外）前照灯远光光束水平位置左灯向左偏不允许超过170mm，向右偏不允许超过350mm；右灯向左或向右偏均不允许超过350mm。

3. 前照灯光束发光强度要求

机动车每只前照灯的远光光束发光强度见表8-1。

表8-1　机动车前照灯光束发光强度要求

机动车类型	检查项目					
	新注册车			在用车		
	一灯制	两灯制	四灯制*	一灯制	两灯制	四灯制*
三轮汽车	8000cd	6000cd	—	6000cd	5000cd	—
最高设计车速小于70km/h的汽车	—	10000cd	8000cd	—	8000cd	6000cd
其他汽车	—	18000cd	15000cd	—	15000cd	12000cd

注：四灯制是指前照灯具有四个远光光束。采用四灯制的机动车其中两只对称的灯达到两灯制的要求时视为合格。

工作任务 10 汽车前照灯检测

1. 目的
1）正确操作前照灯检测仪，完成汽车前照灯的检测。
2）根据检测标准判定结果。

2. 设备及器材
1）常用工具 1 套。
2）汽车前照灯检测仪。
3）被试车辆一台。

3. 操作基本方法
仪器操作前请阅读仪器使用说明书。并按照 8.3.2 中的方法进行检测。

注意事项

1）保持导轨清洁，其运行表面不得有砂粒、油泥以及其他阻碍仪器运行的异物。
2）受光面正面的玻璃镜不应有灰尘、油雾等阻碍光线透射的异物存在。

4. 完成工作任务单

汽车前照灯检测工作任务单

任务名称	汽车前照灯检测	学时	2	班级	
学生姓名		学生学号		任务成绩	
实训设备（型号）		实训场地		日期	

1. 检测前的准备

（1）前照灯检测仪的准备

① 检查仪器指示零点是否正确。
　□是　　□否

② 检查聚光透镜和反射镜的镜面是否清洁。
　□是　　□否

③ 检查导轨是否清洁。
　□是　　□否

（2）被检车辆的准备

① 检查前照灯是否清洁。
　□是　　□否

② 检查蓄电池电量是否充足。
　□是　　□否

③ 检查轮胎气压，是否符合出厂规定值。
　□是　　□否

2. 检测过程

① 将被测车辆驶近检验仪，使前照灯与检验仪受光器相距3m。
② 用汽车摆正找准器使检验仪与被测车对正。
③ 测量：闭合前照灯开关，接通检验仪电源，用控制器上的上下、左右控制开关移动检验仪的位置，使前照灯光束照射到受光器上。
④ 记录测量结果：发光强度为_____；远光光束照射位置为_____；近光光速照射位置为_____。

3. 检测结果分析

检测完毕，对检测结果进行分析。

8.4 汽车尾气检测

汽车在给人类带来便捷的同时，也给人类带来了污染。汽车污染是由汽车排放的废气造成的环境污染。可以说，汽车是一个流动的污染源。在世界各国，汽车污染早已不是新话题。20世纪40年代以来，光化学烟雾事件在美国洛杉矶、日本东京等城市多次发生，造成不少人员伤亡和巨大的经济损失。

进入21世纪，汽车污染日益成为全球性问题。随着汽车数量越来越多、使用范围越来越广，它对世界环境的负面效应也越来越大，尤其是危害城市环境，引发呼吸系统疾病，造成地表空气臭氧含量过高，加重城市热岛效应，使城市环境转向恶化。

8.4.1 发动机燃烧过程

发动机的燃烧过程是将燃料的化学能转变为热能的过程，是发动机整个工作循环中的主要过程，其进行的好坏，直接影响发动机的动力性、经济性和排放性能。

想一想

汽油发动机和柴油发动机的燃烧过程有何不同？

1. 汽油机的正常燃烧过程

火花塞跳火点燃可燃混合气，形成火焰中心，火焰按一定速度连续地传播到整个燃烧室的空间。在此期间，火焰传播速度以及火焰前锋的形状均没有急剧变化，这种状况称为正常燃烧。

通常根据高速摄影摄取的燃烧图或激光吸收光谱仪来分析燃烧过程。但最简便的方法是测取燃烧过程的展开示功图，如图8-15所示。图中虚线表示只压缩不点火的压缩线，在燃烧压力线上，1点为火花塞跳火点，2点为燃烧压力线脱离压缩压力线点，3点为最高压力点。燃烧过程的进行是连续的，为分析方便，按其压力变化的特征，可人为地将汽油机的燃烧过程分为三个阶段。

（1）着火延迟期 从火花塞跳火开始到形成火焰中心为止这段时间，称为着火延迟期。如图8-15中阶段1所示。从火花塞跳火开始到上止点的曲轴转角称为点火提前角，用 θ 表示。

火花塞跳火后，并不能立刻形成火焰中心，因为混合气氧化反应需要一定时间，当火花能量使局部混合气温度迅速升高,以及火花放电时两极电压在15000V以上时,混合气局部温度可达200℃,加快了混合气的氧化反应速度。这种反应达到一定的程度(所需要时间约占整个燃烧时间的15%左右)时出现发光区,形成火焰中心。此阶段压力无明显升高。

着火延迟期的长短与燃料本身的分子结构和物理化学性质、过量空气系数、开始点火时气缸内的温度和压力、残余废气量、气缸内混合气的运动、火花能量大小等因素有关。汽油机燃烧过程中,着火延迟期的影响不如柴油机大。

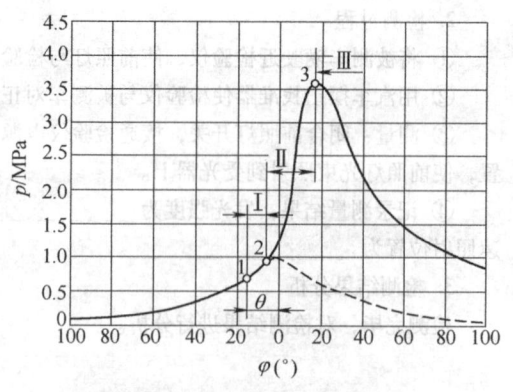

图8-15 汽油机正常燃烧过程
1—开始点火 2—形成火焰中心 3—最高压力点

(2)明显燃烧期 从火焰中心形成到气缸内出现最高压力为止这段时间称为明显燃烧期。如图8-15中所示第Ⅱ阶段。

当火焰中心形成后,火焰前锋以20~30m/s的速度从火焰中心开始逐层向四周的未燃混合气传播,直到连续不断扫过整个燃烧室。混合气的绝大部分(约80%以上)在此期间内燃烧完毕,压力、温度迅速升高,出现最高压力点3。

最高压力点3出现的时刻对发动机功率、燃油消耗有很大影响。过早,混合气点火早,使压缩功增加,热效率下降;过迟,燃烧产物的膨胀比减小,燃烧在较大容积下进行,散热损失增加,热效率也下降。实践证明,最高压力出现在上止点后12°~15°曲轴转角时,示功图面积最大,循环功最多。此时,对应的点火提前角为最佳点火提前角。因而,可以通过调整点火提前角,使最高燃烧压力出现在适宜的位置。

(3)补燃期 从最高压力点开始到燃料基本燃烧完为止称为补燃期。这一阶段的燃烧主要是明显燃烧期火焰前锋扫过的区域,部分未燃烧的燃料继续燃烧;吸附在缸壁上的混合气层继续燃烧;部分高温分解产物(H_2、O_2、CO等),因在膨胀过程中温度下降又重新燃烧,放热。由于活塞下行,压力降低,散热面积增大,使补燃期内燃烧放出的热量不能有效地转变为功。同时,排气温度增加,热效率下降,影响发动机动力性和经济性。因此,应尽量减少补燃。正常燃烧时汽油机补燃现象比柴油机轻得多。

2. 柴油机的正常燃烧过程

柴油机的燃烧过程同样利用展开示功图来分析,根据气缸中工质压力和温度的变化规律,将柴油机的燃烧过程划分为四个时期,如图8-16所示。

(1)着火延迟期 从喷油开始(点A)到压力脱离压缩线开始急剧上升(点B)止,这一阶段称为着火延迟期Ⅰ。

燃料开始喷射到着火,其间经过喷散、加热蒸发、扩散、混合和初期氧化等一系列物理的和化学

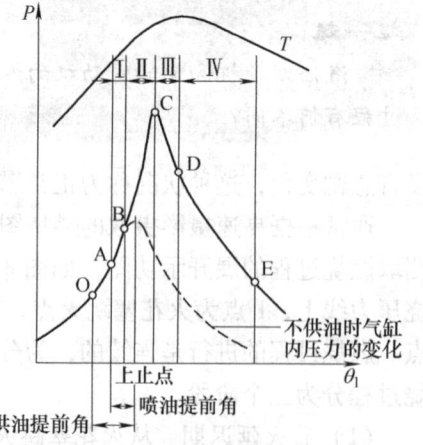

图8-16 柴油机正常燃烧过程
O—泵油始点 A—喷油始点 B—燃烧始点
C—最高压力点 D—最高温度点 E—燃料烧完

的准备过程。它是燃烧过程的一个重要参数，对燃烧放热过程的特性有直接影响。

（2）速燃期　从气缸压力急剧上升的始点B到终点C，称为速燃期Ⅱ。

由于在着火延迟期内喷入燃烧室的燃料，都已经过不同程度的物理化学准备，一旦着火几乎是同时燃烧的，所以放热速度很高，气缸内的压力和温度也急剧升高。但压力升高过快时，会使曲柄连杆机构受到很大的冲击载荷，并伴随有尖锐的敲击声，柴油机工作粗暴，这种情况应予以限制。为使柴油机工作平稳，其压力升高率不应超过292~588kPa/(°)曲轴转角。

（3）缓燃期　从气缸压力急剧升高的终点C到最高温度点D为止，称为缓燃期Ⅲ。

本阶段的特点是喷油已结束，大部分的燃料在此期间燃烧，放出总热量约80%左右，燃气温度上升到最高点。但由于活塞下移，气缸容积增大，气缸内的压力变化不大。

（4）补燃期　从最高温度点D到燃烧结束点E止，称为补燃期Ⅳ。这一阶段，氧气已大量消耗，后期喷入的燃油没有足够的氧气与之混合燃烧，加之活塞进一步下移，气缸内压力和温度进一步下降，使燃烧条件更加恶化，热量利用程度很低，零件热负荷增加，影响柴油机的经济性和使用寿命，应尽量减少补燃期。

8.4.2　汽车尾气分析

想一想

1）汽车尾气污染物主要有哪些？

2）这些污染物是如何产生的？

3）目前汽车上采取了哪些措施来控制尾气排放？

1. 汽车污染物主要成分及危害

汽车排放的污染物主要有：一氧化碳（CO）、碳氢化合物（HC）、氮氧化合物（NOx）、硫化物（SO_2）、微粒、二氧化碳CO_2和其他一些有害物质。这些污染物中，CO、HC、NOx、CO_2和微粒等主要来自车辆尾气的排放，少部分来自曲轴箱泄漏和燃油蒸发。

（1）一氧化碳CO　是烃燃料燃烧的中间产物，主要是在局部缺氧或低温条件下，由于烃不能完全燃烧而产生，混在发动机废气中排出。比如发动机在怠速时，燃烧的混合气偏浓，此时发动机工作循环中的气体压力与温度不高，混合气的燃烧速度减慢，就会引起不完全燃烧，使一氧化碳的浓度增加。发动机在加速和大负荷范围工作，或点火时刻过分推迟时也会使尾气中CO的浓度增高。同时即使燃料和空气混合很均匀，由于燃烧后的高温，已经生成的CO_2也会有小部分被分解成CO和O_2。另外，排气中的H_2和未燃烃HC也可能将排气中的部分CO_2还原成CO。

一氧化碳是一种化学反应能力低的无色无味的窒息性有毒气体，一氧化碳由呼吸道进入人体的血液后，会和血液里的红血蛋白结合，形成碳氧血红蛋白，导致携氧能力下降，使人体出现反应，如听力会因为耳内的耳蜗神经细胞缺氧而受损害等。吸入过量的一氧化碳会使人发生气急、嘴唇发紫、呼吸困难甚至死亡。研究证明，人对一氧化碳的承受能力相当高，一个健康的人能短时间承受血液中含量为20%~40%的一氧化碳的侵袭。虽然对人体无副作用的一氧化碳阈值尚未确定，但长期吸收一氧化碳对城市居民的身体健康是一个潜在威胁。

（2）碳氢化合物HC　汽车排放的碳氢化合物来自三种排放源。对一般汽油发动机来说，约60%的碳氢化合物来自发动机尾气排放；20%~25%来自曲轴箱（PCV系统）的泄漏；其余的15%~20%来自燃料系统（炭罐）的蒸发。碳氢化合物总称烃类，是发动机未燃尽的燃料分解产生的气体，当混合气过稀或缸内废气过多时会出现火焰传播不充分，即燃烧室部分地区由于混合气过稀或缸内残余废气系数过高而不能燃烧，出现断火。这时，排气中的HC浓度会显著增加。

甲烷是窒息性气体，只有高浓度时才对人体健康造成危害。乙烯、丙烯和乙炔则主要是对植物造成伤害，使路边的树木不能正常生长。苯是无色类似汽油味的气体，可引起食欲不振、体重减轻、易倦、头晕、头痛、呕吐、失眠、粘膜出血等症状，也可引起血液变化，红血球减少，出现贫血，还可导致白血病。汽车尾气中还含有多环芳烃，虽然含量很低，但由于多环芳烃含有多种致癌物质而引起人们的关注。同时，碳氢化合物还是产生光化学烟雾的重要成分。

（3）氮氧化合物 NO_x　氮氧化合物主要是指二氧化亚氮 NO 和二氧化氮 NO_2。氮氧化合物的排放量取决于燃烧温度、时间和空燃比等因素。氮氧化合物的生成原因主要是高温富氧环境，比如燃烧室积炭等因素。从燃烧过程看，排放的氮氧化物95%以上可能是二氧化亚氮，其余的是二氧化氮。

人受二氧化亚氮毒害的事例尚未发现，但二氧化氮是一种红棕色、对呼吸道有刺激性的气体，对人体影响甚大。由于其在水中溶解度低，不易被上呼吸道吸收而深入下呼吸道和肺部，引发支气管炎、肺水肿等疾病。二氧化亚氮在浓度为 $9.4mg/m^2$ 的空气中暴露 10min，即可造成呼吸系统失调。

NO_x 和 HC 在大气环境中受强烈太阳光紫外线照射后，产生一种复杂的光化学反应，生成一种新的污染物形成光化学烟雾。1952年12月伦敦发生的光化学烟雾4天中死亡人数较常年同期约多4000人，45岁以上的死亡最多，约为平时的3倍，1岁以下的约为平时的2倍。事件发生的一周中，因支气管炎、冠心病、肺结核和心脏衰弱者死亡分别为事件前一周同类死亡人数的9.3倍、2.4倍、5.5倍和2.8倍。

（4）硫化物 SO_2　汽车尾气中的硫化物的主要成分是二氧化硫。当汽车使用催化净化装置时，就算很少量的 SO_2 也会逐渐在催化剂表面堆积，造成催化剂中毒，不但影响催化剂的使用寿命，还危害人体健康，而且 SO_2 还是造成酸雨的主要物质。

（5）微粒　汽油机中主要微粒为铅化物、硫酸盐、低分子物质，柴油机中主要微粒为石墨形的含碳物质（炭烟）和高分子量有机物（润滑油的氧化和裂解产物）。柴油机的微粒量比汽油机多30～60倍，成分比较复杂。特别是炭烟，主要由直径为 $0.1～10μm$ 的多孔性炭粒构成，它除了会被人体吸入肺部沉淀下来外，还往往粘附有 SO_2 及致癌物质，严重危害人体健康。

（6）二氧化碳 CO_2　即使燃烧过程按理想过程进行，也会生成 CO_2，CO_2 本身对人体无害，但 CO_2 作为主要的温室气体，其导致地球变暖的全球气候变化的影响正在受到越来越多的关注。1997年12月，在日本京都，55个国家签署了《京都议定书》，对削减温室气体排放，制定了明确的计划。《京都议定书》的签署标志着人类启动了大规模控制 CO_2 排放的进程。由于 CO_2 是含碳燃料燃烧的必然产物，所以对汽车产业界来说，降低 CO_2 排放就是要降低汽车的油耗。

2. 控制汽车尾气污染的措施

对汽车尾气污染的控制，主要从控制数量、提高质量、技术革新等方面入手。

（1）控制数量　在许多大中城市中，汽车的数量实际已经"超载"。政府可以用宏观调控的方法把汽车的数量控制在生态平衡允许的范围内。同时要使公共汽车、地铁等公共交通工具迅速发展起来，向市民提倡骑自行车、乘坐公共汽车和地铁，少乘坐私家车，尽量降低汽车尾气排放量。

（2）提高质量 21世纪初，世界大多数城市都已禁止使用含铅汽油。要提高汽车尾气污染物排放标准，严格把关，不能让未达到标准的汽油流入市场。

（3）技术革新 对汽车尾气污染物的防治，主要采取前处理、机内净化和后处理的方法。前处理即对燃料进入气缸前进行处理，以减少燃料挥发进入大气及缸内燃烧后排气中的有害成分；机内净化即对发动机进行改进，以减少排气中有害成分的生成；后处理即在尾气进入大气前，应用净化装置，在排气系统中进行处理，以减少排入大气中的有害成分。

1）燃油替代。汽车中可广泛使用新的配方汽油、电力、压缩的天然气体、太阳能以及生态燃料的蓄电池等作为汽车的能源。

2）内部调试。如减少喷油提前角以降低发动机工作的最高温度，使 NOx 的生成量减少；改善喷油器的质量，控制燃烧条件（空燃比、燃烧温度、燃烧时间），可使燃料燃烧完全，从而可减少 CO、HC 和炭烟；调整喷油泵的供油量，以降低发动机的功率，使雾化的燃料有足够的氧气进行完全燃烧，从而也可以减少 CO、HC 和炭烟的生成。

3）尾气净化。采用催化剂将 CO 氧化成 CO_2，HC 氧化成 CO_2 和 H_2O，NOx 被还原成 N_2 等。目前广泛采用三元催化转换器，同时净化发动机排出的三种有害气体，其工作的前提条件是供给发动机的混合气均保持在理论空燃比 14.7 附近。因此，三元催化转换器需与混合气成分调节系统的使用相结合，这是现阶段排气净化系统最有效的方法。使用这种净化方法使 HC、CO、NO_x 三种有害排气成分得到大幅度的降低。催化转换器设置在排气系统中的排气歧管与消声器之间。

4）内部净化。如曲轴箱通风系统的设计，把从气缸窜入曲轴箱的气体（主要是未燃气体）再循环进入进气歧管，使其再次燃烧，改变了过去将其直接排入大气所造成的污染。排气再循环设计是将发动机排气口用控制阀与进气歧管相连接，使排出的气体经过再次循环，以降低氮氧化物的排放量；蒸发排放控制系统的设计（炭罐）是将油箱中的汽油蒸气引入进气系统，这样可大大减少污染物的排放。采用先进的发动机管理系统，精确控制各工况的空燃比，以降低汽车排放。

随着汽车技术的不断发展，对汽车尾气的控制措施将会越来越完善。

任务实施：

8.4.3 汽油车尾气检测方法

做一做

1）汽油车尾气检测的方法有哪些？

2）对汽油机尾气进行检测并判定结果。

1. 不分光红外线气体分析仪的检测原理

红外线是波长在 0.8～600μm 的不可见电磁波，汽车排气中的 CO、HC、NO_x 和 CO_2 等气体，都分别具有能吸收一定波长范围红外线的性质，如图 8-17 所示。而且，红外线被吸收的程度与排气浓度之间有一定的关系。不分光红外线分析法就是利用这一原理，即根据检测红外线被汽车排气吸收后能量的变化，来检测排气中各种污染物的含量。在各种气体混在一起的情况下，这种检测方法具有测量值不受影响的特点。

2. NHA—502型废气分析仪的组成

NHA—502型废气分析仪采用不分光红外吸收法原理，测量汽车排放废气中的碳氢化合物、一氧化碳和二氧化碳的成分，用电化学电池原理测量排气中的氮氧化合物和氧气的成分，并可根据测得的CO、CO_2、HC和O_2的成分计算出过量空气系数λ(或A/F)。

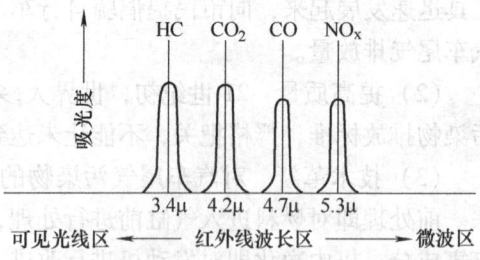

图8-17　4种气体吸收红外线的情况

如图8-18所示，仪器主要由主机、短导管、前置过滤器、取样管、取样探头、微型打印机等组成。

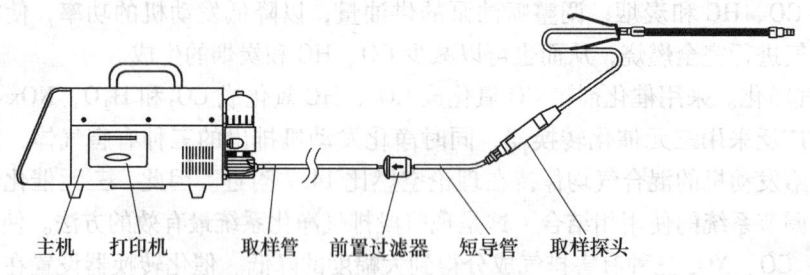

图8-18　NHA—502型废气分析仪组成

仪器前、后面板的布置如图8-19、图8-20所示。

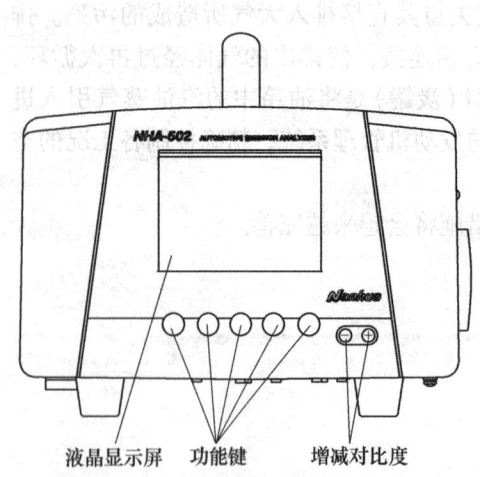

图8-19　仪器前面板布置　　　　图8-20　仪器后面板布置

3. NHA—502型废气分析仪的使用

(1) 安装

1) 按图8-18所示方式连接好，同时检查各连接处，确认连接牢靠，无泄漏。

2) 确认前置过滤器和水过滤器里已分别装入洁净的滤芯。

3) 将电源线、油温测量探头和转速测量钳分别连接到仪器的电源插座、油温信号插座和转速信号插座上。

4）将油温探头插入发动机润滑油标尺孔中，转速测量钳夹在发动机第1缸的火花塞高压线上。

（2）仪器预热　将电源线插到220V交流电源插座上，接通仪器的电源开关，预热仪器。仪器液晶显示屏下部将出现提示："正在预热，请等待，剩余XXX秒"，预热时间共600s。

> **提示：**
> 预热时间为600s仅是仪器工作在环境温度为20℃左右时的指标。如果环境温度比20℃高得较多，仪器预热时间会相应缩短；如果比20℃低得太多，预热时间将相应延长。只要达到了预热后的技术性能要求，仪器将会自动结束预热状态。

（3）泄漏检查　仪器预热完成后会自动进入"泄漏检查"子菜单，检查气路系统是否有泄漏，这时液晶显示屏下部将出现提示："用密封套堵住探头，然后按任意键执行检漏"。检漏完毕，如有泄漏，将出现提示："有泄漏，请检查，按任意键重新检漏"，用户应仔细检查全气路，予以排除。如无泄漏，会出现提示："OK"，仪器将进入自动调零。

（4）自动调零　仪器进入自动调零时，显示屏下部将出现提示："正在调零，请等待"。如果调零完成，显示屏下部会出现"OK"，显示屏进入主菜单。如果调零不正常，显示屏下部将出现"调零错误"，停顿几秒后，显示屏也将进入主菜单。

> **提示：**
> 仪器在使用过程中会产生漂移、电化学传感器老化等情况，因此，仪器使用一段时间（一般3~6个月）后应进行量距校准。

（5）仪器主菜单　仪器主菜单如图8-21所示，主菜单上部是操作信息提示区；中部是HC、CO、CO_2、O_2、NO、转速n、油温、过量空气系数λ和PEF的实时测量值显示区；下部是"测量"、"调零"、"校准"、"检漏"和"设备"五个操作菜单选项。按操作菜单正下方对应的功能键，就可以从主菜单进入相应的操作界面。反之，无论从哪个项目退出，都将会返回到主菜单。

（6）设置　为便于用户设定测量模式、发动机冲程和燃料的种类等，本仪器设立了"设置"子菜单。在主菜单界面下按下"设置"功能键，分析仪将进入设置子菜单如图8-22所示。

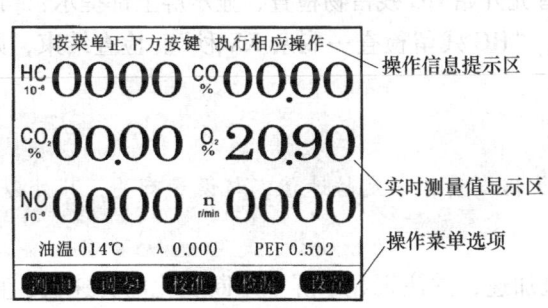

图8-21　主菜单

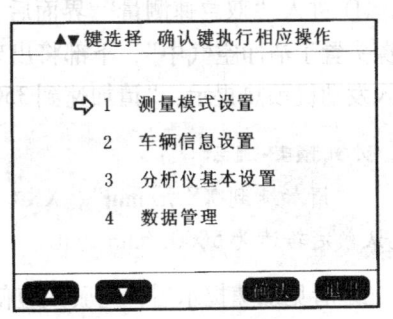

图8-22　"设置"子菜单

在测量模式设置中有四种模式可选择：实时测量模式、怠速测量模式、双怠速测量模式和自定义测量模式。

实时测量模式是以不断显示即时测量数据的方式工作，适用于观察和监测机动车排放的实时值。

怠速测量模式是以国标GB18285—2000中规定的怠速测量法编排的检测流程。

双怠速测量模式是以国标GB18285—2005《点燃式发动机汽车排气污染物排放限值及测量方法（双怠速法及简易工况法）》中的规定编排的双怠速检测流程。

为方便用户对分析仪进行调试，本仪器还提供自定义测量模式，该模式参照双怠速检测流程，可适当调整HC残留检查限值、转速超差范围、取样时间等检测流程中的相关参数，然后分析仪就以用户自定义的流程进行相应的检测。

（7）测量　在主菜单界面下按压"测量"功能键，仪器将根据先前所设置的测量模式，进入相应的测量界面——"实时测量"、"双怠速测量"、"怠速测量"和"自定义模式"测量界面，并开始进行相应的测量工作。

4. 汽油车尾气检测双怠速试验法

根据国标GB18285—2005《点燃式发动机汽车排气污染物排放限值及测量方法（双怠速法及简易工况法）》，汽油车尾气检测方法有怠速法和工况法，怠速法中包括了单怠速法和双怠速法，工况法中包括了稳态工况和瞬态工况。

（1）仪器准备和校准

1）按仪器使用说明书的要求做好各项检查工作。

安装好油温和转速测量装置。即将油温测量探头插入发动机的润滑油标尺孔中，一直插到探头接触到润滑油为止；将转速测量钳夹在发动机第1缸的火花塞高压线上。

2）接通电源，预热。

3）用标准气样校准。

（2）车辆和发动机准备

1）进气系统装有空滤器，排气系统装有排气消声器，不得有泄漏。

2）汽油应符合GB484《车用汽油》的规定。

3）测量时发动机冷却水和润滑油温度达到所规定的热状态。

（3）双怠速排放测量

1）HC残留物检查及发动机预热。

① 进入"双怠速测量"界面后，仪器首先开始HC残留物检查，显示屏上部提示："请将探头置于洁净空气中"，下部将出现提示："HC残留检查…剩余XX秒"。检查结束，则进入发动机预热提示："请加速到3500r/min"。

发动机预热提示：

"请加速到XXXr/min"，XXX等于0.7倍发动机额定转速值，与设置有关，此处以默认额定转速为5000r/min为例。

② 看见加速提示后，驾驶人应使发动机加速，并注视显示屏上不断变化的转速值，直到3500r/min左右为止。

③ 当转速达到3500r/min时，显示屏上部将出现提示："请保持3500r/min，剩余XXX

秒"（总共30s）。完成后，将进入排放测量阶段。

2）测量高怠速下的排放。

① 发动机预热结束后，分析仪将提示"请插入取样探头…"，此时，操作人员应将取样探头插入排气管中，插入深度为400mm。然后，显示屏上部将出现提示："请减速到2500r/min"，驾驶人应立即将发动机减速，同时注视显示屏中部不断变化的转速值，直到转速降到2500r/min左右为止。

> **高怠速提示：**
> "请减速到XXXr/min"，XXX等于0.5倍发动机额定转速值，与设置有关，此处以默认额定转速为5000r/min为例。

② 转速达到高怠速后，上部的提示将改变为："请保持2300r/min，剩余XXX秒"，倒计时总共45s，前15s为预备阶段，后30s为实际取样阶段，驾驶人应按提示将转速保持在2500 ± 100r/min的范围内。

3）测量怠速下的排放。高怠速倒计时结束后，显示屏上部将出现提示："请减速至怠速…"，这时，驾驶人应放松加速踏板，使车辆减速。当转速下降到1500r/min以下时，显示屏上部的提示会改变为："请保持怠速，剩余XXX秒"，倒计时总共45s，前15s为预备阶段，后30s为实际取样阶段。

> **注意**
> 在整个双怠速取样过程中，若取样探头未插入排气管，则屏幕左下角会闪烁"取样探头"字样以作警示。

4）显示测量结果

① 怠速倒计时结束后，显示屏下部将提示："请拔出取样探头并卸下转速和油温装置"，用户完成提示要求后，仪器将自动转换为"双怠速测量结果"显示界面，分别列出高怠速和怠速的HC、CO、CO_2、O_2、NO、转速n、油温T和λ等各个测量数据。

② 如果要储存测量结果，可按下"储存"功能按键，进入车牌号码输入界面。储存成功后"储存OK"字样显示两秒后消失。

③ 如果要打印测量结果，可按下"打印"功能按键，进入车牌号码输入界面。

5）判断测量结果。本仪器具备双怠速结果自动判断功能，判断的依据是国家标准GB18285—2005《点燃式发动机汽车排气污染物排放限值及测量方法（双怠速法及简易工况法）》里面"排气污染物排放限值"的限值要求。

6）结束本次测量。在"双怠速测量结果"显示界面，按"退出"功能按键，分析仪返回主菜单界面。

5. 汽油车尾气检测加速模拟工况试验法

所谓加速模拟工况是指车辆预热到规定的热状态后，加速至规定车速，根据车辆规定车速时的加载负荷，通过底盘测功机对车辆加载，使车辆保持等速运转的运行状态，在这样的工况下测试汽车尾气的排放情况。加速模拟工况试验法简称工况法，由两个试验工况组成，分别称为ASM5025和ASM2540。

(1) ASM5025工况 ASM5025工况测试程序如下：

1) 车辆驱动轮位于测功机滚筒上，将分析仪取样探头插入排气管中，深度为400mm，并固定于排气管上。对独立工作的多排气管应同时取样。

2) 车辆经预热后，加速至25km/h，测功机以车辆速度为25km/h，加速度为$1.475m/s^2$时输出功率的50%作为设定功率对车辆加载。

3) 车辆以25 ± 1.5km/h的速度持续运转10s后开始计时测试，持续运转测试时间为90s，90s后ASM 5025工况结束。

(2) ASM2540工况 ASM2540工况测试程序如下：

1) 在ASM5025工况试验结束后，车辆立即加速至40km/h，测功机以车辆速度为40km/h，加速度为$1.475m/s^2$时的输出功率的25%作为设定功率对车辆加载。

2) 车辆以40 ± 1.5km/h的速度持续运转10s后开始计时测试，持续运转测试时间为90s，90s后ASM 2540工况结束。

6. 检测标准

根据国家标准GB18285—2005《点燃式发动机汽车排气污染物排放限值及测量方法（双怠速法及简易工况法）》的规定，装配点燃式发动机的车辆进行双怠速试验排气污染物排放限值见表8-2和表8-3。

表8-2 新生产汽车排气污染物排放限值（体积分数）

车 型	类 型			
	怠 速		高 怠 速	
	CO/%	$HC \times 10^{-6}$	CO/%	$HC \times 10^{-6}$
2005年7月1日起新生产的第一类轻型汽车	0.5	100	0.3	100
2005年7月1日起生产的第二类轻型汽车	0.8	150	0.5	150
2005年7月1日起新生产的重型汽车	1.0	200	0.7	200

表8-3 在用汽车排气污染物排放限值（体积分数）

车 型	类 型			
	怠 速		高 怠 速	
	CO/%	$HC \times 10^{-6}$	CO/%	$HC \times 10^{-6}$
1995年7月1日前生产的轻型汽车	4.5	1200	3.0	900
1995年7月1日起生产的轻型汽车	4.5	900	3.0	900
2000年7月1日起生产的第一类轻型汽车①	0.8	150	0.3	100
2001年10月1日起生产的第二类轻型汽车	1.0	200	0.5	150
1995年7月1日前生产的重型汽车	5.0	2000	3.5	1200
1995年7月1日起生产的重型汽车	4.5	1200	3.0	900
2004年9月1日起生产的重型汽车	1.5	250	0.7	200

对过量空气系数（λ）的要求：对于使用闭环控制电子燃油喷射系统和三元催化转换

器技术的汽车进行过量空气系数（λ）的测定，发动机转速为高怠速转速时，λ 应在 1.00±0.03 或制造厂规定的范围内。进行 λ 测试前，应按照制造厂使用说明书的规定预热发动机。

工作任务 11　汽油车尾气检测

1. 目的
1) 正确操作尾气分析仪完成汽油车尾气的检测。
2) 根据检测标准判定结果。

2. 设备及器材
1) 常用工具 1 套。
2) 汽油车尾气分析仪。
3) 被试车辆一台。

3. 操作基本方法
仪器操作前请阅读仪器使用说明书，并按照 8.4.3 中的方法进行检测。

4. 完成工作任务单

汽油车尾气检测工作任务单

任务名称	汽油车尾气检测	学时	2	班级	
学生姓名		学生学号		任务成绩	
实训设备（型号）		实训场地		日期	

1. 检测前的准备
(1) 仪器的准备
① 检查油温和转速测量装置是否安装好。
　□是　　□否
② 检查仪器是否预热。
　□是　　□否
③ 检查仪器是否校准。
　□是　　□否
④ 启动检测程序，检验程序是否能正常启动。
　□是　　□否
⑤ 检查程序运转是否正常。
　□是　　□否
(2) 被检车辆的准备
① 检查车辆进、排气系统是否有泄漏。
　□是　　□否
② 测量时发动机冷却水和润滑油温度是否达到所规定的热状态。
　□是　　□否

2. 检测过程
① 按设定程序进行双怠速检测。
② 测量高怠速下的排放，并记录结果。n（转速）_____；CO _____；HC _____；NO_x _____；CO_2 _____；O_2 _____。
③ 测量怠速下的排放，并记录结果。n（转速）_____；CO _____；HC _____；NO_x _____；CO_2 _____；O_2 _____。
④ 检测结束，熄火停机。

3. 检测结果分析
检测完毕后，将汽车开出试验台，保存并打印检测结果，对检测结果进行分析：

8.4.4 柴油车尾气检测

柴油车尾气排放的主要有害成分是炭烟。目前对柴油车炭烟的测量主要采用烟度计，有滤纸式和消光式等几种。

做一做

对柴油机尾气进行检测并判定结果。

1. 滤纸式烟度计

滤纸式烟度计是一种非直接测量的计量仪器，其结构如图8-23所示，主要由取样系统（即抽气装置）、走纸机构、光电检测系统和控制系统等四部分组成。

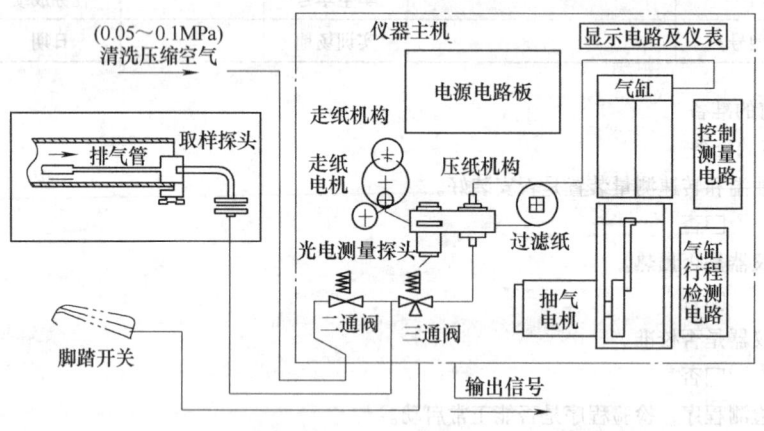

图8-23 滤纸式烟度计总体结构示意图

（1）取样系统 取样系统由抽气泵、取样探头、取样软管、滤纸夹持器及电磁阀等部分组成。将取样探头插入柴油车排气管中，借助抽气泵的作用，抽取一定量的尾气经取样软管通过滤纸，完成取样过程。

（2）走纸机构 走纸机构由滤纸、走纸电动机、走纸轮、走纸电磁铁、连杆与杠杆等组成。用以控制滤纸每次检测移动42mm，该距离恰好使受排气污染的滤纸从纸夹持机构移动至光电检测器的中心。

（3）光电检测系统 光电检测系统由光电检测器（包括光源灯、灯座支承体、反光罩、硒光电池)和仪表两部分组成。光源灯发出的光通过硒光电池中间的圆孔照射到滤纸上,从滤纸反射回来的光照射到硒光电池的工作面上,硒光电池便产生电流。此电流信号经放大后送到指示仪表显示,便反映出滤纸的染黑度即烟度。当满足一定条件时,输出电流与烟度成线性关系,可在指示仪表上直接读出烟度值。

(4) 控制与指示系统　控制与指示系统由电磁铁、电磁阀、继电器、控制开关及仪表等组成。主要用于仪器使用的操作控制。

(5) 辅助装置　烟度计在使用过程中必须配置 0.4MPa 左右的稳定气源,一般配置一台空气压缩机。为了确保检测结果的准确性,一般还应配置一台空气压缩机用于清洁检测系统。

滤纸式烟度计的工作原理是通过检测测量介质被所测量烟度污染的程度大小来间接得出烟度的大小。仪器的取样系统通过抽气泵、取样探头从柴油车的排气管内,在规定时间中,抽取规定容积废气,经过测量介质(测试过滤纸)过滤,废气中的炭粒附着在过滤纸上,形成一个规定面积的烟斑,然后通过测量系统的光电测量探头对烟斑的污染程度进行测量,转化为电信号,经过放大、处理,再将测试结果通过显示装置显示出来。

2. 消光式烟度计

消光式烟度计是利用透光衰减率来测量排气烟度的典型仪器。其原理是使光束通过一段给定长度的排烟管,通过测量排烟对光的吸收程度来决定排烟对环境的污染程度,是一种直接测量的计量仪器。

消光式烟度计如图 8-24 所示,测量单元的测量室是一根分为左右两半部分的圆管,被测排气从中间的测量室入口进入,分别穿过左圆管和右圆管,从左出口和右出口排出。透镜装在左出口的左边,反射镜装在右出口的右边。在透镜的左侧是一个放置成45°的半反射半透射镜,它的下方是绿色发光二极管,它的左边是光电转换器,发光二极管及光电转换器到透镜的光程都等于透镜的焦距。因此,发光二极管发出的光经过半反射镜的反射,再通过透镜后就成为一束平行光。平

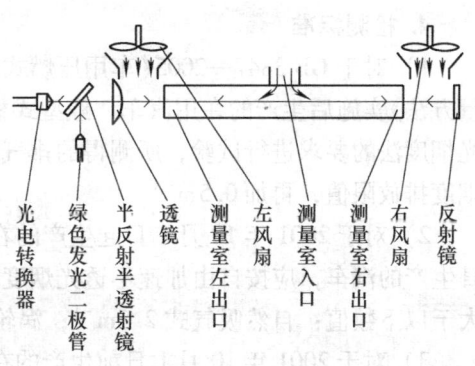

图 8-24　消光式烟度计结构及原理示意图

行光从测量室的左出口进入,穿过左右圆管(测量室)中的烟气从右出口射出,被反射镜反射后折返,从测量室的右出口重新进入测量室,再次穿过烟气从左出口射出。射出的平行光经过透镜,穿过半透射镜,聚焦在光电转换器上,并转换成电信号。排气中含烟越多,平行光穿过测量室的光能衰减越大,经光电转换器转换的光电信号就越弱。

3. 柴油车自由加速试验烟度检测方法

以南华产 NHT—1 消光式烟度计为例介绍自由加速试验烟度检测方法。

(1) 仪器的准备

1) 通电之前,检查指示表指针是否在机械零点上,否则进行校零。

2) 通电后进行仪器预热。

(2) 车辆的准备

1) 必须确保发动机处于热状态,并且机械状态良好。

2)发动机应充分预热。例如：在发动机机油标尺孔位置测得的机油温度应至少为80℃。如果温度低于80℃，发动机也应处于正常运转温度。因车辆结构无法进行温度测量时，可以通过其他方法使发动机处于正常运转温度。例如，通过控制发动机冷却风扇。

3)采用至少三次自由加速过程或其他等效方法对排气系统进行吹拂。

4)排气系统不得有泄漏。

5)应保证取样管插入深度不小于300mm，否则排气管应加接管，并保证接口不漏气。

(3) 检测方法

1)仪器接通电源预热30min。

2)按"↑"键，仪器提示"请将探头放于清洁处，准备校准"。操作员按"K"键确认，仪器进行校准。

3)将探头插入汽车排气管内，汽车保持怠速状态，仪器确定启动和停止试验的域值。

4)怠速状态检测完成后，操作员按仪器提示"请加速"，迅速踩下车辆的加速踏板，使发动机升至高转速，当仪器出现"请减至怠速，并保持"的提示后，立即松开加速踏板，使发动机恢复到怠速状态。

5)仪器在急剧加速的过程中，当排烟的不透光超过启动域值时，开始自动采集数据一直到不透光达到停止域值，然后从采样的数据中找出最大值，作为本次的测量结果。

6)汽车自由加速试验至少应重复6次，如果光吸收系数示值连续4次均在 0.25~1m^{-1}的带宽内，并且没有连续下降趋势，则将这4次示值的算术平均值作为测量结果。

4. 检测标准

1)对于 GB 3847—2005《车用压燃式发动机和压燃式发动机汽车排气烟度排放限值及测量方法》实施后生产的在用汽车，经型式核准批准车型生产的在用汽车，应按自由加速不透光烟度法的要求进行试验，所测得的排气光吸收系数不应大于车型核准批准的自由加速排气烟度排放限值，再加 0.5m^{-1}。

2)对于2001年10月1日起生产的在用汽车，自2001年10月1日起至本标准实施之日生产的汽车，应按自由加速不透光烟度法的要求进行试验，所测得的排气光吸收系数不应大于以下数值：自然吸气式2.5m^{-1}；涡轮增压式3.0m^{-1}。

3)对于2001年10月1日前生产的在用汽车，自1995年7月1日起至2001年9月30日期间生产的在用汽车，应按自由加速滤纸烟度法的要求进行自由加速试验，所测得的烟度值应不大于4.5Rb。

4)自1995年6月30日以前生产的在用汽车，应按自由加速滤纸烟度法的要求进行试验，所测得的烟度值应不大于5.0Rb。

工作任务12 柴油车烟度检测

1. 目的

1)正确操作仪器设备完成柴油车烟度的检测。

2)根据检测标准判定结果。

2. 设备及器材

1)常用工具1套。

2）烟度计。
3）被试车辆一台。

3. 操作基本方法

仪器操作前请阅读仪器使用说明书，并按照 8.4.4 中的方法进行检测。

4. 完成工作任务单

<h3 style="text-align:center">柴油车尾气检测工作任务单</h3>

任务名称	柴油车尾气检测	学时	2	班级	
学生姓名		学生学号		任务成绩	
实训设备（型号）		实训场地		日期	

1. 检测前的准备

（1）仪器的准备

① 检查指示表指针是否在机械零点上。
　　□是　　□否

② 检查仪器是否预热。
　　□是　　□否

（2）被检车辆的准备

① 检查发动机预热是否良好。
　　□是　　□否

② 检查车辆进、排气系统是否有泄漏。
　　□是　　□否

2. 检测过程

① 仪器预热。

② 发动机怠速运转，将探头插入排气管中。

③ 按仪器提示进行操作，完成检测并记录结果：排气烟度为_____。

3. 检测结果分析

检测完毕后，熄火停机，对检测结果进行分析。

8.5 汽车噪声检测

噪声作为一种严重的公害已日益引起人们的关注，目前世界各国已纷纷制定出控制噪声的标准。噪声的一般定义是：频率和声强杂乱无章的声音组合。噪声对人体的危害是多方面的，噪声使人听力下降，甚至耳聋。在噪声影响下，也可以诱发一些疾病。噪声作用于人的中枢神经系统，使大脑皮层兴奋和抑制失调，产生头痛、头晕、脑涨、耳鸣、失眠、心慌等症状。噪声还可以影响人的其他系统，如消化系统、内分泌系统等。总之，噪声不仅能引起人体的生理改变和损伤，而且还能导致对心理、生活和工作的不利影响。

随着汽车向快速和大功率的方向发展，道路交通噪声已成为一些大城市的主要噪声源，且汽车噪声具有游走性，影响范围大，干扰时间长，因而危害比较大，应严格加以控制。

想一想
1. 汽车噪声来自哪些方面？
2. 噪声如何评价？

8.5.1 汽车噪声的形成与分类

1. 根据汽车噪声对环境的影响分类

（1）车外噪声　车外噪声是指汽车各部分噪声辐射到车外空间的那部分噪声，其噪声源主要包括发动机噪声、排气噪声、轮胎噪声、制动噪声和传动系统噪声等。车外噪声主要影响车外道路两旁的声学环境。

（2）车内噪声　车内噪声是指车厢外的汽车各部分噪声通过各种声学途径传入车内的那部分噪声，以及汽车各部分振动通过各种振动传递路径激发车身板件的结构振动向车厢内辐射的噪声。这些噪声声波在车内空间声学特性的制约下，生成较为复杂的混响声场，从而形成车内噪声。车内噪声主要影响车内的声学环境。

2. 根据汽车噪声产生的过程分类

（1）发动机噪声

1）燃烧噪声。是由于气缸内周期性变化的气体压力的作用而产生的。主要表现为气体燃烧时急剧上升的气缸压力通过活塞、连杆、曲轴缸体及缸盖等引起发动机结构表面振动而辐射出来的噪声。压力升高率是影响燃烧噪声的根本因素。因而，燃烧噪声主要集中于速燃期，其次是缓燃期。柴油机由于压缩比高，压力升高率过大，其燃烧噪声比汽油机高得多。

2）机械噪声。是指由于气体压力及机件的惯性作用，使相对运动零件之间产生撞击和振动而形成的噪声。主要包括活塞连杆组噪声（活塞、连杆、曲轴等运动件撞击气缸体产生的噪声）、配气机构噪声、齿轮机构噪声等。

3）进、排气噪声。是由于发动机在进、排气过程中的气体压力波动和高速气体流动所引起的振动而产生的噪声。进、排气噪声的强弱受发动机转速和负荷影响较大。随发动机转速的提高，进气噪声增大，负荷对进气噪声影响较小。随着发动机转速的增加，空负荷比满负荷增加噪声的比率更大些。

4）风扇噪声。是由旋转噪声和涡流噪声所组成。旋转噪声是由于风扇旋转时叶片切割空气，引起空气振动所产生的。涡流噪声是由于风扇旋转时叶片周围产生的空气涡流造成的。影响风扇噪声的主要因素是风扇转速，以及一些机械噪声。

（2）传动机构噪声

1）变速器噪声。主要是因齿轮振动引起的，此外还包括轴承运转声、润滑油搅拌声、发动机振动传至变速器箱体而辐射的噪声等。提高齿轮加工精度，选择合适的齿轮材料，设计固有振动频率高、密封性好、隔声性强的齿轮箱等均可减小变速器噪声。

2）传动轴噪声。主要表现为汽车行驶中传动轴发出的周期性响声，且车速越高响声越严重，甚至引起车身发生抖动、驾驶人握转向盘的手有麻木感，这是由于传动轴变形、轴承松旷及装配不良等原因造成的。提高装配精度，检查平衡片有无脱落，避免超速行驶，可减小传动轴噪声。

3）驱动桥噪声。是在汽车行驶时车后部发出的较大的响声，且车速越高响声越大，主要是由于齿隙不合适、齿轮装配不当、轴承调整不当等原因造成的。

（3）制动噪声　制动噪声是汽车制动过程中由制动器摩擦引起制动器等部件振动发出的声响，通常称为制动尖叫声。特别是制动器由热态转为冷态时更容易产生这种噪声。鼓式制动器比盘式制动器产生的噪声大。通常发生在制动蹄摩擦片端部和根部与制动鼓接触的情况下。其噪声大小取决于制动蹄摩擦片长度方向上的压力分布规律，还受制动系统及零部件刚度的影响。

（4）轮胎噪声

1）轮胎花纹噪声、道路噪声。是轮胎和路面相互作用而产生的噪声。汽车行驶时，轮胎接地部分胎面花纹沟槽内的空气和路面的微小凹凸与地面间的空气，在轮胎离开地面时，受到一种类似于泵的挤压作用引起周围空气压力变化从而产生噪声。

2）弹性振动噪声。是由于轮胎不平衡、胎面花纹刚度变化或路面凹凸不平等原因激发胎体振动而产生的噪声。

3）轮胎旋转时搅动空气引起的风噪声。

影响轮胎噪声的因素主要有轮胎花纹、车速及负荷、轮胎气压、装配情况、轮胎磨损程度、路面状况等。

8.5.2 汽车噪声的评价指标

声音是由声源作周期或非周期性振动而产生的。当声源振动时，声音以波的形式在弹性媒介（气体、液体或固体）中传播，即形成声波。声音的大小，与"声压"有关；声音的尖沉，与"音频"高低有关；声音悦耳嘈杂，与"音调"是否和谐有关。

1. 音频

人耳可以听到的声音频率大致为 20～20000Hz。频率越高，声音就越尖锐；频率越低，声音就越低沉。例如，打鼓的声音频率在100Hz左右；人讲话的声音约为几百赫；高音和乐器的声音约在100～4000Hz 范围内；尖叫的声音可能超过4000Hz。低于20Hz 的声音称为次声，高于20000Hz 的声音称为超声，都是人耳听不到的声音。

2. 声压

声压是声学中表示声音强弱的指标。当声音在空气中传播时，引起空气压力的起伏变化，这个压力的变化量称之为声压，声音越大，声压也越大。声压的单位与压力单位相同，即其单位为帕斯卡（Pa）。正常人耳刚刚能听到的声压（称为听阈声压）是 2×10^{-5}Pa，刚刚使人耳产生疼痛感觉的声压（痛阈声压）是20Pa，痛阈声压是听阈声压的 100×10^4 倍。

3. 声压级

由于以声压计量噪声数值太大，使用起来不方便，加之人们对声音强弱变化的感觉与声压的相对变化量有关，故实际上采用了对声音进行相对变化比较的无量纲单位"声压级"来作为噪声的测量单位。声压级的单位是分贝（dB），其定义为

$$L_p = 20\lg\frac{P}{P_0}(\text{dB})$$

式中　L_p——声压级（dB）；

　　　P——声压（Pa）；

　　　P_0——基准声压（取 2×10^{-5}，单位为 Pa）。

采用声压级之后，就将相差 100×10^4 倍的可听声压范围，简化成 0～120dB 的声压级变化，它既符合人耳对声音的主观感觉，也便于表示。

8.5.3 汽车噪声检测方法

做一做
测定汽车噪声并判定检测结果？

1. 声级计结构

声级计一般由传声器、放大器、衰减器、计权网络、检波器、指示仪表和电源等组成，如图 8-25 所示。

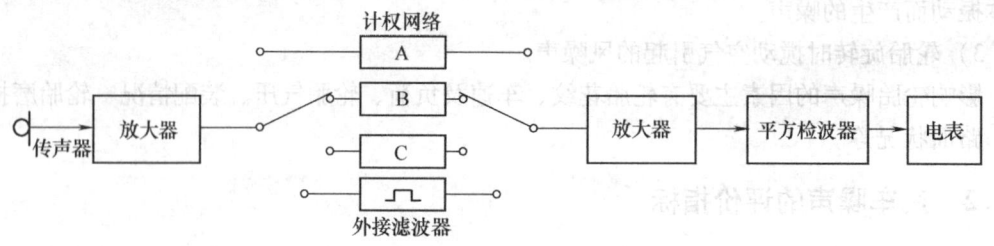

图 8-25 声级计原理

（1）传声器　传声器是把声压信号转变为电压信号的装置，也称之为话筒，它是声级计的传感器。常见的传声器有晶体式、动圈式和电容式数种。

（2）放大器和衰减器　由于传声器将声压转变为电压的能量很小，故安装了放大器，将微弱的电信号放大。一般采用两级放大器，即输入放大器和输出放大器。

输入衰减器和输出衰减器是用来改变输入信号的衰减量和输出信号衰减量的，以便使表头指针指在适当的位置。输入放大器使用的衰减器调节范围为测量低端，输出放大器使用的衰减器调节范围为测量高端。许多声级计的高低端以 70dB 为界限。

（3）计权网络　为了模拟人耳听觉在不同频率有不同的灵敏性，在声级计内设有一种能够模拟人耳的听觉特性，把电信号修正为与听感近似的网络，这种网络叫做计权网络。通过计权网络测得的声压级，已不再是客观物理量的声压级（叫线性声压级），而是经过听感修正的声压级，叫做计权声级或噪声级。

计权网络有 A、B、C 三种，分别记作 dB(A)、dB(B) 和 dB(C)。A 计权声级是模拟人耳对 55dB 以下低强度噪声的频率特性，B 计权声级是模拟 55～85dB 的中等强度噪声的频率特性，C 计权声级是模拟高强度噪声的频率特性。三者的主要差别是对噪声低频成分的衰减程度不同，A 衰减最多，B 次之，C 最少。A 计权声级由于其特性曲线接近于人耳的听感特性，因此是目前世界上噪声测量中应用最广泛的一种，许多与噪声有关的国家规范都是按 A 声级作为指标的。

（4）检波器和指示表头　检波器的作用是把迅速变化的电压信号转变成变化较慢的直流电压信号。这个直流电压的大小要正比于输入信号的大小。根据测量的需要，检波器有峰值检波器、平均值检波器和均方根值检波器之分。峰值检波器能给出一定时间间隔中的最大值，平均值检波器能在一定时间间隔中测量其绝对平均值。均方根值检波器能对交流信号进行平方、平均和开方，得出电压的均方根值，最后将均方根电压信号输送到指示表头，在多数的噪声测量中均采用均方根值检波器。

(5) 指示仪表　指示仪表是一只电表，对其刻度进行一定的标定，可从表头上直接读出噪声级的分贝值。目前，测量噪声用的声级计，表头响应按灵敏度可分为四种：

1）慢。表头时间常数为1000ms，一般用于测量稳态噪声，测得的数值为有效值。

2）快。表头时间常数为125ms，一般用于测量波动较大的不稳态噪声和交通运输噪声等。快档接近人耳对声音的反应。

3）脉冲或脉冲保持。表针上升时间为35ms，用于测量持续时间较长的脉冲噪声，如冲床、按锤等，测得的数值为最大有效值。

4）峰值保持。表针上升时间小于20ms，用于测量持续时间很短的脉冲声，如枪、炮和爆炸声，测得的数值是峰值，即最大值。

2. 声级计的工作原理

由传声器将声音转换成电信号，再由前置放大器变换阻抗，使传声器与衰减器匹配。放大器将输出信号加到计权网络，对信号进行频率计权（或外接滤波器），然后再经衰减器及放大器将信号放大到一定的幅值，送到有效值检波器（或外接电平记录仪），在指示表头上显示出噪声声级的数值。

3. 声级计的使用

1）在未接通电源时，先检查仪表指针是否在机械零点上。

2）检查电池容量。把声级计功能开关对准"电池"，衰减器任意，此时电表指针应达到额定红线或规定区域，否则读数不准，应更换电池。

3）打开电源开关，预热仪器约10min。

4）对仪器进行校准。

5）将声级计的功能开关对准"线性"、"快"档。

6）检查计权网络。按以上步骤，将"线性"位置依次变为"C"、"B"、"A"。由于室内环境噪声多为低频成分，故经频率计权后的噪声级示值将低于线性值，而且应依次递减。

7）考查"快"、"慢"档。将衰减器刻度盘调至高dB值处（例如90dB）。通过操作人员发出声响，并注意观察"快"档时的指针摆动能否跟上发声速度，"慢"档时的指针摆动是否明显迟缓。

8）经过上述检查和校准后，声级计便可投入使用。在不知道被测声级多大时，必须把衰减器刻度盘预先放在最大衰减位置（即120dB），在实测中再逐步旋至被测声级所需要的衰减档。

4. 汽车噪声检测内容

汽车噪声的检测内容有：汽车匀速和加速行驶车外噪声检测、车内噪声检测、车辆定置噪声检测。

(1) 加速噪声　由于加速噪声能反映出汽车在常用工况下车辆的最大噪声，特别是在市区行驶时的最大噪声，目前被大部分工业国家列入汽车定型试验的必测项目，成为考核汽车整车噪声的主要指标，其值也基本反映了各国在控制汽车噪声方面所达到的技术水平。

(2) 车内噪声　车内噪声是影响乘员的舒适性、听觉损害程度、语言清晰度以及对车外各种音响讯号识别能力的重要因素，目前我国仅制定了匀速行驶车内噪声试验方法，而ISO、欧美日等国际制定了匀速行驶车内噪声试验方法，还制定了车辆加速行驶和车辆静止状态下发动机怠速工况和加速工况对车内各个区域位置影响的测量方法。

(3) 车辆定置噪声　车辆定置噪声的测量主要是针对排气噪声和发动机噪声而设置的。欧美日车型试验中都规定车辆必须进行定置噪声测量，我国曾参照 ISO 5130—1982，制定了《机动车辆噪声定量测量方法》。

(4) 车外匀速行驶噪声和轮胎噪声　我国 GB1496—1979 只规定了测试 50km/h 一种车速的车外匀速行驶噪声测量方法。匀速行驶车外噪声试验在许多国家都已不再列入车型试验，主要是测量方法和交通噪声的实际状态对应差，与加速行驶噪声试验比较，其结果的再现性也差，且已经进行了加速行驶噪声测量，就没有必要再进行匀速噪声测量了。

5. 汽车噪声检测条件

(1) 测量场地

1) 如图 8-26 所示，测量场地应平坦、空旷，在测量区以 O 点为中心，以 50m 为半径的范围内，应没有大的声反射物，如建筑物、围墙、小山坡、树木或标声牌等。

2) 在测量区以 O 点为中心以至少 10m 为半径的范围内，场地应是沥青或混凝土或类似坚实材料铺装的平整、干燥路面，并且没有积雪、高草、松土、炉灰等类似吸声材料。

3) 场地测量区的跑道应平直，且足够长。跑道表面应不造成过高的轮胎噪声。

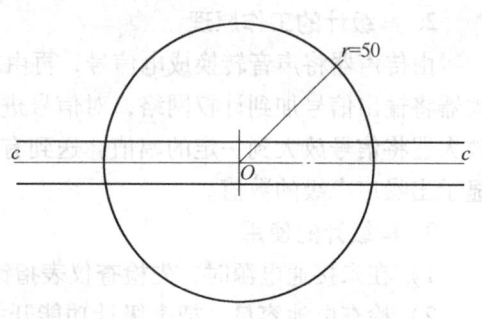

图 8-26　试验场地

(2) 测量环境

1) 测量应在良好天气中进行。测量时在传声器高度的风速不超过 5m/s。当风速大于 3m/s 时应使用防风罩，且防风罩不应影响声级计的灵敏感。应将测得的风速和风向进行记录。

2) 背景噪声(包括风噪声)应比被测噪声至少低 10dB(A)，并保证测量不被偶然的其他声源所干扰。应将测得背景噪声值进行记录。

3) 测量时测量区不得站人。声级计(与传声器没有延伸电缆连接时)附近除测量者外，不应有其他人。测量者也应站在对仪表读数影响较小的位置。

(3) 被测车辆

1) 汽车不载重，不带挂车或半挂车(不可分解的车除外)。

2) 汽车有不止一个驱动轴时，应选用公路上正常行驶所用的驱动方式。

3) 汽车技术状况应良好，并符合该车的技术条件和 GB/T12534—1990 的规定。

6. 汽车加速行驶车外噪声检测及标准

(1) 测量区及传声器布置

1) 测量区如图 8-27 所示规定。加速段长度为 $2 \times (10 \pm 0.05)$ m，O 点为测量区中心，AA 为加速始端线，BB 为加速终端线，CC 为行驶中心线。

2) 传声器应固定在离地高 (1.2 ± 0.05) m，与 CC 线水平距离 (7.5 ± 0.05) m 处的位置，其参考轴线应水平并垂直指向行驶中心线 CC。

(2) 检测方法

1) 汽车按下列规定稳定地行驶到始端线 AA。

手动变速器汽车4档以上挂Ⅲ档，4档以下汽车挂Ⅱ档，自动变速器汽车用在试验区加速最快的档位；接近速度为50km/h或发动机转速为其额定转速3/4时的车速。

2）当汽车行驶到始端线 AA 时立即迅速将加速踏板踩到底并保持不变，直到车辆后端到达终端线时，立即停止加速。

3）读取车辆行驶时的声级计最大读数。

声级计的时间计权应用快速（F），频率计权应用"A"计权网络。如可能，用最大值保持模式。

4）同样的测量往返进行一次，取两次测量中的最大值。但两次测量的误差不应大于2dB。

（3）检测标准 汽车加速行驶时，其车外最大噪声级不应超过表8-4规定的限值。

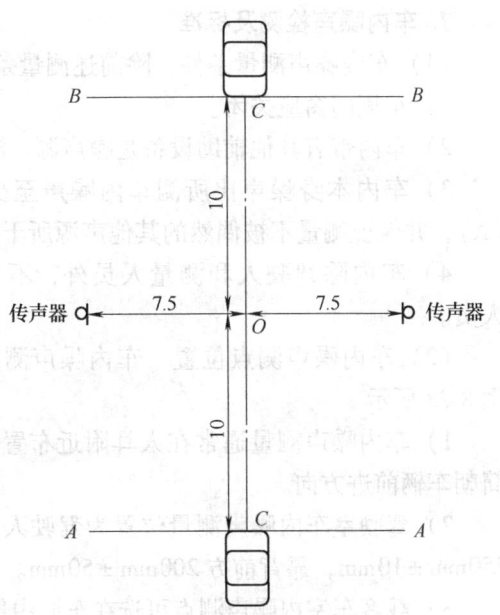

图 8-27 测量区及传声器布置

表 8-4 汽车加速行驶车外噪声限值

汽车分类	噪声限值 dB(A)	
	第一阶段	第二阶段
	2002.10.1～2004,12,30 期间生产的汽车	2005.1.1 以后生产的汽车
M_1	77	74
M_2(GVM≤3.5t)，或 N_1(GVM≤3.5t)：		
GVM≤2t	78	76
2t＜GVM≤3.5t	79	77
M_2(3.5t＜GVM≤5t)，或 M_3(GVM＞5t)：		
P＜150kW	82	80
P≥150kW	85	83
N_2(3.5t＜GM≤12t)，或 N_3(GVM)＞12t)：		
P＜75kW	83	81
75kW≤P≤150kW	86	83
P≥150kW	88	84

说明：

1. M_1、M_2(GVM≤3.5t)和 N_1 类汽车装用直喷式柴油机，其限值增加1dB(A)。

2. 对于越野汽车，其 GVM＞2t 时：
  如果 P＜150kW，其限值增加1dB(A)。
  如果 P≥150kW，其限值增加2dB(A)。

3. M_1 类汽车，若变速器前进档多于四个，P＞140kW，P/GVM 之比大于75kW/t，并且用第三档测试时其尾端出线的速度大于61km/h，则其限值增加1dB(A)。

4. GVM——最大总质量（t）。
   P——发动机额定功率（kW）。

7. 车内噪声检测及标准

（1）车内噪声测量条件　除前述测量条件外，进行车内噪声测量时还应满足：

1）车辆门窗应关闭。

2）车内带有其他辅助设备是噪声源，测量时是否开动，应按正常使用情况而定。

3）车内本身噪声比所测车内噪声至少低 10dB（A），并保证测量不被偶然的其他声源所干扰。

4）车内除驾驶人和测量人员外，不应有其他人员。

（2）车内噪声测点位置　车内噪声测点位置如图 8-28 所示。

1）车内噪声测量通常在人耳附近布置测点。话筒朝车辆前进方向。

2）驾驶室车内噪声测量位置为驾驶人座位上方 750mm±10mm，靠背前方 200mm±50mm。

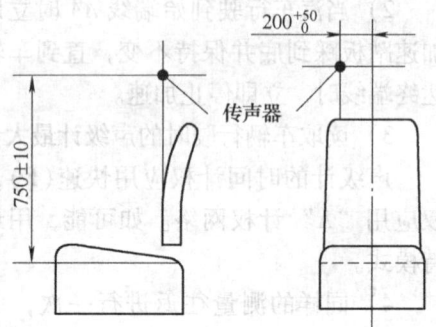

图 8-28　驾驶室内噪声测点的位置

3）载客车室内噪声测点可选在车厢中部及最后排座的中间位置，测量高度为座位上方 750mm±10mm。

（3）车内噪声测量方法

1）车辆以常用档位 50km/h 以上的不同车速匀速行驶，分别进行测量。

2）用声级计"慢"档测量 A、C 计权声级。分别读取表头指针最大读数的平均值。

3）进行车内噪声频谱分析时应包括中心频率为 31.5、63、125、250、500、1000、2000、4000、8000 赫的倍频带。

（4）检测标准　客车车内最大噪声级不大于 79dB。

8. 汽车定置噪声检测及标准

（1）排气噪声测量

1）传声器位置。传声位置如图 8-29 所示。

① 传声器与排气口端等高，在任何情况下距地面不得小于 0.2m。

② 传声器的参考轴应与地面平行，并和通过排气口气流方向且垂直地面平面成 45°±10°的夹角。传声器朝向排气口，距排气口端 0.5m，放在车辆外侧。

③ 车辆装有两个或更多个排气管，且排气管之间的间隔不大于 0.3m，并连接于一个消声器时，只需取一个测量。传声器应选择位于最靠近车辆外侧的那个排气管。如果两个或两个以上的排气管同时在垂直于地面的直线上，则选择离地面最高的一个排气管。

④ 装有多个排气管，并且各排气管之间的间隔又大于 0.3m 的车辆对每一个排气管都要测量，并记录下其最高声级。

⑤ 排气管垂直向上的车辆，传声器放置高度应与排气管口等高，传声器朝上，其参考轴应垂直地面。传声器应放在离排气管较近的车辆一侧，并距排气口 0.5m。

⑥ 车辆由于设计原因（如备胎、油箱、蓄电池等）不能满足①和②所要求放置位置时，应画出测点图，并标注传声器选择的位置。传声器朝向排气口，放在尽可能满足条件，并距最近障碍物大于 0.2m 地方。

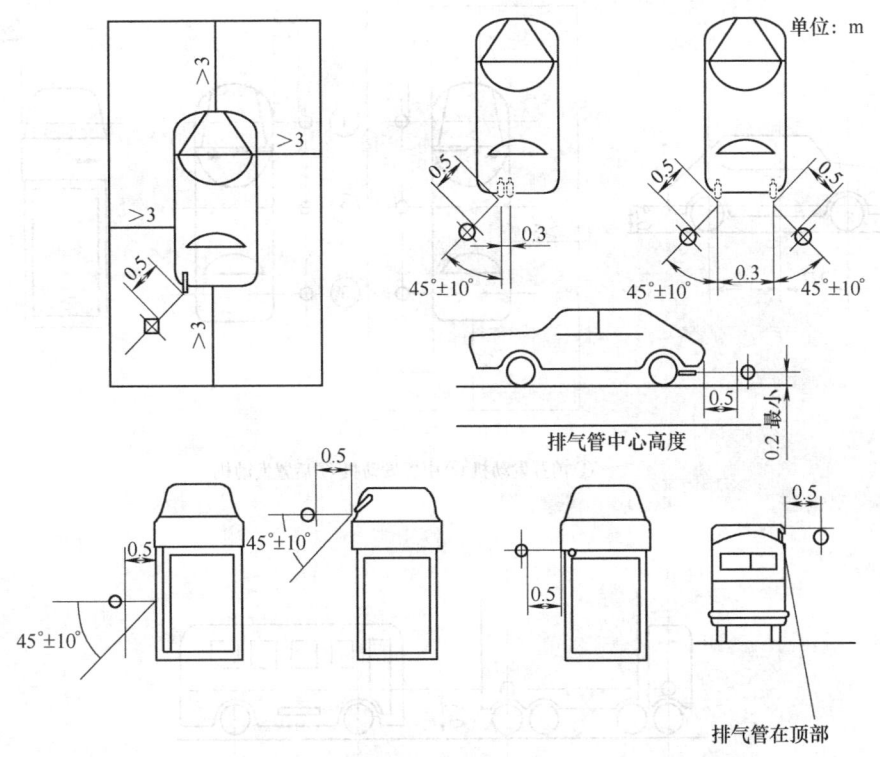

图 8-29 排气噪声的测量场地和传声器位置

2) 发动机运转条件。发动机测量转速：汽油机车辆取 $3/4n_r \pm 50r/min$，柴油机车辆取 $3/4n_s \pm 50r/min$。

式中的 n_r 为生产厂家规定的额定转速。

3) 测量方法。测量时，发动机稳定在上述转速后，测量由稳定转速尽快减速到怠速过程的噪声，然后记录下最高声级。

(2) 发动机噪声测量

1) 传声位置。传声位置如图 8-30 所示。传声器放置高度距地面 0.5m，并朝向车辆，放在没有驾驶人位置的车辆一侧。距车辆外廓 0.5m，传声器参考轴平行地面，位于一垂直平面内，该垂直平面的位置取决于发动机的位置。前置发动机：垂直平面通过前轴；后置发动机：垂直平面通过后轴；中置发动机：垂直平面通过前后轴距的中点。

2) 测量方法。测量时，发动机从怠速尽可能快地加速到前面所规定的转速，并用一种合适的装置保持必要长的时间。测量由怠速加速到稳定转速过程的噪声，然后记录下最大噪声。

(3) 检测标准　汽车定置噪声限值标准见表 8-5。

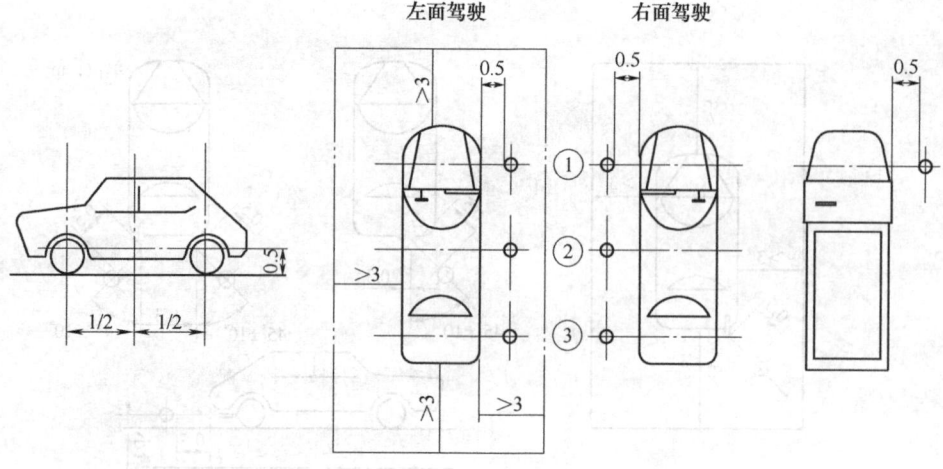

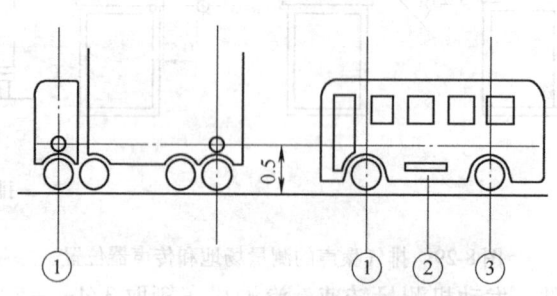

①前置发动机 ②中置发动机 ③后置发动机

图 8-30 发动机噪声的测量场地和传声器位置

表 8-5 汽车定置噪声限值 [dB(A)]

车辆类型	燃料种类		车辆出厂日期	
			1998年1月1日以前	1998年1月1日以后
轿车	汽油		87	85
微型客车、货车	汽油		90	88
轻型客车、货车 越野车	汽油	$n_r \leqslant 4300$ r/min	94	92
		$n_r > 4300$ r/min	97	95
	柴油		100	98
中型客车、货车 大型客车	汽油		97	95
	柴油		103	101
重型货车	$N \leqslant 147$ kW		101	99
	$N > 147$ kW		105	103

注：N——汽车发动机额定功率；
　　n_r——发动机额定转速。

工作任务 13 汽车噪声检测

1. 目的

1) 正确操作仪器设备完成汽车噪声的检测。

2) 根据检测标准判定结果。

2. 设备及器材

1) 常用工具 1 套。

2) 声级计。

3) 被试车辆一台。

3. 操作基本方法

仪器操作前请阅读仪器使用说明书。并按照 8.5.3 中的方法进行检测。

4. 完成工作任务单

汽车噪声检测工作任务单

任务名称	汽车噪声检测	学时	2	班级	
学生姓名		学生学号		任务成绩	
实训设备(型号)		实训场地		日期	

1. 检测前的准备

（1）场地的准备

① 检查测量场地是否符合要求。

　　□是　　□否

② 检查测量环境是否符合要求。

　　□是　　□否

（2）被检车辆的准备

① 检查被测汽车载荷是否在规定范围内。

　　□是　　□否

② 检查车辆技术状况是否良好。

　　□是　　□否

2. 检测过程

① 按各种噪声的检测方法进行测量。

② 记录检测结果：汽车加速行驶车外噪声为_____；车内噪声为_____；排气噪声为_____；

3. 检测结果分析

检测完毕后，对检测结果进行分析。

综合测试

一、填空题

1. 汽油发动机排放的污染物主要有：_____、_____、_____等。
2. 评价汽车噪声的指标有_____和_____。
3. 国家标准 GB7258—2012《机动车运行安全技术条件》规定：当机动车车速表的指示值为 40km/h 时，车速表试验台仪表的指示值为_____~_____km/h 范围内为合格。
4. 汽车前照灯的检验指标有_____和_____两种。
5. 计权网络有_____种计权声级。目前世界上噪声测量中使用最广泛的是_____计权声级计，理由是_____。
6. 五气废气分析仪中的"五气"指的是_____、_____、_____、_____和_____。
7. 噪声级以_____为单位测量；发光强度以_____为单位测量；照度以_____为单位测量。代号分别是_____、_____、_____。

二、选择题

1. 四灯制的汽车，每只灯发光强度应大于(   )cd。
   A. 15000   B. 12000   C. 10000   D. 8000
2. 自动追踪式前照灯检验仪应置于前照灯前(   )m。
   A. 1   B. 3   C. 5   D. 任意（靠自动调节）
3. 用废气分析仪双怠速法检测汽油车废气排放时，采样探头插入排气管的深度应为(   )。
   A. 200mm   B. 300mm   C. 350mm   D. 400mm
4. 客车车内最大噪声级不大于(   )dB。
   A. 100   B. 90   C. 79   D. 75
5. 用双怠速法检测汽油车废气排放时，高怠速指的是(   )发动机额定转速。
   A. 10%   B. 50%   C. 80%   D. 100%

三、判断题

1. 光电池是一种光电元件，受光照后，能将光能转变为电能。(   )
2. 加速行驶检测车辆噪声时，汽车在到达测量始端线时应立即将加速踏板踩到底，直线加速行驶。当车辆后端到达终端线时，应立即停止加速。(   )
3. 在对汽车进行外观检验时，要求汽车转向节及转向臂、转向横、直拉杆及球销不允许有裂纹和损伤，并且球销不应松旷。(   )
4. ASM 是模拟加速法汽车排放测试方法的简称。(   )
5. 检测车外噪声时，其声级计用"A"计权网络、"快"档进行测量。(   )

四、问答题

1. 叙述汽车尾气污染物产生的原因和危害。
2. 在控制汽车尾气排放方面采取了哪些有效措施？
3. 检测车外噪声的测量条件有哪些？
4. 试述前照灯检测的意义？
5. 汽车噪声来源何处？

学习情境 9　汽车检测站认识

学习目标：

1. 能够识别汽车检测站的类型，并能描述其功能。
2. 能够分析汽车检测站的工艺布局。
3. 能够阐述安全环保检测线的检测项目。
4. 能够了解国家相关的检测制度和标准。

情境描述：

对某客户的车辆进行年检。

> **内容介绍：**
> 按照《道路交通安全法实施条例》的要求，机动车必须定期年检。通过本情境的学习，对机动车检测站有一个基本认识。对机动车检测的方法和标准有一定的运用能力。

 **相关知识：**

9.1　汽车检测制度和标准

为对所有道路运输车辆加强技术管理，保持运输车辆技术状况良好，保证汽车的行驶安全，充分发挥运输车辆的效能，降低运输成本，1990 年 3 月 7 日交通部发布了 13 号部令《汽车运输业车辆技术管理规定》，凡是在我国从事道路汽车运输的单位和个人都属于此规定的管理范围。同时，《道路交通安全法实施条例》规定，所有机动车应当从注册登记之日起，定期进行年检，以保证道路交通安全。

9.1.1　检测制度

汽车年检是指在用汽车必须按照公安部门的要求，定期到指定的检测站进行安全技术方面的检验。

1. 机动车年检期限

根据《道路交通安全法实施条例》第十六条的规定：机动车应当从注册登记之日起，按照下列期限进行安全技术检验：

1) 营运载客汽车 5 年以内每年检验 1 次；超过 5 年的，每 6 个月检验 1 次。
2) 载货汽车和大型、中型非营运载客汽车 10 年以内每年检验 1 次；超过 10 年的，每 6 个月检验 1 次。

3) 小型、微型非营运载客汽车6年以内每2年检验1次；超过6年的，每年检验1次；超过15年的，每6个月检验1次。

4) 摩托车4年以内每2年检验1次；超过4年的，每年检验1次。

5) 拖拉机和其他机动车每年检验1次。营运机动车在规定检验期限内经安全技术检验合格的，不再重复进行安全技术检验。

6) 超过报废年限的车辆不可以再过户（买卖），但可以继续使用；买卖的话可以先到车管所办理该车的报废单（注销该车的档案），然后买卖。

2. 年检分类

（1）初次年检　机动车辆为了申领行驶牌照而进行的检验称为初次年检。初次年检的目的是审核机动车是否具备申领牌证的条件，年检的内容为：

1) 是否有车辆使用说明书、合格证（进口车辆的商检证明），车体上的出厂标记是否齐备。

2) 对机动车内外轮廓尺寸及轮距、轴距进行测量。测量的具体项目是车长、车宽、车高、车厢栏板高度及面积、轮距、轴距等。

3) 按技术检验标准逐项进行。合格后，填写"机动车初检异动登记表"，并按原厂规定填写空车质量、装载质量、乘载人数、驾驶室乘坐人数。

（2）定期年检

1) 检查发动机、底盘、车身及其附属设备是否清洁、齐全、有效，漆面是否均匀美观，各主要总成是否更换，与初检记录是否相符。

2) 检验车辆的制动性、转向操纵性、灯光、排气及其他安全性能是否符合"机动车安全运行技术条件"的要求。

3) 检验车辆是否经过改装、改型、改造，行驶证、号牌、车辆档案所有登记是否与车况相符，有无变化，是否办理了审批和异动、变更手续。

4) 号牌、行驶证及车上喷印的号牌放大字样有无损坏、涂改字迹不清等情况，是否需要更换。

5) 大型汽车是否按照规定在车门两边用汉字仿宋体喷写单位名称或车辆所在地街道、乡、镇名称和驾驶室限坐人数。货车后栏板（包括挂车后栏板）外侧是否按规定喷写放大2~3倍的车号，个体或联营户的汽车，门的两侧是否喷写有"个体"字样。字迹要求清晰，不得喷写单位代号或其他图案（特殊情况需经车管所批准）。

9.1.2　检测标准

查一查

我国机动车检测主要相关标准及法规有哪些？

为了保证交通安全、减小环境污染、保证在用汽车处于良好的技术状况，国家公安、交通、环保等部门先后发布过多项法律和相关标准，对在用汽车进行严格的管理。

我国与检测诊断相关的标准和法规包括汽车维护、汽车修理、交通安全、环保等各个方面，主要如下所列：

GB/T15746—2011《汽车修理质量检查评定方法》

GB/T3798—2005《汽车大修竣工出厂技术条件》

GB/7258—2012《机动车运行安全技术条件》
GB/4599—2007《汽车用灯丝灯泡前照灯》
GB/7454—1987《机动车前照灯使用和光束调整技术规定》
GB/T12480—1990《客车防雨密封性试验方法》
JT/T198—1995《汽车维护工艺规范》
JT/T198—2004《营运车辆技术等级划分和评定要求》
JT/T199—1995《汽车技术等级评定的检测方法》
交通部《汽车运输业车辆技术管理规定》
交通部《道路运输车辆维护管理规定》
交通部《汽车维修质量管理办法》
交通部《汽车运输车辆综合性能检测站管理办法》
公安部《机动车辆安全技术检测站管理办法》
GB/T17692—1999《汽车用发动机净功率测试方法》
GB/T17993—2005《汽车综合性能检测站能力的通用要求》
GB18285—2005《点燃式发动机汽车排气污染物排放限值及测量方法(双怠速法及简易工况法)》
GB3847—2005《车用压燃式发动机和压燃式发动机汽车排气烟度排放限值及测量方法》
GB14763—2005《装用点燃式发动机重型汽车燃油蒸发污染物排放限值及测量方法》
GB11340—2005《装用点燃式发动机重型汽车曲轴箱污染物排放限值及测量方法》

9.2 汽车检测站认识

汽车检测站是综合运用现代检测技术,对汽车实施不解体检测诊断的机构。它采用现代检测设备,按照规定的程序、方法,通过一系列技术操作行为检测汽车各种参数,诊断可能的故障,为全面、准确评价汽车的使用性能和技术状况提供可靠的依据。

9.2.1 检测站的类型和职能

根据检测站的服务功能,检测站可分为安全环保检测站、维修检测站和综合性能检测站。

1. 安全检测站

汽车安全检测站是一种专门从事定期检查运行车辆是否符合有关安全技术标准和防止公害等法规的规定,执行监督任务的检测站,由公安部门管理,是国家的执法机构。它一般针对汽车行驶安全和对环境的污染程度进行总体检测,并与国家有关标准比较,给出"合格"或"不合格"的结果,而不进行具体的故障诊断和分析。检测结果作为发放或吊扣车辆行驶证的依据。

2. 维修检测站

维修检测站通常由汽车运输企业或维修企业建立,其作用是为车辆维修部门服务。它以汽车性能检测和故障诊断为主要内容,这种检测站通过对汽车维修前进行技术状况检测和故障诊断,可以确定汽车附加作业、小修项目以及车辆是否需要大修。同时,通过对维修后的汽车进行技术检测，可以监控汽车的维修质量。

3. 综合检测站

综合检测站既能担负车辆安全、环保方面的检测任务，又能担负汽车维修中的技术检测，还能承担科研、制造和教学等部门的有关汽车性能试验和参数测定。这种检测站设备多而齐全，自动化程度高，既可进行快速检测，以适应年检要求；又可以进行高精度的测试，以满足技术评定的需要。这种检测站的检测结果可作为交通运输管理部门发放或吊扣营运证的依据，以及作为确定维修单位车辆维修质量的凭证。

汽车综合检测站一般由两条线组成：一条是安全环保检测线；另一条是综合性能检测线。

9.2.2 检测站的布局

1. 检测站的组成

检测站主要由一条至数条检测线组成。

安全检测站一般由一条至数条安全环保检测线组成。其中，一条为大小型汽车通用自动检测线，另一条为小型汽车(轴重500kg或以下)的专用自动检测线。除此以外，还配备一条新车检测线，以供对新车登录、检测之用。

综合检测站一般由安全环保检测线和综合检测线组成，可以各为一条，也可以各为数条。我国交通系统建成的检测站大多属于综合检测站，一般由一条安全环保检测线和一条综合检测线组成，如图9-1所示。检测项目既保留了安全环保的检测项目，又增加了汽车动力性、经济性、可靠性等内容，同时还加入了一些诊断功能，如发动机故障诊断、四轮定位故障诊断等。

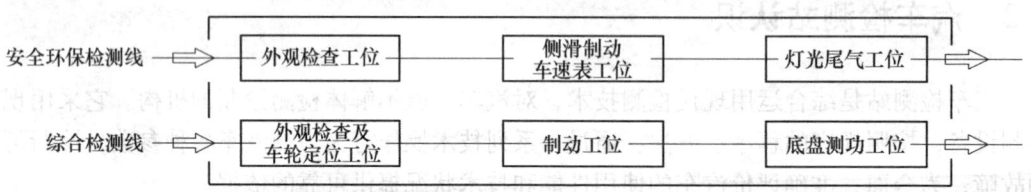

图9-1 双线综合检测站平面布置示意图

对于独立完整的检测站，除检测线外，还应包括清洗站、停车场、泵气站、维修车间及办公生活区等。

2. 检测站的要求

（1）场地和设施要求　目前国内已建立的检测站大多为汽车综合检测站。综合检测站应有科学的总体规划设计和工艺布局，合理设置汽车检测线、检测间、检测工位、计算机控制系统、停车场、试车道路、业务厅等设施。综合检测站的设计和使用须有消防通道、消防设施等，并严格执行国家、行业、地方有关消防条例、法规的规定。检测线应布置在检测间内，应按规定的检测项目配置检测工位，检测工艺流程应布置合理，各检测工位应有足够的检测面积，检测时各工位应互不干涉。检测线出入口应设引车道和必要的交通标志，应有醒目的工位标志、检测流程指示信号，应有避免非检测人员误入检测工作区的安全防护装置等。检测间的长度、宽度、高度应满足检测车型检测工作的需要，并符合建筑标准的要求。综合检测站要有停车场和试车道路，停车场的面积应与检测能力相适应，不允许与检测场地、试车道路和行车道路等设施共用。试车道路的承载能力应满足受检汽车的轴荷需要，试车道路应符合 GB/T 12534、GB 7258 的相关要求。

（2）管理要求　综合检测站应具有明确的法律地位，应为独立承担法律责任的社会化法人机构（非独立法人的需经所属独立法人授权）。综检站的组织管理应覆盖检测工作的各个方面，并应设置管理、检测操作、质量审核监督等基本岗位，各岗位人员的数量、素质应与其工作相适应，需规定对检测质量有影响的主要岗位人员的职责、权力和相互关系，并通过明示的方法被客户所了解。

（3）服务、抱怨处理及事故差错控制　综合检测站应通过适当的方式，保证各类检测的具体项目、收费价格、检测工作的具体流程、检测适用标准、被检参数的限值和依据方便客户了解，并依据相关标准的要求、程序和规范，开展检测服务。检测报告应采用规范的格式或委托方要求的格式提供给客户；并应有程序文件处理来自客户的抱怨，并有效实施。抱怨包括对检测工作质量、检测数据结果有异议的申诉和损害客户利益的投诉以及改进检测工作的意见和建议等。综检站应有程序文件处理检测过程中出现的事故和差错，并有效实施。

（4）组织要求　综合检测站应设站长（或其他称谓）、技术负责人、质量负责人、计算机控制网络系统管理员、检测员、引车员，以及仪器、设备（维护）管理员、文件资料档案管理员等主要岗位，允许 1 人多岗，但均须达到本标准规定的从业岗位的要求，质量负责人不宜兼职。

对站长的要求：熟悉国家、行业、地方关于汽车检测方面的政策、法令、法规、规定、相关标准；熟悉汽车检测业务，具有大专（含）以上学历、中级（含）以上职称，具备企业经营、管理能力。

对技术负责人的要求：应具有汽车运用工程或相近专业大专（含）以上学历和中级（含）以上工程技术职称；掌握汽车理论和汽车构造知识，有三年以上的汽车维修或检测工作经历；熟悉国家、行业、地方有关汽车维修检测方面的政策、法规、规定及相关标准；掌握检测设备的性能，具有使用检测设备的知识和分析测量误差的能力，能组织检测仪器、设备校准和计量检定工作。

对质量负责人的要求：应具有汽车运用工程或相近专业大专（含）以上学历和中级（含）以上工程技术职称；熟悉检测技术标准和检测仪器、设备检定规程，熟知计量认证和质量控制要素，胜任检测站全面质量管理工作。

3. 安全检测站

根据有关政策法规的要求，汽车的安全检测站具有以下几种基本检验功能。

（1）注册登记检验　注册登记检验是机动车安全技术检验机构对经国家有关部门许可生产（入境），或经有关执法部门罚没、拍卖，需领取机动车牌证上道路行驶的机动车，在其申请注册登记时进行的安全技术检验。

注册登记检验的目的，一是保证汽车来源的合法性，二是保证汽车在技术性能方面必须符合国家有关规定的要求。目前，我国机动车安全技术检验机构主要按照《机动车安全检验项目和方法》（GB21861—2008）对机动车进行安全技术检验，确认机动车所检项目的技术条件是否符合国家标准《机动车运行安全技术条件》（GB7258）等机动车国家安全技术标准的要求。

（2）在用机动车检验　在用机动车检验是机动车安全技术检验机构对已注册登记的机动车进行的安全技术检验。通过定期检查，可及时发现技术上的问题。凡检查不合格的，不准上路，必须进行调整或修理。

（3）特殊检验　对经有关部门批准进行实际道路试验的机动车（如试验用车、改装车辆、事故车辆及外事用车）进行安全技术检验。

4. 综合检测站

汽车综合性能是指在用汽车动力性、安全性、燃料经济性、使用可靠性、排气污染物和噪声以及整车装备完整性与状态、防雨密封性等多种技术性能的组合。

汽车综合检测站是按照规定的程序、方法，通过一系列技术操作行为，对在用汽车综合性能进行检测（验）评价工作并提供检测数据、报告的社会化服务机构。

GB/T17993—2005 中规定了综合性能检测站的检测能力要求以及检测项目、检测方式和设备配置。

综合性能检测站的检测能力要求有：车辆唯一性确认能力、整车装备完整有效性基本检验能力、发动机技术性能检测能力、使用可靠性基本检验能力、动力性检测能力、燃料经济性检测能力、整车滑行性能检测能力、噪声控制检测能力、车速表及里程表核准检测能力、制动性能检测能力、转向操纵性检测能力、前照灯性能检测能力、排气污染物检测能力、悬架特性检测能力和客车防雨密封性检测能力。

5. 检测站工艺路线

对于一个独立而完整的检测站，汽车进站后的工艺路线流程如图9-2所示。

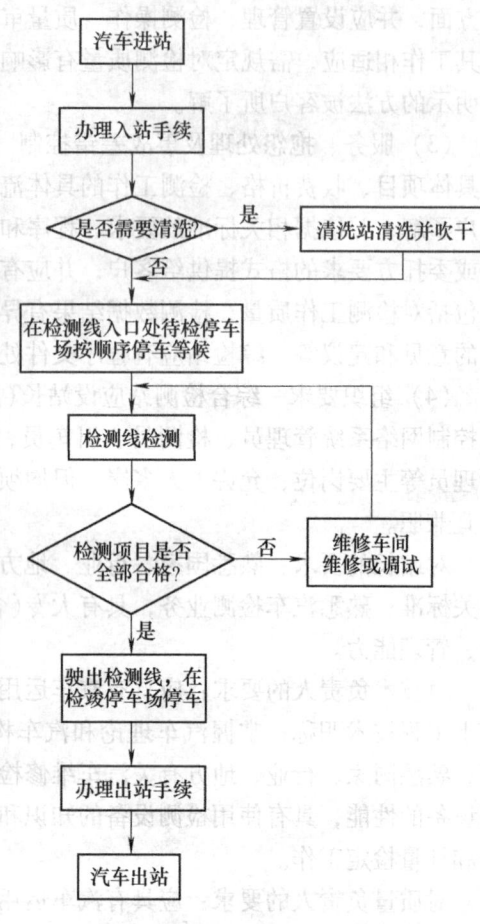

图9-2　检测站工艺路线流程图

任务实施：

9.3　汽车安全环保性能检测

做一做
请列出汽车安全性能检测的项目。

9.3.1　安全环保检测线

1. 安全环保检测线工位布置

手动式和半自动式安全环保检测线一般由外

观检查工位、侧滑制动车速表工位和灯光尾气工位三个工位组成。全自动式安全环保检测线既可以由上述三工位组成，也可以由四工位或五工位组成。五工位一般是汽车资料输入及安全装置检查工位、侧滑制动车速表工位、灯光尾气工位、车底检查工位、综合判定及主控制室工位。五工位全自动安全环保检测线如图9-3所示。

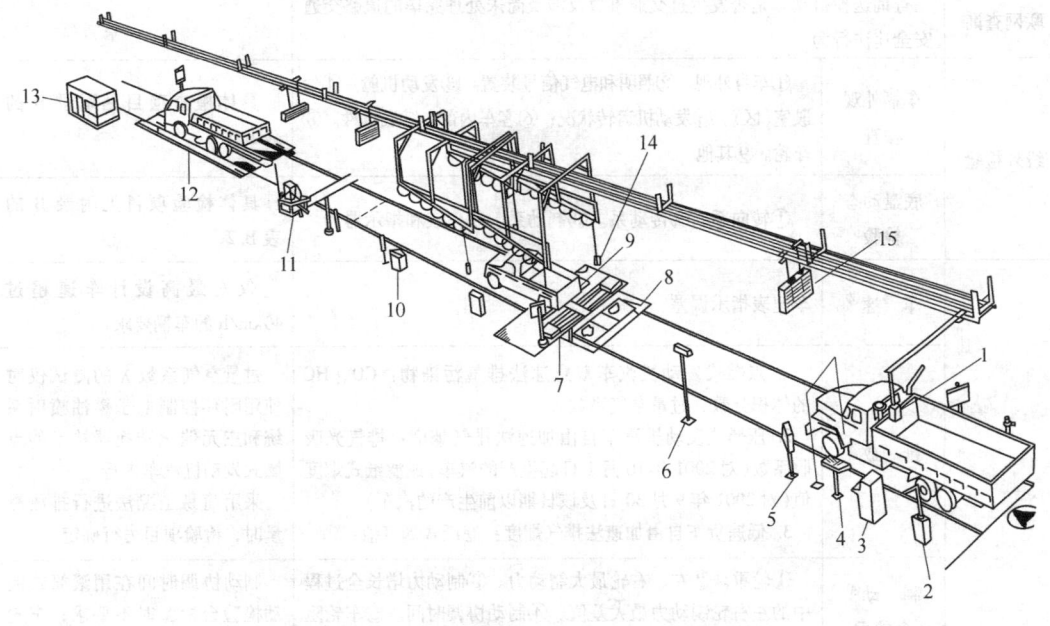

图9-3　五工位全自动式安全环保检测线

1—进线指示灯　2—烟度计　3—汽车资料登录微机　4—安全装置检查不合格项目输入键盘　5—烟度计检验程序指示器　6—电视摄像机　7—制动试验台　8—侧滑试验台　9—车速表试验台　10—废气分析仪　11—前照灯检测仪　12—车底检查工位　13—主控制室　14—车速表检测申报开关　15—检验程序指示器

安全环保检测线不管工位如何划分，也不管工位顺序如何编排，其检测项目是固定的，因而均布置成直线通道式，以利于进行流水作业。

2. 安全环保检验方式和检测项目

（1）对送检机动车的基本要求　送检机动车应清洁，无明显漏油、漏水、漏气现象，轮胎完好，轮胎气压正常且胎冠花纹中无异物，发动机怠速应正常。对达不到以上基本要求的送检机动车，机动车安全技术检验机构应要求整改符合要求后再进行安全技术检验。在用车检验时，送检人应提供送检机动车的机动车行驶证和有效的机动车第三者责任强制保险凭证，对不能提供以上证件、凭证的送检机动车，机动车安全技术检验机构不应予以安全技术检验。

（2）检验方式和检测项目　机动车安全环保检验的检验方式主要有人工检验和仪器设备检测(线内检验)。人工检验项目包括车辆外观检查、底盘动态检验和车辆底盘检查；仪器设备检测项目包括制动检测、侧滑检测、车速表检测、灯光检测及底盘测功(GB21861—2008规定使用年限超过20年的非营运乘用车必须进行底盘测功；排放不再列入安全技术检验)。对无法上线检验的车辆及线内检验结果有质疑的车辆则进行路试检验。

GB21861—2008规定，四轮及四轮以上机动车(轮式专用机械车除外)的安全技术检验的检验方式和检验项目见表9-1。

表 9-1 机动车安全环保检验的检验方式和检验项目(四轮及四轮以上机动车)

检验方式		检验项目	备注
车辆唯一性认定		①号牌号码。②车辆类型。③品牌/型号。④颜色。⑤发动机号码。⑥车辆识别代号(或整车出厂编号)及打刻特征。⑦主要特征及技术参数①	
联网查询		查询送检机动车是否发生过交通事故及涉及尚未处理完毕的道路交通安全违法行为	
线外检验	车辆外观检查	①车身外观。②照明和电气信号装置。③发动机舱。④驾驶室(区)。⑤发动机运转状况；⑥客车内部。⑦底盘件。⑧车轮。⑨其他	具体检查项目见附录 B 的表 B.1
	底盘动态检验	①转向系。②传动系。③制动系。④仪表和指示器	具体检验项目见附录 B 的表 B.2
线内检验	车 速②	车速表指示误差	仅对最高设计车速超过 40km/h 的车辆要求
	排 放③	1. 点燃式发动机汽车双怠速法排气污染物：CO、HC 的体积分数，过量空气系数 λ。 2. 压燃式发动机汽车自由加速法排气烟度：排气光吸收系数(对 2001 年 10 月 1 日起生产的汽车)或滤纸式烟度值(对 2001 年 9 月 30 日及该日期以前生产的汽车)。 3. 低速货车自由加速法排气烟度：滤纸式烟度值	过量空气系数 λ 的测试仅对使用闭环控制电子燃油喷射系统和三元催化转换器技术的点燃式发动机汽车进行。 采用简易工况法进行排放测量时，检验项目另行确定
	制 动④(含轮重)	①轮重。②左、右轮最大制动力。③制动力增长全过程中的左右轮制动力最大差值。④制动协调时间。⑤车轮阻滞力。⑥驻车制动力	制动协调时间在用滚筒式制动检验台检验时不要求；车轮阻滞力仅对汽车要求
	侧 滑	转向轮横向侧滑量	前轴采用独立悬架的汽车侧滑量测试值不作评判依据
	前照灯	①前照灯远光光束发光强度。②前照灯远光光束照射位置(光束中心左右偏移量及上下偏移量)。③前照灯近光光束照射位置(明暗截止线转角折点位置)	前照灯远光光束照射位置检验仅对远光光束能单独调整的前照灯要求
	车辆底盘	①转向系。②传动系。③行驶系。④制动系。⑤电器线路。⑥底盘其他部件	具体检查项目见附录 B 的表 B.3
	功 率	底盘输出功率	仅对使用年限超过 20 年的非营运乘用车要求
路试检验	行车制动	制动距离和制动稳定性，或充分发出的平均减速度、制动协调时间和制动稳定性	通常只对无法上线检验的车辆及线内检验结果有质疑的车辆进行
	驻车制动	驻车制动性能	
	车 速	车速表指示误差	仅在相关管理部门有要求时对全时四驱车辆等无法上线检测车速表指示误差的车辆进行

① 主要特征及技术参数是指机动车已认证(登记)的结构、构造或者特征，以及国家机动车产品主管部门公告的数据(详见附录 A)。
② 对全时四驱车辆等无法上线检测车速表指示误差的车辆不进行。
③ 实行环保检验合格标志的地方，排放(排气污染物测量)不再列入安全技术检验。
④ 轴荷超过检验设备允许承载能力的车辆、多轴无法上线的车辆不进行线内制动检验，应路试。

9.3.2 安全环保检测流程

1. 全流程

检测流程即某一汽车接受检测的全过程。机动车安全环保检测的检测流程如图9-4所示。GB21861—2008规定：机动车安全技术检验机构可根据自身情况对图9-4所示流程适当加以调整。

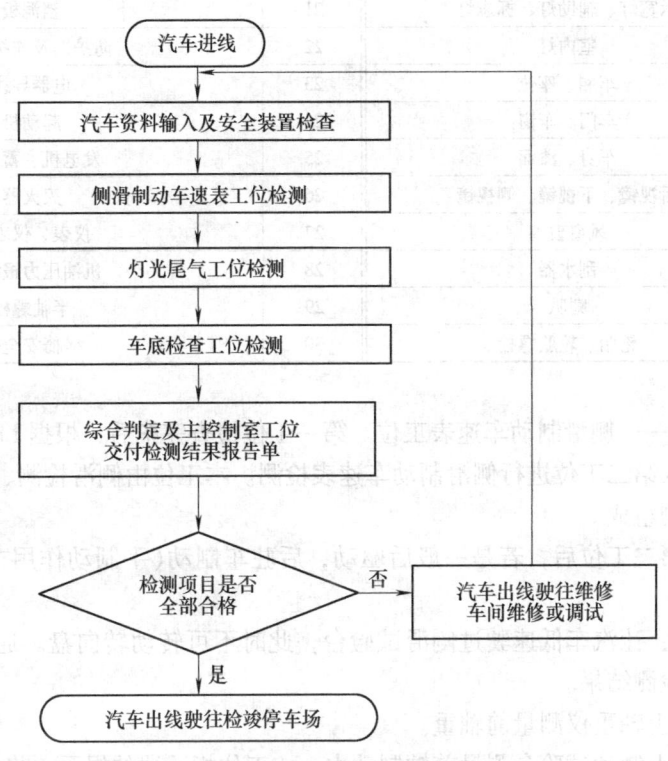

图9-4 全自动式安全环保检测线工艺路线流程图

2. 线内检测流程

以目前国内大多数检测站所采用的设备(图9-3)检测线布置为例进行说明。检测方法所依据的标准是目前通用的GB 7258—2012《机动车运行安全技术条件》。

（1）受检车辆上线前的准备

1）确认工控机都已打开，并且连接正常。

2）登录程序打开控制界面。

3）填写车辆数据。

4）检查无误发送数据。

（2）机动车线内检测流程

1）第一工位——安全装置检查工位。受检车辆根据LED工位指示器提示，驶入第一工位进行汽车上部的灯光和安全装置的外观检查。检查内容见表9-2。

表 9-2　车上部外观检查项目

序　号	检查项目	序　号	检查项目
1	远光灯	16	离合器、变速器
2	近光灯	17	制动踏板自由行程
3	制动灯	18	驻车制动操纵杆
4	倒车灯	19	转向器自由转动量
5	牌照灯	20	油箱、油箱盖
6	示宽灯、辅助灯、标志灯	21	挡泥板
7	室内灯	22	防护网及连接装置
8	车厢、座位	23	电器导线
9	车门、车窗	24	起动机
10	车身、漆面	25	发电机、蓄电池
11	后视镜、下视镜、侧视镜	26	灭火器
12	风窗玻璃	27	仪表、仪表灯
13	刮水器	28	机油压力报警器
14	喇叭	29	半轴螺栓
15	轮胎、轮胎螺栓	30	坐椅安全带

2) 第二工位——侧滑制动车速表工位。第一工位检查完毕后，根据 LED 工位指示器提示，受检车辆驶入第二工位进行侧滑制动车速表检测。本工位由侧滑检测、轴重检测、制动检测和车速表检测组成。

受检车进入第二工位后，若是一般后驱动，后驻车制动（手制动作用在后轮）的车，按以下程序进行。

① 侧滑检测：让汽车低速驶过侧滑试验台，此时不可转动转向盘。通过后，第二指示器即可显示侧滑检测结果。

② 将前轮驶上轴重仪测量前轴重。

③ 将前轮驶上制动试验台测量前轴制动力。按工位指示器的提示，将制动踏板踩到底，即可测得前轴制动效果。此时指示器会显示出检测结果。若结果不合格，允许重测一次。

④ 后制动检测时，将后轮驶上制动试验台，按指示器的提示踩住制动踏板。指示器会显示后制动结果。若不合格，允许重测一次。

⑤ 测量驻车制动方法与测量前、后轮制动相同。可按指示器的提示拉住驻车制动操纵杆。若不合格，允许重测一次。

⑥ 车速表校验时，将后轮驶上车速表试验台，驾驶人手持测试按钮。慢踩加速踏板，当车速表指示 40km/h 时按下测试按钮。指示器可显示检测结果，若不合格允许重测一次。测完后松开加速踏板，使车轮停转。

⑦ 喇叭音量或噪声测试时，按提示要求按喇叭约 2s，或按要求测量车内噪声。测完后，指示器会显示检测结果。

注意

检测顺序与驱动轮的位置和驻车制动器安装位置有关。处理的原则是测完前轮的项目之后，再测后轮的项目，以免车辆倒退。

3) 第三工位——灯光工位。受检车进入该工位后,将汽车停在与前照灯检测仪一定距离处(一般距离是3m),面向正前方。前照灯仪会自动驶入,分别测量左右远光灯的发光强度和照射方向。检测结果会在工位指示器上显示。

4) 第四工位——车底检查工位。此工位以人工方式检查车底情况,如部件连接是否牢固,有无变形、断裂,水、电、油、气有无泄漏等。

5) 综合判定及主控制室工位。汽车到达本工位时检测项目已全部检测完毕,主控制微机对各工位检测结果进行综合判定后,由打印机集中打印检测结果报告单,并由检测员送给被检车汽车驾驶人。

9.4 汽车综合性能检测

9.4.1 综合性能检测线

查一查
汽车综合性能检测项目有哪些?

1. 综合性能检测线工位布置

如图9-5所示即为全能综合检测线。它由外观检查及车轮定位工位、制动工位和底盘测功工位组成,能对车辆技术状况进行全面检测诊断,必要时也能对车辆进行安全环保检测(环保检测必须得到环保部门的认证)。这种检测

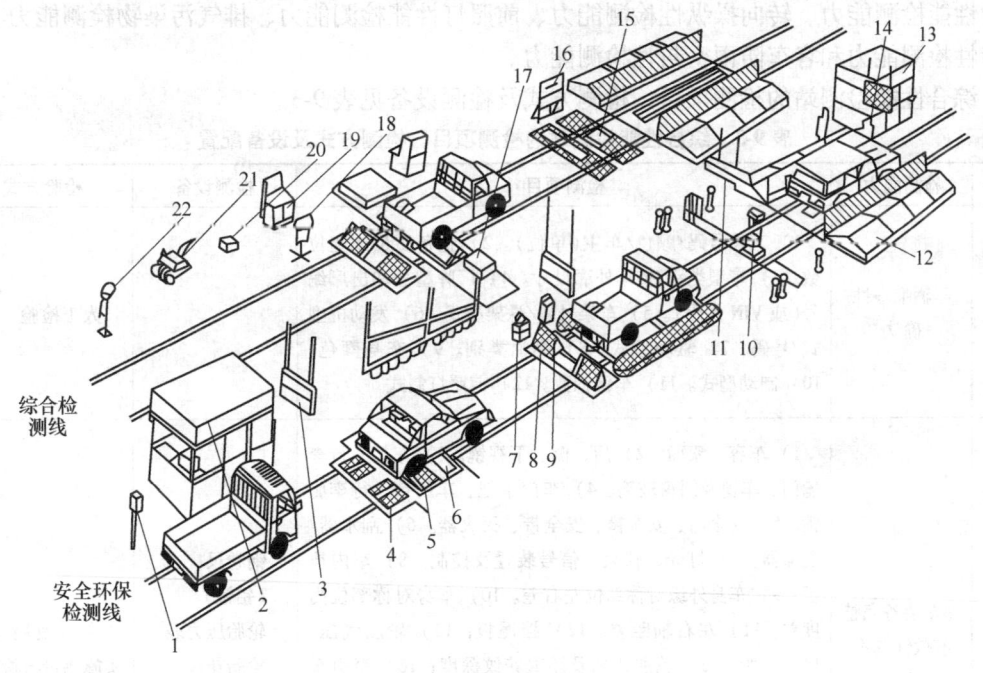

图9-5 双线综合检测站平面布置示意图

1—进线指示灯 2—进线控制室 3—L工位检验程序指示器 4—制动试验台 5—车速表试验台 6,15—侧滑试验台 7—ABS工位检验程序指示器 8—烟度计 9—废气分析仪 10—前照灯检测仪 11—HX工位检验程序指示器 12—地沟系统 13—主控制室 14—P工位检验程序指示器 16—前轮定位检测仪 17—底盘测功试验台 18、19—发动机综合测试仪 20—机油清净性分析仪 21—就车式车轮平衡机 22—轮胎自动充气机

注:环保检测必须通过省质监局的资格认证。

线的检测设备多,检测项目齐全,与安全技术检测线互不干扰,因而检测效率相对较高,但建站费用也高。目前综合检测线常用的工位布局方式有两种。

(1) 按汽车安全检测线的工位进行布置 即保持一条安全环保检测线,而把底盘测功、发动机分析、四轮定位等项目的检测设置为另一条检测线,如图9-1所示。这种工位布置的方式较简单,有利于原有检测线的改造。

(2) 按汽车性能检测项目进行工位布置 工位按动力性检测,经济性检测,制动性能检测,操纵稳定性能检测,灯光、废气、噪声、外检和整车、发动机故障诊断等布置,如图9-5所示。这种工位布置的方式比较科学合理,适用于新建的综合性能检测线。

另外综合检测线上各工位的车辆,由于检测项目不一、检测深度不同,很难在相同的时间内检测完毕,容易造成检测堵车现象。为此,可在各工位横向布置成尽头式或其他形式,以提高检测效率。

2. 综合检测方式及检测项目

GB/T 17993—2005中规定了综合性能检测站的检测能力要求以及检测项目、检测方式和设备配置。

综合性能检测站的检测能力要求有:车辆唯一性确认能力、整车装备完整有效性基本检验能力、发动机技术性能检测能力、使用可靠性基本检验能力、动力性能检测能力、燃料经济性检测能力、整车滑行性能检测能力、噪声控制检测能力、车速表及里程表核准检测能力、制动性能检测能力、转向操纵性检测能力、前照灯性能检测能力、排气污染物检测能力、悬架特性检测能力和客车防雨密封性检测能力。

综合性能检测站的检测项目、检测方式及检测设备见表9-3。

表9-3 综合性能检测站的检测项目、检测方式及设备配置

序号	检测能力	检测项目	检测设备	检验方式
1	车辆唯一性确认	1)车牌号码/颜色/车主(单位)。2)整备质量或座位数。3)车型类别/整车外廓尺寸。4)厂牌型号和出厂编号(或VIN代码)。5)车架号码/悬架型式。6)发动机型式/号码。7)驱动型式。8)燃油类别。9)车身颜色。10)制动型式。11)车辆轴数。12)前照灯制式		人工检验
2	整车装备完整有效性基本检验	1)车容、漆面。2)后、侧、下视镜。3)车门、行李舱门、车窗及门窗玻璃。4)车门手把、车门锁、行李舱锁。5)安全门、安全窗、安全带、灭火器。6)刮水器/洗涤器。7)灯光、仪表、信号装置及控制。8)车内地板。9)车身外缘对称部位左右差。10)车身对称部位高度差。11)左右轴距差。12)挡泥板。13)轮胎气压。14)备胎。15)轮胎规格及胎冠花纹深度。16)牵引车与挂车连接机构。17)可见螺栓、管、线紧固。18)漏油、漏水、漏气、漏电。19)离合器操纵装置自由行程。20)行车制动系统操纵装置自由行程。21)应急制动系统操纵装置自由行程。22)驻车制动系统操纵装置自由行程	钢卷尺(铅锤)轮胎压力表轮胎花纹深度尺钢直尺	人工使用量具实施测量与检验

(续)

序号	检测能力	检测项目	检测设备	检验方式
3	发动机技术性能检测	1）起动、燃料供给、润滑、冷却、排气系统机件齐全及功能。2）柴油机停机装置及功能。3）发动机功率。4）最低稳定转速。5）最高转速。6）单缸转速降。7）相对气缸压力。8）点火提前角。9）触点闭合角。10）分电器重叠角。11）供（喷）油提前角。12）火花塞点火电压。13）起动电流。14）起动电压。15）电喷系 a. 电压 b. 电阻 c. 脉冲频率 d. 脉宽。16）气缸压力。17）机油污染指数	发动机综合性能检测仪 气缸压力表 润滑油质分析仪	1）~2）、16）~17）人工检验 3）~15）仪器有线连接、规定工况采样、数据自动处理、记忆、输出
4	使用可靠性基本检验	1）发动机异响：敲缸、活塞销、连杆轴瓦、曲轴轴瓦、气门敲击、其他。2）底盘异响：a. 离合器 b. 变速器 c. 传动轴 d. 主减速器。3）总成紧固螺栓、铆钉 a. 发动机（附离合器）紧固 b. 底盘传动系紧固 c. 转向装置紧固 d. 悬挂装置紧固 e. 制动器（系）紧固 f. 轮胎螺栓（母）、半轴螺栓（母）紧固 g. 备胎紧固 h. 车轴 U 型螺栓（母）紧固 i. 油箱螺栓（母）紧固。4）主要部件间隙 a. 车轮轮毂 b. 传动轴万向节 c. 传动轴过桥轴承 d. 传动轴滑动槽 e. 转向横直拉杆球头 f. 转向节主销 g. 钢板弹簧衬套（销）h. 减振器杆件衬套（销）i. 传动轴跳动量。5）重要部位缺陷 a. 承载轴（桥）裂纹 b. 转向系杆件（臂）裂纹 c. 悬架弹性组件裂纹及位移 d. 车架裂纹 e. 制动管路磨损、老化、龟裂	底盘间隙观察仪（注：可选配）	1）~2）人工检验 3）人工辅以扭力扳手及专用锤子检验 4）人工辅以地沟和专用设备检验 5）人工辅以专用锤子检验
5	动力性检测	1）校正驱动轮输出功率。2）整车外特性曲线。3）加速性能。4）加速性能曲线	汽车底盘测功机、气压表、温度计、湿度计	台架程序测试自动跟踪采样
6	燃料经济性检测	等速百公里燃料消耗量	汽车底盘测功机、油耗计、非接触式速度计或五轮仪	台架程控测试或道路试验
7	整车滑行性能检测	1）滑行距离。2）滑行时间。3）滑行阻力	汽车底盘测功机、拉力计	1）~2）台架程控测试或路试 3）道路试验
8	噪声控制检测	1）车辆定置噪声。2）客车车内噪声。3）驾驶人耳旁噪声。4）喇叭声级	声级计	1）~3）场地检测或道路试验 4）仪器程控测试
9	车速表、里程表核准检测	1）车速表示值误差。2）里程表示值误差	汽车车速表检验台 汽车底盘测功机	台架程控测试

(续)

序号	检测能力	检测项目	检测设备	检验方式
10	制动性能检测	1）轴（轮）重量。2）整备质量变化率。3）制动力。4）a. 前轴制动力因数 b. 整车制动力因数。5）制动力平衡因数。6）车轮阻滞力因数。7）驻车制动力。8）制动协调时间。9）制动力特性曲线。10）产生最大制动力时的踏板力。11）产生最大驻车制动力时的操纵力。12）驻车制动。13）制动距离。14）制动减速度。15）制动跑偏量。16）ABS 防抱制动性能	轴（轮）重仪、滚筒反力式制动检验台或平板式制动检验台、制动踏板力计、驻车制动操纵力计、非接触式速度计或五轮仪、制动性能测试仪或非接触式速度计、ABS防抱制动检验台（注：可选配）	1）~8）台架程控测试 9）自动跟踪扫描 10）~11）监控 12）~16）道路试验
11	转向操纵性检测	1）转向自动回正能力。2）转向盘自由转动量。3）转向盘操纵力。4）转向轮最大转角。5）转向轮侧滑量。6）车轮定位 a. 转向轮前束值/张角 b. 转向轮外倾角 c. 转向轮主销内倾角 d. 转向轮主销后倾角 e. 后轮外倾角 f. 后轮前束值/前张角 g. 推进角 h. 车轮轮距 i. 转向20°的张角	转向盘转向力一角仪、转向转角仪、侧滑检验台、前轮定位仪或四轮定位仪	道路试验 人工辅以仪器测试
12	前照灯性能检测	1）基准中心高度。2）远光光强。3）远光光束中心垂直方向上、下偏角（或偏距）。4）远光光束中心水平方向左、右偏角（或偏距）。5）近光光束中心垂直方向上、下偏角（或偏距）。6）近光光束中心水平方向左、右偏角（或偏距）	前照灯检测仪	程控测试
13	排气污染物检测	1）点燃式发动机 a. 怠速工况法 CO HC b. 双怠速工况法 CO HC c. 加速模拟工况法 CO HC NO 2）压燃式发动机 a. 烟度 b. 光吸收系数	排气分析仪（注：宜带有发动机转速显示功能）、汽车底盘测功机、滤纸式烟度计、不透光烟度计	仪器程控测试
14	悬架特性检测	1）吸收率。2）左右轮吸收率差。3）悬架特性曲线。4）悬架效率。5）左右轮悬架效率差	悬架装置检测台	台架程控测试
15	客车防雨密封性检测	客车防雨密封性	喷淋装置（注：可选配）	人工辅以装置测试

9.4.2 综合性能检测流程

以全能综合检测线为例，其工艺路线流程图如图9-6所示。

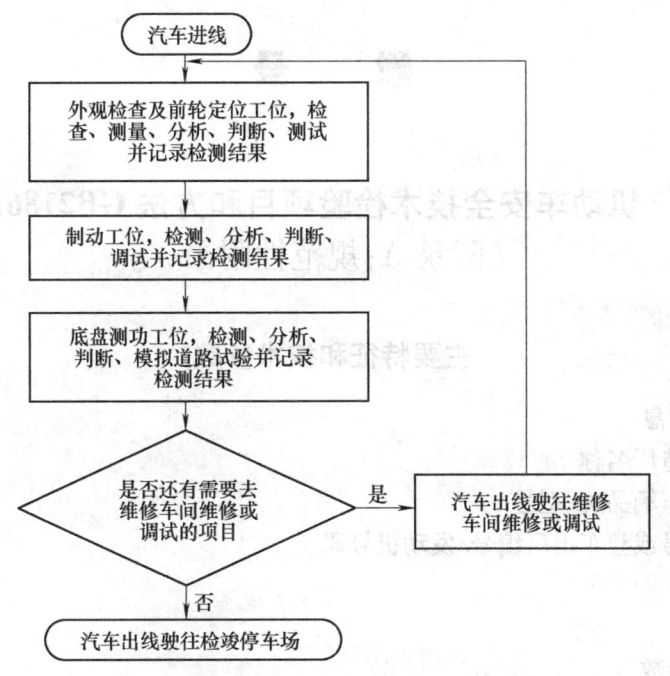

图 9-6 综合检测线工艺路线流程图

工作任务 14　汽车检测站见习

1. 目的

1）了解汽车检测站的职能。
2）观察汽车检测站的布置型式，画出布置图。
3）了解检测站设备配置情况，列出设备清单。
4）了解汽车年检项目。
5）熟悉检测流程。

2. 实地考察汽车检测站

在老师带领下去汽车检测站参观考察。

3. 写出考察报告

 综合测试

问答题
1. 汽车检测站的任务是什么？
2. 汽车检测站是怎样分类的？
3. 试述检测线的组成和工位布置。
4. 试述安全环保检测线工艺路线。
5. 汽车年检有哪些检测项目？

附 录

附录 A 机动车安全技术检验项目和方法 GB21861—2008
（附录 A：规范性附录）

主要特征和技术参数

A.1 基本信息
制造国、制造厂名称
车辆类型、车辆品牌/型号
车辆识别代号或整车出厂编号/发动机号码
出厂日期
车身颜色

A.2 技术参数
发动机型号、排量/功率、燃料种类
外廓尺寸
货箱内部尺寸
轴数、轴距
轮距、轮胎数、轮胎规格
总质量、整备质量
核定载质量
比功率、准牵引总质量
后轴钢板弹簧片数
转向形式
核定载客人数/驾驶室载客人数

A.3 车辆安全装置配备情况
汽车安全带
汽车行驶记录仪
防抱制动装置（ABS）
侧面及后下部防护装置
车身反光标识
道路运输危险货物车辆标识
机动车用三角警告牌
灭火器

注：车辆安全装置配备情况检查仅对按照 GB7258 等机动车国家安全技术标准及道路交通安全法律法规相关规定应配备上述车辆安全装置的车辆进行。

附录 B 机动车安全技术检验项目和方法 GB21861—2008
（附录 B：检验项目）

车辆外观检查、底盘动态检验和车辆底盘检查

表 B.1 车辆外观检查项目

序号	检验项目	内容	项目属性
1	车身外观	保险杠	注册登记检验时为否决项
		后视镜、下视镜、车窗玻璃	否决项
		车体周正、尖锐突出物	否决项
		漆面	建议维护项
		货厢、安全架、车外顶行李架	否决项
		外部喷涂与文字标志、标识和车身广告	否决项
		自行加装装置对号牌识别的影响	否决项
		号牌板（架）	注册登记检验，否决项
		商标（或厂标）	注册登记检验，否决项
2	照明和电气信号装置	前后位灯/后牌照灯/示廓灯/挂车标志灯	否决项
		转向信号灯（前、侧、后），危险警告信号灯	否决项
		前照灯（远光、近光）	否决项
		制动灯、后反射器、后雾灯、倒车灯	否决项
		侧标志灯、侧反射器	否决项
		道路运输危险货物车辆标识	否决项
		特种车辆标志灯具	否决项
		附加的灯具、反射器或附属装置	否决项
		喇叭（功能性检查）	否决项
		车身反光标识	否决项
3	发动机舱	发动机各系统机件	建议维护项
		蓄电池桩头及连线	建议维护项
		电器导线、各种管路	否决项
		储液器（使用液压制动的汽车）	否决项
		发动机标识	注册登记检验，否决项

(续)

序号	检验项目	内容	项目属性
4	驾驶室(区)	门锁及门铰链	建议维护项
		驾驶员座椅	否决项
		安全带	否决项
		前风窗玻璃及其他风窗玻璃用于驾驶员视区的部位	否决项
		刮水器	否决项
		洗涤器	建议维护项
		汽车行驶记录仪	否决项
		驾驶室固定	否决项
		仪表数量类型，操纵件、指示器及信号装置图形标志	注册登记检验，否决项
		警告性文字的中文标注，车辆产品标牌	注册登记检验，否决项
5	发动机运转状况	起动性能	否决项
		急速、电源充电、仪表及指示器	建议维护项
		加速踏板控制	建议维护项
		漏水、漏油、漏气，水温、油压	建议维护项
		关电熄火/(柴油车)停机装置	否决项
6	客车内部	座椅/卧铺数量、座椅间距	否决项
		扶手和卧铺护栏	建议维护项
		车厢灯、门灯	建议维护项
		客车地板、车内行李架	建议维护项
		灭火器、安全出口标识、安全手锤、安全门	否决项
		安全带	否决项
		安全出口的数量、位置和尺寸	注册登记检验，否决项
		乘客通道，通往安全门的通道	注册登记检验，否决项
7	底盘件	燃料箱、燃料箱盖	否决项
		挡泥板/牵引钩、蓄电池、蓄电池架	建议维护项
		贮气筒排污阀	建议维护项
		钢板弹簧	否决项
		侧面及后下部防护装置	否决项
		牵引连接装置	建议维护项
8	车轮	轮胎型号/规格/速度级别	否决项
		轮胎胎冠花纹深度，胎面破裂、割伤、磨损/变形	否决项
		轮胎螺栓、半轴螺栓	否决项
		备胎标识	注册登记检验，否决项
9	其他	整车 3C 标志	注册登记检验，记录项
		其他不符合 GB7258 等机动车国家安全技术标准的情形	注册登记检验时为否决项

168

表 B.2　底盘动态检验项目

序号	检验项目	内容	项目属性
1	转向系	方向盘最大自由转动量	否决项
		转向沉重	否决项
		自动回正、保持直线行驶能力	建议维护项
2	传动系	离合器	建议维护项
		变速器	建议维护项
		传动轴/链	建议维护项
		驱动桥	建议维护项
3	制动系	点制动跑偏(20km/h)	建议维护项
		低气压报警装置	否决项
		弹簧储能制动器	建议维护项
		防抱制动装置指示灯(自检功能)	注册登记检验，否决项
4	驾驶区	仪表和指示器	否决项

表 B.3　车辆底盘检查项目

序号	检验项目	内容	项目属性
1	转向系	转向器固定	否决项
		转向各部件	否决项
2	传动系	变速器及分动器支架	否决项
		传动各部件	否决项
3	行驶系	钢板吊耳及销	否决项
		中心螺栓、U形螺栓	建议维护项
		车桥移位	否决项
		车架纵梁、横梁	建议维护项
		悬架杆系	建议维护项
4	制动系	制动系部件、结构改动	否决项
		制动主缸、轮缸、制动管路漏气、漏油	否决项
		制动软管老化	否决项
		制动管路固定	否决项
5	电器线路	电器线路检查	否决项
6	底盘其他部件	发动机固定	否决项
		排气管、消声器	否决项
		燃料管路	否决项

注：表 B.1、B.2、B.3 的项目属性栏中，"否决项"指该项目在注册登记检验和在用车检验时均要进行，且均为否决项；"建议维护项"指该项目在注册登记检验和在用车检验时均要进行，但均为建议维护项；"注册登记检验时为否决项"指该项目在注册登记检验和在用车检验时均要进行，但仅在注册登记检验时为否决项，在用车检验时则为建议维护项；"注册登记检验，否决项"指该项目仅在注册登记检验时进行且为否决项，在用车检验时不进行；"注册登记检验，记录项"指该项目仅在注册登记检验时记录相关情况。

参考文献

[1] 仇雅莉. 汽车整车性能与检测[M]. 北京：机械工业出版社，2010.1.
[2] 刘仲国. 现代汽车检测与故障诊断[M]. 北京：人民交通出版社，2006.6.
[3] 张西振，吴良胜. 发动机原理与汽车理论[M]. 北京：人民交通出版社，2004.1.
[4] 魏庆曜. 发动机与汽车理论[M]. 北京：人民交通出版社，2001.
[5] 仇雅莉. 汽车检测诊断技术与设备[M]. 3版. 北京：电子工业出版社，2011.